제2판

제4차 표준보육과정 · 2019 개정 누리과정을 반영한

아동건강교육

심성경
고경미
이선경
변길희
강 진
류경희
공저

양서원

영유아에게 건강은 중요한 의미를 갖는다. 영유아 시기의 건강은 그 이후의 삶에도 지속적으로 영향을 미치며 성인기에 이르기까지 건강의 토대가 된다. 따라서 영유아시기부터 건강을 관리하고 유지 및 증진시키기 위해서는 영유아 스스로 자신을 돌볼 수 있어야 함은 물론 주변 성인의 절대적인 도움이 필요하다. 특히 현대의 영유아는 가정에서 보내는 시간 못지않게 영유아교육기관에서 보내는 시간이 많기 때문에 가정에서 부모에 의한 보살핌뿐 아니라 교사의 전문적인 보살핌과 교육이 절대적으로 필요한 상황이다. 따라서 영유아를 보살피고 건강을 관리해 주며 영유아가 건강관련 지식과 기술을 익히고 바람직한 행동을 습관화 할 수 있도록 돕는 적절한 지도 능력은 유아 교사가 반드시 갖추어야 할 기본적인 요소이다. 따라서 이러한 지도 능력을 갖추기 위해 예비유아교사에게 '건강교육'수업이 효율적으로 이루어질 필요가 있다.

이미 다수의 건강교육 관련 교재가 편찬되었으나 영유아 건강교육에서 다루지 않아도 될 내용이 너무 많거나 반복적인 경우가 많았다. 또한 실제적인 내용이 빈약하게 다뤄지기도 하였다. 이에 배우는 학생이나 가르치는 입장에서의 어려움이 있었다.

저자들은 건강교육에 대해 전문적으로 연구한 학자들은 아니다. 다만, 유아교육자로서 대학에서 오랜 기간 건강교육 교과목을 강의했거나 원장이나 교사로 유아를 가르치고 함께 생활했던 경험을 바탕으로 유아의 발달 특성에 기초한 건강교육 접근의 필요성을 확신하게 되었다. 또한 기본에 충실하면서 쉽게 접근함으로써 예비유아교사가 꼭 알아야 할 알찬 내용을 제시해 줄 수 있는 교재를 쓰고 싶다는 동기에서 이 책을 집필하게 되었다.

이 책의 내용은 학부 학생들의 수준에 적절하면서 한 학기 강의교재로 사용하기에 적합하도록 구성하였다. 1부 이론편에서는 1장 영유아 건상교육의 이해, 2장 영유아 건강교육의 내용 및 방법, 3장 영유아의 영양 관리 및 지도, 4장 영유아의 건강 관리 및 지도, 5장 영유아의 안전 관리 및 지도에 대해 제시하였고, 2부 실제편에서는 학부 학생 수준에서 또는 현장의 교사들이 쉽게 활용할 수 있도록 제4차 어린이집 표준보육과정과 2019 개정 누리과정에 기초한 다양한 활동을 제시하였다. 특히 이 책의 특징은 이론편에서 국가수준 교육(보육)과정의 건강교육 내용을 실제 활동에 어떻게 적용하는지 쉽게 이해할 수 있도록 연령별로 소개한 것과 10개의 생활주제에 따라 요리, 새 노래 부르기, 이야기 나누기, 게임, 신체표현, 만들기, 악기 연주 등 다양한 활동유형으로 건강교육의 실제를 제시한 점이다.

바쁜 일정 속에서 여러 사람이 모여 공동으로 작업하는 과정은 결코 쉽지 않았다. 첫 출판 당시 건강교육 수업을 위한 최선의 교재를 집필하고자 했던 마음이 있었고 부족한 부분은 학생들과 수업하는 과정 속에서 지속적으로 보완해 발전시켜 나가리라고 다짐했었다. 책을 출판한 지 5년의 시간이 지나면서 수업과정에서 수정 및 보완해야 할 부분들을 발견하였고 제4차 어린이집 표준보육과정과 2019 개정 누리과정의 반영 요구에 따라 개정의 필요성이 제기되었다. 이에 이러한 요구와 필요성을 반영하여 개정판을 준비하게 되었다. 첫 판을 쓸 때와 마찬가지로 이 책이 영유아를 위한 건강교육을 알차게 가르치고 배우기에 즐거운, 새로운 건강교육 교재로서 기여할 수 있게 되기를 소망한다.

이 책이 나오기까지 애써주신 양서원 출판사의 박철용 회장님과 임직원분들께 먼저 감사드린다. 또한 따뜻한 배려와 사랑으로 늘 힘을 주는 가족들, 특히 마음속에 떠올리는 것만으로도 기쁨이 되어주는 사랑하는 우리 아이들에게 깊은 애정과 고마움을 전하고 싶다. 끝으로 책이 나오기까지 서로 배려하며 함께 작업해 온 우리들 서로에게도 감사와 박수를 보낸다.

2020년 8월

저자일동

목차

제 2 부 실제편

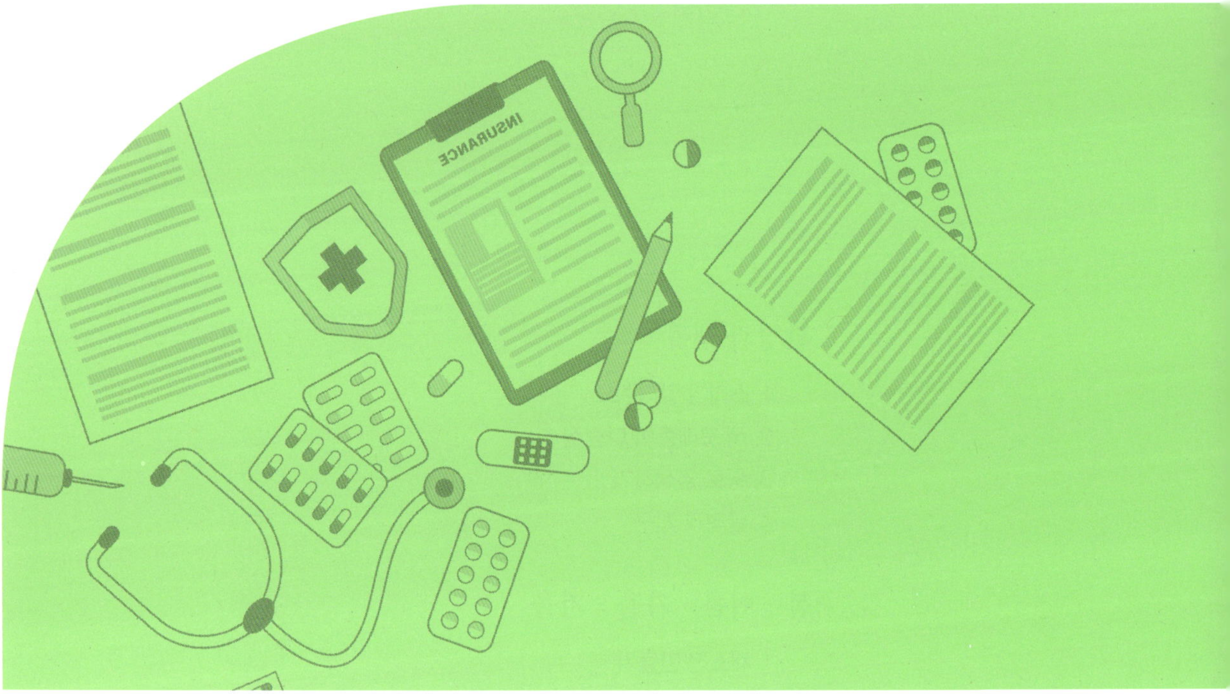
INSURANCE

PART 1

이론편

1. 건강의 개념

2. 건강교육의 개념 및 중요성

3. 영유아 건강교육의 목적

"부귀와 명예, 지식과 미덕, 그리고 사랑도 건강이 없으면 모두 낡고 사라져 버린다.", "건강이 있는 곳에 자유가 있다. 건강은 모든 자유 중에서 으뜸가는 것이다."라는 명언이나 "복 중에서 건강복이 제일이다."라는 우리의 옛 속담에서 알 수 있듯이 건강은 삶의 질을 높이는 토대로서, 인간은 누구나 건강하기를 원한다. 이는 건강한 삶 속에서 더욱 행복을 느끼고, 하고자 하는 일들을 더 잘 성취해 나갈 수 있기 때문일 것이다. 건강한 삶에 대한 욕구는 모든 사람의 기본적 욕구이며, 삶의 질을 높이는 기초로서 건강의 중요성에 대한 인식이 증대되고 있다.

건강이란 무엇일까? 건강에 대한 명확한 정의가 전제될 때 건강교육의 내용이나 방법에 대한 올바른 논의가 가능할 것이다. 즉, 건강의 개념에 대한 정확한 인식은 영유아의 효과적인 건강 교육과 관리를 위해 필수적이다.

이 장에서는 영유아 건강교육의 이해를 높이기 위해 건강에 대한 개념을 살펴보고, 건강교육의 개념 및 중요성, 그리고 영유아 건강교육의 목적에 대하여 살펴보고자 한다.

CHAPTER

1

영유아 건강교육의 이해

1. 건강의 개념

일반적으로 건강이란 '질병이 없고, 좋은 체력과 체격을 가지고 있는 상태'와 같이 신체적 요소만을 생각하는 경향이 있다. 그러나 건강은 복합적인 측면을 포함하는 개념으로 단순하게 신체적 측면만으로 정의될 수 없다.

건강의 개념을 역사적으로 살펴보면 과거에는 개인의 신체적 상태를 의미하는 말로 사용되어 질병의 치료를 중심으로 하는 의학적 개념을 강조하였다. 즉, 몸만 아프지 않으면 건강하다고 생각하였다. 그러나 19세기 중엽부터 건강의 개념은 심신 개념으로 바뀌기 시작하여 단순히 신체적 측면에서뿐 아니라 정신적 측면에서도 아무 탈이 없고 튼튼해야 함을 강조하게 되었다. 이후 심신 측면에서의 건강 개념은 세계보건기구(WHO: World Health Organization)의 정의에서 더욱 확대 발전되었다.

세계보건기구(WHO, 1969)의 정의에 의하면 '건강이란 단지 질병이 없거나 허약하지 않은 상태일 뿐만 아니라 신체적(physical), 정신적(mental), 사회적(social)으로 완전한 안녕상태(well-being)'를 말한다. 이는 건강의 의미를 개인의 신체적, 정신적 측면에서만 다루지 않고 사회적 측면까지 확대하여 정의한 것이다. 그러나 세계보건기구의 정의는 추상성과 모호성이 높고 단순하며, 의사의 힘과 권위를 과도하게 해석한, 의학의 잘못된 목표달성이라는 비판을 받기도 하였다(Goldsmith, 1972; Kass, 1975).

건강(health)의 어원은 '완전한(전체)'의 의미를 가진 whole에서 시작되었으며 hale로, 다시 health로 변형되었다. 즉, 전체라는 말은 신체뿐만 아니라 다차원적인 면에서 모두 건강해야 한다는 뜻을 함축하고 있음을 알 수 있다. 따라서 건강의 개념에 대한 학자들의 견해를 복합적 차원에서 정리해 보고자 한다(Cornacchia, Nickerson & Olsen, 1988; Miller, Telljohann & Symons, 1996).

(1) 신체적 차원의 건강

신체적 차원에서 건강하다는 것은 신체적으로 질병이 없고 정상적 신체기능과 양호한 영양상태 및 체력을 지니고 있음을 의미한다. 즉, 신체적으로 건강한 상태란 심혈관 및 신경계를 적절히 조절하는 생리적인 유지능력이 있고 영양상태가 충분하며 체지방과 근육이 적절하게 구성되어 있는 상태(O'Donnel & Harris, 1994)라 할 수 있다. 또한 신체적으로 건강한 사람은 일과 업무를 수행할 수 있는 몸의 활력과 기능적 능력을 가지고 있으며, 건강유지에 필요한 신체활동이나 운동에 적극적으로 참여할 수 있다. 나아가 이러한 신체적 건강은 정신적, 사회적 건강의 필요조건이 된다.

(2) 정서적 차원의 건강

정서적 차원에서 건강하다는 것은 자아존중감이 높으며 자신의 정서를 사회가 받아들일 수 있는 방식으로 표현할 수 있음을 의미한다. 즉, 정서적으로 건강한 상태란 슬픔과 분노, 우울, 불안, 좌절 등의 부정적 감정을 겪지 않는 것이 아니라 그러한 감정들을 긍정적이고 사회적으로 받아들일 수 있는 방식으로 표현하거나 조절할 수 있는 것을 말한다.

(3) 사회적 차원의 건강

사회적 차원에서 건강하다는 것은 다른 사람과 함께 있는 것에 편안함을 느끼고, 화목을 유지할 수 있는 능력이 있음을 의미한다. 또한 공동체에서 소속감을 느끼고 타인의 입장을 배려하며 자기 자신을 사회 공헌에 이바지하고 있는 구성원으로 여기고 있음을 의미한다. 즉, 적절한 대인관계 기술을 지니고 있어서 사회적으로 조화를 이루고 친밀한 유대감을 형성하여 만족함을 얻거나 사회적으로 원하는 바를 성취하고 있는 상태를 말한다. 한편, 개개인의 사회적 건강은 건강한 사회를 만들기 위한 기초 요소로 개인주의적 성향이 팽배한 현대 사회에서 더욱 요구되는 건강 영역이라 할 수 있다.

(4) 정신적 차원의 건강

정신적 차원에서 건강하다는 것은 보편적으로 인정되는 도덕관과 가치관을 지니고 있음을 의미한다. 즉, 한 인간이 자신의 삶에서 가치 있게 여기는 것과 관련되는데, 정신적으로 건강한 사람은 타인을 성, 인종, 국적, 연령, 사회 · 경제적 지위와 상관없이 존중하고, 보다 높은 수준의 삶을 위해 헌신하는 생활을 지향한다. 따라서 정신적으로 건강한 사람은 자주적이고 건설적으로 자신의 생활을 이끌어나갈 수 있는 성숙한 인격을 갖추고 있다고 볼 수 있다.

(5) 직업적 차원의 건강

직업적 차원에서 건강하다는 것은 자신의 일에 최선을 다하여 책임을 수행하며 타인과 잘 협력할 수 있는 것을 의미한다. 즉, 직업, 지역사회, 그 밖의 사회관계에서 타인과 협력하며, 자신의 역할과 일이 다른 사람들에게 긍정적인 영향을 미치는 것을 말한다.

이상의 다섯 가지 각 차원이 최상의 수준에 도달할 수 있다면 건강에 매우 이상적인 상태일 것이다. 그러나 각 차원들은 서로 연관되어 있으므로 서로 간에 균형을 이루는 것은 더욱 중요하다. 더불어 성장기에 있는 영유아의 경우 현재의 건강은 물론이고 미래의 건강한 성장 가능성도 예견될 수 있어야 한다. 왜냐하면 의학과 과학의 학문적 발전에 의해 성인기에 발병하는 여러 만성질환이 영유아기의 잠재적 위험요인에서 기인되고 있음이 밝혀지고 있기 때문이다. 즉, 한 개인의 건강은 영유아기의 정상적 성장과 발달에 기초하며 특히 영유아기의 건강 상태는 학령기를 거쳐 성인기에 이르기까지의 건강 상태에 큰 영향을 미친다. 따라서 영유아 시기부터 건강의 중요성이 강조된다.

2. 건강교육의 개념 및 중요성

건강에 대한 권리는 인간의 기본권 중 하나로, 건강을 유지하고 증진시키기 위해서는 건강에 관한 올바른 지식과 정보를 토대로 건강에 도움이 되는 행동 양식을 배우고, 건강에 대한 생각과 태도를 바르게 변화시켜야 한다. 이러한 의미에서 건강교육은 필수적이다.

과거에는 건강교육의 개념이 질병 예방 위주의 소극적인 개념이었으나, 자기 자신의 건강을 유지하고 증진시키기 위해서는 질병이 발생하기 전에 사전 예방이 필요하고 질병에 걸렸을 때 조기에 발견하여 치료하는 것이 무엇보다 중요하다. 따라서 현재는 질병을 예방하는 것뿐만 아니라 건강의 유지와 증진까지 포괄하는 보다 적극적이며 광범위한 개념으로 사용되고 있다.

미국건강교육협회(American Association for Health Education)에 의하면 건강교육이란 개인의 건강행동에 적극적으로 영향을 미치기 위해, 건강과 관련된 지식과 태도, 기술과 행동을 증진시키는 것이다. 즉, 건강교육이란 질병이나 유해한 환경으로부터 자기 자신을 보호하고, 질병이나 위험한 상황이 발생했을 때 이에 적절하게 대처하여 건강한 삶을 유지할 수 있도록 건강에 대한 올바른 지식, 기술, 태도를 갖도록 교육하는 것을 의미한다. 다시 말해 건강교육은 건강에 관련된 새로운 지식을 얻거나 이미 알고 있는 지식을 새롭게 이해하여 이를 통해 새로운 태도를 개발하거나, 기존에 가지고 있는 태도를 강화 또는 수정하여 이를 기반으로 새로운 건강행위를 하도록 노력하고, 또 이미 활용하고 있는 습관이나 행위를 수정하여 올바른 건강행위를 실천하도록 하는 것이라고 할 수 있다(Israel et al., 1995).

이러한 건강교육은 전 생애에 걸쳐서 중요하나, 특히 영유아기에는 자신의 건강을 유지하고 증진시키며 현재와 미래의 건강을 위한 지식과 기술 및 태도를 습득할 수 있도록 돕는 건강교육이 더욱 중요하다. 영유아기의 건강교육은 그들의 심신을 조화롭게 발달시켜 건전한 인간으로서의 기초를 튼튼히 해준다. 또한 양질의 건강을 확보함으로써 삶을 성공적으로 이끄는 데 필요한 주요 수단 및 원천이 되고, 자신의 능력을 기르고 성장하는 힘의 근원이 되며, 사회에 적응하고 평생 동안 건강한 삶을 살아가는 데 밑바탕이 된다는 점에서 매우 중요한 의미를 갖는다.

영유아 시기의 건강교육이 중요한 이유를 구체적으로 제시하면 첫째, 영유아기가 신체적, 정신적, 사회적, 정서적 발달의 결정적 시기이고 건강의 기초를 세우는 데 가장 민감한 시기이기 때문이다. 둘째, 영유아기는 가소성이 가장 큰 시기로 건강교육을 통한 변화가능성 또한 클 것이기 때문이다. 셋째, 질병 예방과 건강 증진에 대한 습관 형성에 있어서도 중요한 시기(Marlow & Redding, 1988)이기 때문이다. 즉, 건강교육을 통해 건강에 바람직하지 못한 습관은 버리고, 건강에 필요한 좋은 습관을 형성하기에 영유아기가 매우 적절한 시기이다. 그리고 이 시기에 한 번 형성된 건강에 대한 태도와 습관은 성인기까지 지속되기 쉽다는 점에서 영유아 건강교육의 중요성은 확고하다고 볼 수 있다.

미국유아교육협회(National Association for the Education of Young Children, 1995)에서도 건강한 생활습관을 형성하기 위해서는 유아기에 개인의 건강과 관련된 경험과 학습을 함으로써 건강에 관한 기본적인 정보를 이해하고 이를 실천할 수 있는 능력을 기르는 것의 중요성을 강조하고 있다.

덧붙여 영유아를 교육하는 교사가 영유아의 건강한 삶을 위해 적절하고 타당한 대처방식을 배울 수 있다면 영유아의 건강에 대한 우려나 부정적 영향을 최소화할 수 있을 것이다. 따라서 교사가 영유아의 건강을 위해 안전하고 깨끗한 물리적 환경을 마련하고, 영유아의 특성에 따른 돌봄과 교육을 제공하는 데 필요한 전문적인 지식과 실천능력을 갖출 수 있도록 돕기 위해 교사를 위한 건강교육 역시 매우 중요하다. 영유아의 특성에 따른 적절한 돌봄과 교육의 내용을 제시하면 다음과 같다.

첫째, 영유아의 건강은 주위의 돌봄과 배려에 크게 영향을 받는다. 따라서 영유아의 건강한 성장을 위해서는 영유아가 생활하는 생활공간이나 사회가 처한 환경의 영향 등에 대한 관심과 배려를 기울일 필요가 있다. 특히 환경 오염과 먹을거리에 대한 문제는 급속한 성장기에 있는 영유아의 건강에 매우 중요한 요인이다. 이러한 문제는 한 개인의 노력에 의해 해결될 수 없고 사회적인 노력을 바탕으로 인식개선과 실천이 함께 동반되어야 하며 특히 건강에 대한 교사의 지식과 대처방식은 영유아기의 건강 형성에 영향을 미치는 핵심 요인이라 할 수 있다.

둘째, 영유아는 성장발달과정에 있다는 특이점을 가지고 있다. 즉, 영유아기는 급속한 성장으로 인해 균형 잡힌 영양 섭취가 더욱 요구되는 시기이다. 따라서 균형 잡힌 영양 공급에 대한 배려가 필요하다.

셋째, 영유아기는 신경계 기능과 인지능력의 미숙으로 자기 자신의 건강 상태에 대한 인식과 그에 적절한 문제 해결을 능동적으로 할 수 없다. 따라서 외부의 보호와 관리가 절대적으로 필요하다(이자형, 김일옥, 2005).

넷째, 영유아는 또래로부터 인정받고자 하며 자신의 능력을 시험하고 싶어 하는 욕구가 강하다. 그렇기 때문에 위험한 상황이나 사건에 도전하는 경향이 그 어느 때보다도 상대적으로 높은 시기다. 이로 인해 위험에 노출될 기회가 많지만(Sewell & Gaines, 1993), 위험 상황에 대한 판단력이나 자신을 보호하는 대처능력이 없어 안전사고나 상해의 위험성은 더욱 더 큰 시기라고 할 수 있다(Whaley, 1995). 따라서 위험 상황의 판단과 대처 능력에 대한 관리와 교육이 필요하다.

건강교육은 건강을 유지하고 향상시키기 위한 예방적인 역할과 조기 발견과 치료를 가능하도록 함으로써 건강에 위협을 주는 여러 요인들을 제거할 수 있다. 이로 인해 개인과 가족, 지역사회와 국가의 건강 상태를 향상시키고, 조기 사망을 감소시키며, 개인은 물론 국가의 의료적인 비용을 최소화하게 하여 경제적 절감효과를 가져올 뿐 아니라 삶의 질을 향상시킬 수 있다는 점에서 영유아 건강교육은 매우 중요하다.

3. 영유아 건강교육의 목적

영유아의 건깅에 대한 책임이 과거에는 대부분 부모에게 있었지만 이제 영유아의 건강은 부모뿐만 아니라 교육기관, 사회, 국가의 공동책임이 되고 있다. 이에 영유아교육기관은 안전하고 건강한 물리적 환경을 제공해야 할 책임이 있을 뿐만 아니라 영유아의 건강을 유지하고 향상시키며, 이를 위한 교육적 활동을 제공해야 할 책임이 있다.

영유아에 대한 건강교육은 모든 교육과정의 기초가 된다. 건강교육을 통해 영유아가 자신의 건강에 영향을 미치는 것들을 인식하고 긍정적인 의사결정을 내리며 자신의 건강을 책임질 수 있도록 해야 한다. 따라서 건강교육은 지식과 정보의 제공뿐만 아니라 건강한 행동을 유발하기 위한 태도와 그 실행까지를 포함해야 한다.

2019 개정 누리과정은 3~5세 유아에게 공통으로 적용되는 국가수준의 교육과정으로, 초·중등학교 교육과정이 추구하는 인간상과 연계하여 건강한 사람, 자주적인 사람, 창의적인 사람, 감성이 풍부한 사람, 더불어 사는 사람을 추구하는 인간상으로 제시하고 있다. 이 중 건강한 사람은 몸과 마음이 고루 발달하고 스스로 건강함을 유지하며 안정적이고 안전한 생활을 하는 사람을 의미한다. 건강한 사람은 누리과정에서만 제시된 인간상으로, 일생에서 가장 중요한 신체와 정신건강의 기초를 형성하는 유아기의 특성을 고려한 것이다.

2019 개정 누리과정에서는 유아가 놀이를 통해 심신의 건강과 조화로운 발달을 이루고 바른 인성과 민주시민의 기초를 형성하는 데 목적을 두고 있다. 이를 실현하기 위한 2019 개정 누리과정의 목표 중 첫 번째 목표로 '자신의 소중함을 알고, 건강하고 안전한 생활습관을 기른다.'를 제시하고 있어 유아의 건강을 가장 우선으로 하고 있음을 알 수 있다. 건강교육과 직접 관련이 있는 신체운동·건강 영역의 목표는 '실내외에서 신체활동을 즐기고, 건강하고 안전한 생활을 한다.'이며 이를 위한 구체적 목표는 다음과 같다.

1) 신체활동에 즐겁게 참여한다.
2) 건강한 생활습관을 기른다.
3) 안전한 생활습관을 기른다.

한편, 2020년에 개정·고시된 제4차 어린이집 표준보육과정은 0~5세 영유아를 위한 국가 수준의 보육과정으로, 0~1세 보육과정, 2세 보육과정, 3~5세 보육과정(누리과정)으로 구성되어 있다. 누리과정이 추구하는 인간상과 연계하여 건강한 사람, 자주적인 사람, 창의적인 사람, 감성이 풍부한 사람, 더불어 사는 사람을 추구하는 인간상으로 제시하고 있다.

표준보육과정의 목적은 영유아가 놀이를 통해 심신의 건강과 조화로운 발달을 이루고, 바른 인성과 민주시민의 기초를 형성하는 데에 있다. 이를 실현하기 위한 0~2세 보육과정의 첫 번째 목표로 '자신의 소중함을 알고, 건강하고 안전한 환경에서 즐겁게 생활한다.'를 제시하고 있다. 건강교육과 직접 관련이 있는 기본생활 영역은 일생의 기초이며 일상생활의 기본이 되는 건강, 영양, 안전에 관한 지식과 기술을 습득하고 건강하고 안전하게 생활하는 태도를 기르기 위한 영역이다. 기본생활 영역의 연령별 구체적 목표는 다음과 같다.

0~1세 : 건강하고 안전한 일상생활을 경험한다.

1) 건강한 일상생활을 경험한다.
2) 안전한 일상생활을 경험한다.

2세 : 건강하고 안전한 생활습관의 기초를 형성한다.

1) 건강한 생활습관의 기초를 형성한다.
2) 안전한 생활습관의 기초를 형성한다.

일반적으로 건강교육은 궁극적으로 건강을 증진시키는 데 필요한 지식, 태도, 행동(기술)의 발달을 통하여 삶의 질을 유지, 향상시키는 것이다(Seefeldt & Barbour, 1986). 이는 자신의 건강에 영향을 미치는 요인을 인식하고, 긍정적인 의사결정을 내리며 자신의 건강을 책임질 수 있도록 하는 것을 의미한다. 영유아 입장에서 건강교육의 목표는 영유아 스스로 건강을 유지하고 증진시킬 수 있는 지식을 갖추고 건강한 생활태도를 습관화시키며 이를 일상생활에서 실천할 수 있는 능력을 갖추도록 하는 것이다. 건강교육의 목표를 지식, 행동(기술), 태도 측면에서 살펴보면 다음과 같다.

(1) 건강에 관한 정확한 지식을 갖춘다.

건강하게 생활하기 위해서는 올바른 지식을 갖추어야 한다. 예를 들어, 안전사고를 유발하지 않는 시설과 설비, 급식과 급수, 채광, 온도, 습도, 일과계획과 운영,

활동 공간 등의 환경에 대한 지식, 건강진단, 신체검사, 영양관리, 질병 유무 판단에 대한 건강 서비스에 대한 지식, 올바른 손씻기와 이닦기 등의 방법, 예방접종의 필요성과 시기, 휴식의 중요성과 안전사고 예방 방법 등 건강한 생활을 스스로 영위해 나갈 수 있도록 돕는 데 필요한 지식을 갖추어야 한다. 잘못된 건강지식은 교사 자신뿐만 아니라 영유아의 건강을 더욱 악화시킬 수 있기 때문에 정확한 지식을 갖추어야 한다.

(2) 건강에 관한 올바른 행동을 실천한다.

건강을 위해 필요한 올바른 행동을 실천해야 한다. 예를 들어, 손씻기와 이닦기 방법에 대한 지식을 갖추었다면 이를 행동으로 옮겨 실천해야 한다. 그러기 위해서는 교사 자신이 일상생활에서 영유아의 모델이 되어야 하고, 영유아에게 직접적인 교수와 경험의 기회를 제공해야 한다.

(3) 건강에 관한 바람직한 태도를 형성한다.

건강을 유지하고 증진시키기 위한 바람직한 태도를 형성해야 한다. 예를 들어, 손씻기와 이닦기 등을 꾸준히 실천함으로써 자연스럽게 태도를 형성하도록 한다. 그러기 위해서는 일회성 교육으로 끝나는 것이 아니라 매일의 일상생활을 습관 형성의 기회로 삼아야 한다.

영유아의 건강교육은 건강에 관한 지식과 기술을 익히고 태도를 형성하기 위하여 생활주제에 따라 통합적으로 계획된 일련의 활동을 통한 형식적 교수와 일상생활과 놀이 속에서의 비형식적인 교수를 포함(조경자, 이현숙, 2005)하여 신체적, 정서적, 사회적, 정신적, 직업적인 모든 측면에서의 전인적 성장과 발달을 지원한다는 입장에서 이해되고 시도되어야 한다.

지식	행동	태도
올바른 손씻기 방법 알기 올바른 이닦기 방법 알기	올바른 방법으로 손씻기 올바른 방법으로 이닦기	일상생활 속에서 손씻는 습관 갖기 일상생활 속에서 이닦는 습관 갖기

이상을 정리해 보면, '건강하다'는 것은 전인적 성장과 발달을 이루었음을 의미한다. 따라서 건강교육은 신체적, 정서적, 사회적, 정신적, 직업적 차원인 다차원 측면에서 건강에 대한 지식과 기술, 그리고 태도의 발달을 돕는 것이다. 이를 통해 궁극적으로 도달해야 하는 영유아 건강교육의 목적은 영유아가 전인적 성장을 이룰 수 있도록 돕는 것이다.

따라서, 예비교사 입장에서의 건강교육의 목표는 자기 자신과 영유아의 건강을 유지하고 증진시킬 수 있는 지식과 태도 및 행동을 발달시키고 영유아가 스스로 건강을 유지, 증진시킬 수 있도록 하기 위하여 건강 관련 교수 능력을 배양할 수 있어야 한다. 즉 교사는 영유아의 발달과 건강을 위해 필요한 기본적인 지식과 태도와 행동을 알고, 이를 기초로 영유아를 위한 건강교육을 계획, 실천할 수 있어야 할 것이다.

참고문헌

교육부 (2019). 2019 개정 누리과정 해설서. 교육부.

보건복지부 (2020). 제4차 어린이집 표준보육과정. 보건복지부.

이자형, 김일옥 (2005). 영유아 보건생활 교육프로그램 개발에 관한 연구. 대한간호학회지, 35(2), 262-269.

조경자, 이현숙 (2005). 유아건강교육. 서울: 학지사.

Cornacchia, H. J., Nickerson, C. J., & Olsen, L. K. (1988). *Health in elementary schools*(7th ed.). St. Louis, Missouri : Times Mirror/Mosby College Publishing.

Goldsmith, S. B. (1972). The status of health status indicators. *Health Serv Rep. 87*, 212-220.

Israel, B. A., Cummings, K. M., Dignan, M. B., Heaney, C. A., Perales, D. P., Simons-Morton, B. G., & Zimmerman, M. A.(1995). Evaluation of health education program: Current assessment and future direction. *Health Education Quarterly, 22*(3), 364-389.

Kass, L. R.(1975). Regarding the end of medicine and the pursuit of health. *Public Int. 40*, 11-42.

Marlow, D. R., & Redding, B. A. (1988). *Text Book of Pediatric Nursing*. Philadelphia: W. B. Saunders Company.

Miller, D. F., Telljohann, S. K., & Symons, C. W. (1996). *Health education*(2nd ed.). Madison: WI. Brown & Benchmark Publishers.

O'Donnel, M. P. & Harris, J. J. (1994). Health promotion in the workplace(2nd ed.). NewYork: Delmar Publicher Inc.

Seefeldt, C., & Barbour, N. (1986). *Early childhood education: An introduction*. Columbus, Ohio: Charles E. Merrill Publishing Company.

Sewell, K. H., & Gaines, S. K. (1993). A developmental approach to childhood safety education. *Pediatric Nursing, 19*, 464-466.

Whaley, L. F. (1995). *Essentials of Pediatric Nursing*. St Louis: Mosby-Year Book.

MEMO

1. 건강교육의 일반적 내용
2. 국가수준 교육과정의 건강교육 내용
3. 건강교육의 방법

건강교육은 영유아가 건강에 관한 정보를 수집하고 이해하여 이를 실생활에 적용할 수 있는 능력을 신장시키기 위한 것으로, 다양한 활동과 경험을 통해 교육할 수 있다. 이를 위해 영유아 교사는 영유아 건강교육의 내용 및 방법을 숙지해야 한다.

이 장에서는 미국건강교육표준기구에서 제시하고 있는 건강교육표준 및 이를 달성하기 위한 6개 영역 세부내용을 기초로 건강교육의 일반적 내용을 알아보고, 우리나라 2019 개정 누리과정 및 제4차 어린이집 표준보육과정에서의 건강교육 내용을 알아본 후, 건강교육의 방법을 제시하고자 한다.

CHAPTER

2

영유아 건강교육의 내용 및 방법

1. 건강교육의 일반적 내용

영유아 건강교육의 내용에는 건강에 대한 이해와 이를 실생활에서 적용하는 능력의 신장을 포함해야 한다. 미국에서는 건강교육단체와 전문가들이 연합하여 미국건강교육표준(National Health Education Standards)을 도출하였고 이를 개정하여 교육기관에서 사용하도록 하고 있다. 2007년 개정된 미국건강교육표준에서는 유아가 공동생활을 시작하는 유치원 단계에서부터 초등학교, 중학교 기간 동안에 적합한 건강교육을 받았는지를 판단하는 8가지 표준을 제시하였다. 다음은 유치원에서 초등학교 2학년(k~2학년)까지 유아를 위한 건강교육 관련 8개의 표준이다.

- 표준 1: 건강을 향상시키기 위해 건강 증진과 질병 예방에 관한 개념을 이해한다.
- 표준 2: 가족, 동료, 문화, 미디어, 기술, 그리고 기타 다른 요인이 건강 행동에 미치는 영향을 분석한다.
- 표준 3: 건강을 향상시키기 위해 유효한 정보와 제품 및 서비스에 접할 수 있는 능력을 갖는다.
- 표준 4: 건강을 향상시키고 위험요소를 감소시키거나 예방하기 위한 의사소통능력을 갖는다.
- 표준 5: 건강 증진을 위한 의사결정능력을 갖는다.
- 표준 6: 건강 목표설정기술의 능력을 갖는다.
- 표준 7: 건강 증진 행동을 실행하고 건강 위험을 줄이거나 피하는 능력을 갖는다.
- 표준 8: 개인, 가족, 지역 사회의 건강을 지지하는 능력을 갖는다.

표준에 관련지어 유아가 갖추어야 할 개념과 기술(skill)에 해당하는 구체적 성취도 지표는 부록 1에 제시하였다. 미국 캘리포니아 공립학교에서는 미국건강교육표준에 도달하기 위해서 건강교육 내용을 「영양과 신체활동」, 「성장과 발달」, 「상해예방 및 안전」, 「술, 담배, 약물 남용」, 「정신 · 감정 · 사회적 건강」, 「개인과 지역사회 관련 건강」의 6개 영역으로 나누어 제시하고 있다. 또한 6개 영역의 세부내용을 유치원에서부터 초등학교, 중학교 각 학년별로 제시하고 있는데, 예를 들어 「영양과 신체활동」 영역에 있어 유치원 과정에 제시된 세부내용은 표 2-1과 같다.

〈표 2-1〉 미국 캘리포니아 공립학교의 건강교육 내용 중 영양과 신체활동(유치원 과정 세부 내용)

건강교육내용	건강교육표준	유치원 과정 세부 내용
영양과 신체활동	1. 건강개념	- 건강에 좋은 음식과 그 음식이 건강에 좋은 이유 설명하기 - 건강에 좋은 과자 종류 파악하기 - 신체를 움직이는 활동이 건강에 좋은 점 설명하기 - 건강한 아침식사의 중요성 인식하기
	2. 영향분석	- 광고하거나 파는 물건 중에서 건강에 해로운 것 인식하기
	3. 유효한 정보 접근	- 유치원 과정에는 해당 없음
	4. 대인 커뮤니케이션	- 가족구성원에게 대체건강식품(건강보조식품)에 대해 물어보는 방법 설명하기
	5. 의사 결정	- 활동적인 놀이와 즐거운 신체 활동에 정기적으로 참여하는 방법 기술하기
	6. 목표 설정	- 유치원 과정에는 해당 없음
	7. 건강 향상 및 위험 회피	- 영양 간식을 선택하기 - 영양가 있는 아침 식사 계획하기 - 다양한 상황에서 건강식품 선택하기
	8. 건강증진	- 유치원 과정에는 해당 없음

출처: California Department of Education(2009).
* 여타 5개 내용영역의 유치원과정 세부내용은 부록 2에 제시함.

세계 각국에서 건강교육표준이나 지표를 설정하는 것은 건강교육이 달성하고자 하는 목표를 구체적으로 제시하고 이러한 목표를 달성하기 위한 건강교육 내용의 가이드라인을 제시하기 위한 것이다. 미국건강교육표준(Joint Committee on National

Health Education Standards, 2007)과 정미라, 배소연, 이영미(2012)가 제시한 내용을 근거로 영유아 건강교육의 일반적인 내용을 정리해 보면 다음과 같다.

첫째, 영양은 영유아 건강교육에 있어 가장 중요하게 다루어야 할 내용이다. 영유아기는 신진대사가 활발하고 신체 성장이 빠른 시기이므로 충분한 영양을 섭취해야 한다. 이를 위해 적절한 영양 섭취를 위한 올바른 식습관에 대한 교육과 더불어 적절한 식품을 선택하는 기초적 영양지식에 대한 교육이 요구된다. 즉, 다양한 종류의 식품을 알고 선택하기와 특정한 식품이 건강과 성장에 미치는 영향을 인식하기가 중요하다. 가령, 인스턴트식품뿐 아니라 술, 담배, 약물 남용의 유해성 인식하기가 중요 내용이 될 수 있다. 따라서 현재 누리과정에는 흡연 관련 내용이 직접적으로 명시되어 있지 않지만 흡연과 간접흡연의 유해성 및 금연의 필요성 인식하기와 같은 흡연 예방 관련 내용이 포함될 필요가 있다.

둘째, 신체건강은 영유아가 개인건강을 유지하며 성장하고 발달하도록 돕는 중요한 내용이다. 영유아가 신체를 인식하고 신체활동이 건강을 유지하는 데 중요하다는 사실을 인지하도록 돕는 것은 건강교육에 있어 필수적이다. 오감에 대한 지식을 부여하며 자신의 신체 부위에 대한 명칭과 기능 등 신체와 관련된 지식을 제공하고 몸을 움직이는 활동을 하게 하여 건강한 생활습관을 형성하기 등이 중요한 내용이 될 수 있다.

셋째, 상해예방 및 안전은 영유아의 부상이나 사망의 위험을 줄이기 위해 반드시 포함되어야 할 내용이다. 사고를 예방하기 위한 환경의 구축을 전제로 하여 사고를 유발할 수 있는 행동을 하지 않도록 하는 교육이 필수적이며, 안전한 생활을 실천하는 습관 형성과 위험을 회피하는 기술 습득이 중요한 내용으로 다루어져야 한다. 우선, 집이나 영유아교육기관 그리고 동네에서 일상적으로 지켜야 할 안전규칙을 인식, 실천하기가 강조되어야 한다. 즉, 도구, 시설의 안전한 사용과 안전한 장소에서의 놀이, 교통안전으로는 교통기관의 안전한 이용과 보행 안전규칙 준수를 포함한다. 예를 들면 버스나 자전거 등이 다가올 때 피하기 등 실생활 속에서 요구되는 안전 규칙에 대한 교육이 더욱 중요하다. 또한 학대, 성폭력, 실종, 유괴상황 등 위험한 상황과 재난 및 사고 등 비상상황에서의 도움 요청하기나 스스로 자신을 보호하기 역시 중요하게 다루어져야 할 내용이다.

넷째, 질병 예방 및 관리는 건강한 생활습관이 질병을 예방하는 데 중요함을 이해하고, 건강한 생활습관을 실천할 수 있게 하기 위한 내용이다. 위생과 청결을 중시하도록 영유아의 생활방식과 태도를 변화시킴으로써 감염성 질병을 포함한 많은 종류의 질병을 예방할 수 있다. 특히 손씻기 등 일상생활 속에서 청결 유지하기를 기본으로 하여, 질병의 위험을 알고 주의하기, 날씨와 상황에 알맞은 복장으로 체온을 조절하고 건강을 유지하기 등이 강조되어야 할 내용이다. 또한 금연표시나 흡연구역 등에 대해 인식하고 간접흡연을 피하기 등도 다루어져야 할 내용이다.

다섯째, 정신·감정·사회적 건강은 개인의 건강 유지에 중요한 요소이며 삶의 질을 향상시키는 데 필수적인 내용이다. 정신 및 감정의 건강이란 긍정적 자아개념과 사고 능력을 갖는 것이며, 사회적 건강이란 다른 사람과 원만한 관계 속에서 집단의 구성원으로서 적절한 역할을 수행할 수 있음을 의미한다. 따라서 감정을 바르게 인식, 조절, 표현하기와 긍정적으로 사고하기, 원만한 사회적 관계 유지하기가 중요한 내용으로 다루어져야 한다.

여섯째, 지역사회 및 소비 관련 건강은 건강증진을 위해 지역사회에서 도움을 받고 다양한 정보나 광고를 바르게 활용하도록 돕는 내용이다. 즉, 보건소나 병원, 건강정보센터 등 건강을 지원하는 지역사회 기관의 종류나 역할, 그리고 건강증진 관련 지역사회의 활동 등에 대한 이해를 기본으로 한다. 또한 소비자로서 건강 관련 정보나 광고의 영향을 인식하고, 비판적으로 활용하기 역시 중요한 내용으로 다루어져야 한다.

일곱째, 환경 관련 건강은 자신의 행동이 환경에 영향을 미치고, 그 환경이 다시 자신의 건강에 영향을 준다는 점을 이해시키는 내용이다. 주변을 청소하고 정리하며, 재활용품 수집하기, 채소 가꾸기, 동물 보호하기 등이 내용으로 포함될 수 있다. 또한 기본적으로 생명체와 자연환경 알아보기가 포함될 수 있어서 주변의 동식물에 대한 관심과 생명체를 소중히 여기는 마음을 가지고 환경 보호에 대한 중요성 인식과 실천 태도를 형성하기 위한 지도가 이루어져야 한다.

이상에서 살펴본 것처럼 영유아 건강교육의 내용은 영양, 신체건강, 상해예방 및 안전, 질병 예방 및 관리, 정신·감정·사회적 건강, 지역사회 및 소비 관련 건강, 환경 관련 건강 등 7가지로 볼 수 있다.

우리나라는 이 7개 내용 중 '영양', '신체건강', '상해예방 및 안전', '질병 예방 및 관리' 등 5개를 국가수준 교육과정인 2019 개정 누리과정의 신체운동 · 건강 영역과 제4차 어린이집 표준보육과정의 기본생활 영역에서 주요 내용으로 포함하고 있다.

2. 국가수준 교육과정의 건강교육 내용

1) 2019 개정 누리과정의 건강교육 관련 내용

정부는 2012년 3월 '5세 누리과정'에 이어 2013년 3~4세 연령까지 확대한 3~5세 누리과정을 제정하였고, 2019년 7월 2019 개정 누리과정을 고시하였다. 유치원과 어린이집으로 이원화되어 있는 교육 · 보육과정을 통합한 국가수준 교육과정인 '누리과정'은 신체운동 · 건강 영역을 최우선으로 하여 5개 영역으로 구성되었다. '2019 개정 누리과정'의 신체운동 · 건강 영역의 내용에서 건강교육 관련 내용을 살펴보면 다음과 같다(교육과학기술부, 보건복지부, 2013; 교육과학기술부, 보건복지부, 육아정책연구소, 2013; 교육부, 2019).

(1) 신체운동 · 건강 영역의 내용범주

신체운동 · 건강 영역의 내용범주는 표 2-2와 같이 '신체 활동 즐기기', '건강하게 생활하기', '안전하게 생활하기'의 세 가지로 구성되어 있다. 3~5세 연령별 누리과정의 내용범주였던 '신체 인식하기', '신체 조절과 기본 운동하기' 및 '신체 활동에 참여하기'는 통합되어 '신체활동 즐기기'로 변경되었다. 3~5세 연령별 누리과정(2015)과 2019 개정 누리과정의 내용범주를 비교하면 표 2-2와 같다.

〈표 2-2〉 건강교육과 관련된 신체운동 · 건강 영역의 내용범주

3-5세 연령별 누리과정(2015)	2019 개정 누리과정
신체 인식하기	신체활동 즐기기
신체조절과 기본 운동하기	
신체활동에 참여하기	
건강하게 생활하기	건강하게 생활하기
안전하게 생활하기	안전하게 생활하기

(2) 내용범주별 내용

신체운동 · 건강영역의 내용범주별 내용은 표 2-3과 같다.

〈표 2-3〉 신체운동 · 건강영역의 내용범주 및 내용

내용범주	내용
신체활동 즐기기	신체를 인식하고 움직인다.
	신체 움직임을 조절한다.
	기초적인 이동운동, 제자리 운동, 도구를 이용한 운동을 한다.
	실내외 신체활동에 자발적으로 참여한다.
건강하게 생활하기	자신의 몸과 주변을 깨끗이 한다.
	몸에 좋은 음식에 관심을 가지고 바른 태도로 즐겁게 먹는다.
	하루 일과에서 적당한 휴식을 취한다.
	질병을 예방하는 방법을 알고 실천한다.
안전하게 생활하기	일상에서 안전하게 놀이하고 생활한다.
	TV, 컴퓨터, 스마트폰 등을 바르게 사용한다.
	교통안전 규칙을 지킨나.
	안전사고, 화재, 재난, 학대, 유괴 등에 대처하는 방법을 경험한다.

신체운동 · 건강 영역의 내용범주 중 영유아 건강교육에 직접적으로 관련되는 내용범주는 '건강하게 생활하기'와 '안전하게 생활하기'로(교육부, 2019), 건강하고 안전한 일상생활을 위한 기본생활습관에 관한 내용을 포함하고 있다. 범주별 내용을 살펴보면 먼저, 건강하게 생활하기 범주의 내용으로는 '자신의 몸과 주변을 깨끗이 한다.', '몸에 좋은 음식에 관심을 가지고 바른 태도로 즐겁게 먹는다.', '하루 일과에서 적당한 휴식을 취한다.', '질병을 예방하는 방법을 알고 실천한다.'가 포함되어 있다. 다음으로 안전하게 생활하기 범주의 내용으로는 '일상에서 안전하게 놀이하고 생활한다.', 'TV, 컴퓨터, 스마트폰 등을 바르게 사용한다.', '교통안전 규칙을 지킨다.', '안전사고, 화재, 재난, 학대, 유괴 등에 대처하는 방법을 경험한다.'가 있다.

한편, 5세 누리과정에서는 제외되었다가(교육과학기술부, 보건복지부, 2012), 3~5세 연령별 누리과정에서 '안전하게 놀이하기' 내용 중 새로 첨가된 세부내용으로 3세 'TV, 인터넷, 통신기기 등을 바르게 사용한다.'와 4, 5세 'TV, 인터넷, 통신기기 등의 위해성을 알고, 바르게 사용한다.'가 있다. 이 교육내용은 2019 개정 누리과정에서 '안전하게 생활하기' 내용범주의 'TV, 컴퓨터, 스마트폰 등을 바르게 사용한다.'로 첨가되었다. 즉, 미디어 관련 안전이 2007 개정 유치원교육과정 내용에 포함되었다가 5세 누리과정에서 제외되었으나, 3~5세 누리과정의 세부내용으로 다시 첨가되고, 2019 개정 누리과정에서는 내용으로 들어오면서 최근 영유아에 대한 미디어의 위해성에 대한 관심이 반영되고 그 심각성을 강조하는 것을 알 수 있다.

2) 2019 개정 누리과정의 건강교육 관련 내용 및 지도

2019 개정 누리과정의 건강교육 관련 내용에 따라 구체적인 지도내용을 열거해 보면 다음과 같다(교육부, 2019).

(1) 건강하게 생활하기

건강하게 생활하기 내용범주에서는 '건강한 생활습관을 기른다.'의 목표를 가지고,

유아가 스스로 몸과 주변을 깨끗이 하고, 즐겁게 식사하며, 자신의 신체 리듬에 맞게 휴식을 취하고, 질병을 예방하는 다양한 방법을 실천하는 내용이다. 즉, 유아가 일상생활 속에서 자연스럽게 경험해야 할 내용으로 교사가 가르치지 않아도 유아가 놀이하며 배울 수 있도록 하여야 한다. 하루 일과 중 유아의 건강 상태와 신체 리듬을 고려하여 규칙적인 생활을 하게 하는 데 주안점을 두고, 스스로 이닦기, 손씻기, 주변을 깨끗이 하기, 바른 식생활과 옷입기 등의 기본생활 습관을 실천하는 데 초점을 둔다.

가. 자신의 몸과 주변을 깨끗이 한다.

2019 누리과정 해설서 내용이해:

유아가 손을 씻고 이를 닦는 등 몸을 깨끗이 하는 적절한 방법을 알고 실천하며, 자기 주변을 깨끗하게 정리 정돈하는 내용이다.

먼저, 자신의 몸을 깨끗이 하기 위한 내용으로 유아가 질병을 예방하기 위한 기초로서 자신의 손과 몸을 깨끗이 하는 방법을 알고 실천하는 내용을 포함할 수 있다. 유아가 손과 이를 항상 청결하게 유지하는 습관을 갖게 하는 내용으로 유아의 청결한 생활습관은 자신의 신체를 항상 청결하게 유지하는 것에서부터 시작한다. 손과 치아의 청결은 건강 유지의 기본이 되므로 유아가 생활 속에서 손과 몸과 이를 청결히 유지하도록 지도한다. 올바르게 이 닦는 방법을 알고 실천할 수 있도록 지도하는 내용까지도 포함할 수 있다. 유아는 간식과 급식 전·후는 물론이고, 화장실 이용 후, 미술 활동 이후, 바깥놀이 활동이나 산책을 다녀온 후, 항상 손을 깨끗이 씻는 것이 습관화되도록 지도 내용을 포함한다.

또한 자신의 주변을 깨끗이 하기 위한 내용으로는 유아가 생활하는 주변을 깨끗이 하는 습관을 갖도록 하는 내용을 포함한다. 좁게는 유아의 개인장을 비롯한 활동실을 말하며, 넓게는 유아교육 및 보육 기관을 비롯하여 유아가 이용하는 공공시설이나 공간 등을 모두 포함하여 유아의 청결을 유치할 수 있도록 일상생활에서 실천할 수 있도록 하는 것이다. 유아가 주로 자신의 소지품과 생활공간을 깨끗이 유지하

도록 지도하는 것부터 생활 속에서 정리 정돈의 경험을 반복 실천하게 함으로써 청결 습관을 갖도록 하기 위한 내용이다. 교구나 책걸상 정리, 놀잇감 정리 정돈 등을 통해 교실을 깨끗이 정돈하고, 쓰레기 분리배출 등도 실천할 수 있는 기회를 주도록 한다.

나. 몸에 좋은 음식에 관심을 가지고 바른 태도로 즐겁게 먹는다.

2019 누리과정 해설서 내용이해:

유아가 몸을 건강하게 하는 음식에 관심을 가지고, 제자리에 앉아서 골고루 즐겁게 먹는 내용이다. 즉, 유아가 건강을 유지하기 위해 음식을 골고루 적당량 먹고 몸에 좋은 음식에 관심을 가지며 바른 태도로 즐겁게 먹을 수 있도록 돕는 내용이다.

유아가 신체 건강을 유지하기 위해 편식하지 않고 음식을 골고루 먹게 하는 내용으로 유아가 다양한 음식을 즐겁게 먹어볼 수 있게 하는 것이 중요하다. 특히 유아는 질감이나 특유한 향이 있는 식품을 거부하는 경향이 있으므로 유아가 거부하는 식품을 조리 방법에 변화를 주어 제공하고, 식사 지도를 하도록 한다. 또한, 유아가 자신이 먹을 수 있는 음식의 양을 적절히 조절하는 태도를 기르고 실천할 수 있는 내용, 건강과 영양과의 관계를 알고 건강을 유지하는 데 좋은 음식과 그렇지 못한 음식이 있음을 알고 관심을 가지게 하는 내용을 포함한다. 최근 우리 사회에서 증가하고 있는 소아비만 등은 대부분 잘못된 식습관과 연관되어 있으므로 유아에게는 몸에 좋은 식품에 관심을 가지고 이러한 식품을 섭취할 수 있게 지도한다.

생활 속에서 유아가 신체 건강을 유지하기 위해 필요한 음식을 알고 선택할 수 있도록 지도한다. 음식에 포함된 기본적인 영양분에 관심을 갖고, 신체 발달에 필요한 칼슘이나 비타민, 단백질 등이 풍부한 우유나 멸치, 생선, 야채, 과일 등을 선택할 수 있게 하고, 거기에 들어있는 영양소가 우리 몸의 건강에 어떠한 영향을 미치는지 이해할 수 있도록 지도한다. 몸에 좋은 음식을 충분히 섭취했을 때와 그렇지 못했을 때 우리 몸에 이떤 일이 생길 수 있는지 이해하여 몸에 좋은 음식을 스스로 선택할 수 있게 한다.

바른 식습관 형성은 건강 유지를 위한 기본 요소이므로 유아에게 올바른 수저 사용법을 가르치고 식사 도중에 돌아다니지 않기, 음식을 꼭꼭 씹고 입에 넣은 상태로 말하지 않기, 입술을 붙이고 소리 나지 않게 씹기 등 식사 시 지켜야 하는 기본적인 예절을 익히도록 지도한다. 유아가 식품의 생산과 공급, 조리 과정에 참여하는 많은 사람들의 노고를 이해하고 음식의 소중함을 알고 실천할 수 있게 한다. 유아가 적당량의 음식을 가져오고 남기지 않고 먹는 습관을 갖도록 하며, 음식물 쓰레기로 환경 문제와 경제적인 손실을 이해하게 한다.

다. 하루 일과에서 적당한 휴식을 취한다.

2019 누리과정 해설서 내용이해:

유아가 피곤하거나, 몸이 아프거나, 몸을 많이 움직여서 쉬고 싶을 때, 적절한 휴식을 취하는 내용이다.

유아가 건강한 생활 습관을 형성하는 데 필요한 수면과 휴식 등 규칙적인 생활 습관을 가지고 즐겁게 생활하는 태도를 형성하도록 하는 내용으로 유아가 활동 후 휴식을 취함으로써 생리적인 피곤을 회복하여 건강을 유지할 수 있도록 한다. 유아는 잠자는 동안 낮에 경험했던 사건을 재구성하고, 성장호르몬도 생성되므로 수면이 중요하다. 유아의 권장 수면시간은 낮잠을 포함하여 10~12시간 정도이나 개인차를 존중하고 특히, 5세 유아는 생리적 특성이나 활동량, 밤잠 시간 등에 따라 피곤을 느끼는 정도에 차이가 있으므로 낮잠 지도에서 개별적인 요구를 고려하도록 한다. 낮잠을 자지 않으려는 유아는 조용히 책을 보거나 음악을 들으면서 휴식을 취하게 함으로써 생활에서 휴식의 중요성을 알고 실천하게 한다. 또한, 유아의 정신건강을 유지하기 위해서 활동에 적극적으로 참여하고 활동 과정에서 느끼는 다양한 감정과 느낌을 적절한 방법으로 표현할 수 있게 도우며, 유아의 행동을 관찰하고 배변 관련 화장실 지도에도 세심한 주의가 필요하다.

라. 질병을 예방하는 방법을 알고 실천한다.

2019 누리과정 해설서 내용이해:

유아가 질병의 위험으로부터 건강을 유지할 수 있는 다양한 생활방식(몸을 청결히 하기, 날씨와 상황에 알맞은 옷 입기, 찬 음식 적당히 먹기, 정해진 시간에 자고 일어나기, 따뜻한 물 마시기 등)을 경험하는 내용이다.

전염병에 대한 면역력이 약한 유아가 질병의 위험을 알고 예방할 수 있는 태도를 기르도록 지도한다. 규칙적인 생활 습관을 형성하고, 전염병에 걸리지 않도록 예방 주사를 맞거나, 모기에 물리지 않도록 몸을 청결히 하는 등의 내용을 알고 주의하도록 한다. 감기에 걸리지 않으려면 편식을 하지 않고 몸과 주변을 청결히 하며 정기적으로 건강검진을 하는 등 건강한 생활 습관에 관심을 가지고 실천해야 함을 지도한다. 유아를 위한 예방접종 시기와 종류를 부모교육이나 가정통신을 통해 부모들에게 제공하는 것도 중요하다.

또한, 날씨나 기온에 맞게 옷을 입고 벗는 일은 일정한 체온을 유지하게 하므로 매우 중요하다. 특히 환절기에는 기온 변화가 심하여 유아는 날씨에 알맞게 옷을 조절하지 못하는 경우가 많으므로 날씨와 계절에 적절하게 옷을 입거나 벗을 수 있게 교사가 적절히 도와줌으로써 체온을 조절할 수 있도록 지도한다. 태양열이 강한 여름철에는 직사광선을 피하기 위해 모자를 쓰게 하고, 땀을 흘린 뒤에는 몸을 깨끗이 씻고 젖은 옷을 즉시 갈아입도록 지도한다. 유아가 날씨나 상황에 적절한 옷차림은 활동을 편리하게 하며, 건강도 유지하게 함을 이해하도록 지도한다. 한편, 바깥놀이나 미술 활동을 할 때 등 특별한 상황에도 알맞게 옷을 입을 수 있도록 하는 지도 내용도 포함될 수 있다.

(2) 안전하게 생활하기

안전하게 생활하기 내용범주에서는 '안전한 생활습관을 기른다.'의 목표를 가지고, 유아가 안전하게 놀이하고 생활하며, 자주 접하는 TV, 컴퓨터, 스마트폰을 바르게 사용하고, 교통안전 규칙을 지키며, 안전사고, 화재, 재난, 학대, 유괴 등의 위험한 일이 발생하였을 때 도움을 요청하거나 대처할 수 있는 방법을 경험하는 내용이다. 즉, 유아가 사전에 안전사고를 예방할 수 있도록 하는 것과 스스로 위험 상황을 정확히 인식하고 대처할 수 있도록 지속적인 교육 및 훈련을 하는 것에 주안점을 둔다.

가. 일상에서 안전하게 놀이하고 생활한다.

2019 누리과정 해설서 내용이해:

유아가 일상생활에서 위험한 장소, 상황, 도구 등을 알고, 안전한 놀이 방법과 놀이 규칙을 지키며 놀이하고 생활하는 내용이다.

실내 · 외 여러 가지 놀이기구나 놀잇감, 도구를 안전하게 사용하고, 안전한 장소에서 놀이하는 내용으로 유아에게 실내 · 외 놀이기구나 놀잇감, 도구의 안전한 사용법 및 규칙 등을 알려 주어 안전하게 놀이할 수 있도록 하는 것뿐만 아니라 생활 속에서 실천할 수 있게 하는 내용이다. 유아는 발달 특성상 주변의 사물이나 환경에 대한 호기심이나 탐구하려는 충동은 강한 반면 신체 기능의 미성숙으로 운동기능이 충분히 발달되어 있지 않아 항상 사고의 위험에 노출되어 있다. 따라서 교사는 유아에게 놀이기구나 놀잇감, 도구의 바른 사용법을 알려줄 뿐만 아니라 유아가 스스로 안전한 사용규칙에 대해 의논하고 약속으로 정하며 이를 지켜서 놀이하도록 지도한다.

또한, 유아가 실내 · 외 놀이 장소에서 안전하게 놀이할 수 있도록 유아에게 안전한 놀이 장소를 알려주고 놀이하는 것에서 발전하여, 유아와 함께 실내 · 외에서 안전한 장소와 위험한 장소를 알고 구분하며 질서를 지키는 등 안전하게 놀이할 수 있도록 지도하는 내용을 포함한다.

나. TV, 컴퓨터, 스마트폰 등을 바르게 사용한다.

2019 누리과정 해설서 내용이해:

유아가 일상에서 자주 접하는 TV, 컴퓨터, 스마트폰 등을 필요한 상황에서 적절하게 사용하며, 바른 자세로 이용하는 내용이다.

전자 미디어를 안전하게 사용하는 데 필요한 지식, 기능, 태도를 형성하는 내용으로 유아에게 올바른 전자 미디어의 사용법을 알려주고 사용하도록 하는 것뿐 아니라 유아가 전자 미디어의 순기능과 역기능에 대해 인식하여 이를 바탕으로 자기조절 능력을 가지고 올바르게 전자 미디어를 사용하도록 하는 내용을 포함한다. 유아는 생활 속에서 전자미디어와 관련된 다양한 문제 상황 및 해결 방법에 대해 알아보고 이를 실천하고자 노력할 수 있다. 또한, 자신들이 경험해 본 전자 미디어의 위해성 및 대안을 다른 사람들에게 알리며 스스로 조절할 수 있는 능력을 기르도록 한다. 전자 미디어 안전 교육은 반드시 가정과 연계되어 이루어질 수 있도록 한다.

다. 교통안전 규칙을 지킨다.

2019 누리과정 해설서 내용이해:

유아가 안전한 보행 및 도로 횡단, 교통기관의 안전한 이용 등 교통안전 규칙을 알고 실천하는 내용이다.

유아가 교통안전 규칙의 중요성과 자동차 사고의 위험을 알고 사고의 위험으로부터 자신을 보호하기 위해 필요한 지식, 기능, 태도를 형성하는 내용으로 안전보행이나 도로 횡단 등의 각종 교통안전 규칙을 알려주어 안전하게 생활할 수 있도록 하여야 한다. 등 · 하원 길의 안전과 골목길에서의 안전보행에 대해 알려주고, 신호등이 있는 횡단보도, 신호등이 없는 횡단보도, 횡단보도가 없는 도로에서의 안전 횡단에 대하여 지속적으로 알려주고 실천해 보도록 한다.

그리고 교통 규칙을 알려주고 경험하도록 하는 것, 교통안전 규칙을 지켜야 하는 이유, 지키지 않을 경우 어떤 일이 생기는지 등에 대해 알고 지키도록 하는 내용도 알아볼 수 있다. 교통안전 규칙에 대해 알아보고 실천하면서 평가해볼 수 있는 경험을 제공하도록 하고, 기본적인 교통 표지판의 의미를 알고 지키도록 한다.

또한, 교통수단의 안전한 이용 방법에 대해 인식하고 실천해보는 것도 필요한 지도이다. 유아가 통학버스, 승용차, 시내버스, 지하철 등 실생활에서 경험할 수 있는 교통수단을 승 · 하차해 보는 경험을 제공하고, 그에 따른 안전수칙에 대해 알고 안전하게 이용하도록 한다. 특히 일상생활에서 많이 이용하는 유치원이나 어린이집 통학버스를 안전하게 이용하는 방법을 충분히 알아보고 경험해 보는 것은 중요하다. 이후 점차 대중교통수단을 안전하게 이용할 수 있는 방법을 의논하고 문제점을 찾아보는 기회도 가질 수 있다.

유아가 자율적으로 교통수단을 안전하게 이용하도록 교통 규칙과 안전에 관련된 지식을 습득하고, 경험해 보고, 안전하게 이용하는 태도를 형성하도록 도울 수 있는 기회를 마련하여야 한다.

라. 안전사고, 화재, 재난, 학대, 유괴 등에 대처하는 방법을 경험한다.

2019 누리과정 해설서 내용이해:

유아가 안전사고, 화재, 재난, 학대, 유괴 등의 위험에 처한 상황을 알고, 주변에 도움을 요청하는 방법을 배우며, 평소 훈련에 따라 대피하는 연습을 하는 등의 안전교육과 관련된 내용이다.

안전사고, 화재, 재난, 학대, 유괴 등의 비상상황에 적절하게 대처함으로써 자신을 보호하는 데 필요한 지식, 기술, 태도를 형성하는 내용으로 유아에게 비상상황의 가능성을 알려주고, 도움을 요청하도록 알려주어야 한다. 다양한 위험 상황의 예를 살펴보고, 위험에 처해 있을 때 침착하게 교사나 주변의 믿을만한 성인에게 도움을 요청하는 방법을 알려준다. 이때 여러 가시 비상상황을 역할극 등의 방법으로 제시하고 연습해 봄으로써 실제 상황에서 도움을 요청할 수 있도록 지도한다.

안전사고, 화재, 재난 등의 비상상황에 대비하여 정기적으로 훈련을 실시해야 한다. 대피 방법을 구체적으로 알려주고 교사의 안내대로 따라하도록 한다. 놀라거나 당황하지 않도록 미리 수업시간에 대피 훈련을 연습하여 실제 생활 속에서 발생하는 다양한 재난 및 사고 발생의 원인과 예방 방법을 알아보고, 적절히 행동하는 방법을 지도한다. 지속적이고 반복적으로 대피훈련을 진행하여 위급한 상황에 처했을 때 당황하지 않고 적절히 대처하도록 한다. 또한, 유아에게 생활 주변에서 발생할

수 있는 위험한 상황(예: 추락, 전기감전, 약물 오남용 등)을 알려주고 위험한 상황에서 자신을 보호하도록 지도한다.

3) 표준보육과정의 건강교육 관련 내용

2020년 개정 · 고시된 제4차 어린이집 표준보육과정(이하 표준보육과정)은 0~1세, 2세 보육과정으로 구성된다. 표준보육과정의 6개 영역 중 건강교육과 관련된 '기본생활' 영역의 내용을 연령별로 살펴보면 다음과 같다(보건복지부, 2020).

(1) 기본생활 영역의 내용

표준보육과정 기본생활 영역의 내용 범주는 '건강하게 생활하기'와 '안전하게 생활하기'로 구성되어 있다. '건강하게 생활하기'와 '안전하게 생활하기'는 건강하고 안전한 일상생활을 위한 기본생활 습관에 관한 내용을 포함하고 있다. 또한, 전체적인 내용은 연령이 높아질수록 기본생활 영역의 내용범주에 따라 내용이 점점 확장된다. 기본생활 영역의 내용은 표 2-4, 표 2-5와 같다.

〈표 2-4〉 0~1세 기본생활 영역 내용

내용범주	내용
건강하게 생활하기	• 도움을 받아 몸을 깨끗이 한다. • 음식을 즐겁게 먹는다. • 하루 일과를 편안하게 경험한다. • 배변 의사를 표현한다.
안전하게 생활하기	• 안전한 상황에서 놀이하고 생활한다. • 안전한 상황에서 교통수단을 이용해 본다. • 위험하다는 말에 주의한다.

0~1세 영아들은 양육자의 도움에 의존해 기본생활을 하게 되지만 점차 신체 · 운동 능력과 인지능력, 언어능력이 발달되면서 건강한 생활을 실천하기 위한 기초능력을 형성해 나간다. 교사는 영아기에 적절한 아동건강교육을 통해 건강한 생활습

관 형성을 위한 기초적 경험을 가질 수 있도록 지원해야 한다.

〈표 2-5〉 2세 기본생활 영역 내용

내용범주	내용
건강하게 생활하기	• 자신의 몸을 깨끗이 해 본다. • 음식에 관심을 가지고 즐겁게 먹는다. • 하루 일과를 즐겁게 경험한다. • 건강한 배변 습관을 갖는다.
안전하게 생활하기	• 일상에서 안전하게 놀이하고 생활한다. • 교통수단을 안전하게 이용해 본다. • 위험한 상황에 대처하는 방법을 경험한다.

2세 영아를 위한 건강교육 내용은 일상생활 속 능동적 경험을 통해 바른 건강습관을 형성하고 안전한 생활경험을 쌓아가도록 함을 핵심으로 한다. 따라서 교사는 영아들의 건강한 생활습관형성과 안전한 놀이생활을 위해 하루일과에서 지속적으로 구체적인 경험을 제공한다.

3. 건강교육의 방법

1) 일반적인 건강교육의 방법

영유아 건강교육은 매일의 일과 속에서 반복적으로 실시하는 것이 바람직하다. 건강교육을 실시하기 위한 효과적인 방법은 영유아가 직접 일상생활의 다양한 경험과 활동을 통해 건강을 유지하고 건강한 생활 습관을 형성하는 데 필요한 지식, 기술 및 태도를 자연스럽게 형성하도록 하는 것이다. 특히, 건강교육은 대상 영유아의 연령, 발달특성 등을 고려하여 계획되어야 하며, 각 상황에 따라 적절하고 융통성 있게 전개되어야 한다. 또한 영유아의 흥미와 발달에 적합한 주제를 선정하여 통합적으로 이루어져야 한다. 즉, 정해진 주제에 관해 이야기 나누기, 미술, 음악 및 동작, 문학, 게임, 과학 등의 다양한 활동을 통해 다루도록 한다.

하루 일과 속에서 통합적인 반복 학습을 통한 건강교육이 실시되기 위해서는 일상생활과 정비된 교실의 환경, 적절한 성인의 모델링 등과 같은 비지시적 교수방법뿐만 아니라 지시적 교수방법 등을 통해 매일 이루어져야 한다.

'이야기 나누기'는 건강을 돕는 생활습관과 관련한 주제, 안전한 생활을 위한 규칙을 논의하고 정하기 등에서 사용할 수 있다. 이야기 나누기는 영유아에게 건강에 적절한 행동을 하는 필요성과 이유를 논리적이고 체계적으로 생각해 보는 기회를 제공해 줌으로써 개념의 획득과 태도 형성을 돕는다. '미술 활동'은 건강과 관련된 교육 경험을 더욱 풍요롭게 한다. 간호사 모자, 환자용 명찰, 약봉지, 거즈 등의 의료용품을 만들어 병원놀이에 사용하거나 초대할 지역사회 인사에게 초대장 만들기, 견학 후 인상 깊었던 내용을 그리기, 포스터 만들기 등이 포함된다. '음악과 동작 활동'은 영유아가 즐거워하는 활동으로 정서의 함양과 표현을 하게 하는 기술 외에도 말로 설명하기 어려운 개념이나 말로는 지루하게 전달될 수 있는 내용을 멜로디와 함께 즐겁게 공감하고, 쉽게 이해하며, 또한 오래도록 기억하게 한다. 그러므로 건강에 관한 개념과 기술, 행동 형성을 노래를 통해서 전달하는 것은 매우 효과적이고 즐거운 경험이 될 수 있다. 예를 들어, '신호등', '건너가는 길', '손을 씻어요.', '싹싹 닦아라.' 등은 건강과 관련된 습관 형성을 돕는 노래들이다. 건강과 관련된 '문학 활동'으로 영유아의 눈높이에 알맞은 문학작품들은 안전과 영양, 병원, 질병 등에 관한 정보를 제공하고 경험을 나누도록 도울 수 있다. 또한 동화 · 동시를 감상한 후 그 작품의 주제와 관련한 자신의 경험과 느낌을 토론해 보는 기회도 가질 수 있다. 한편 자유선택활동, 이야기 나누기, 미술, 음악, 문학, 실험 등의 활동을 통하여 학습된 내용에 대하여 다양한 방법으로 게임을 하는 것은 개념을 강화하고 확장하는 효과를 가져 온다. 예를 들어 이에 좋은 음식과 나쁜 음식을 분류하는 게임, 계절에 따른 사람들의 생활 변화를 그림으로 짝짓기, 말 전하기 등을 들 수 있다.

건강교육과 관련된 주제를 선정하고 통합적인 접근방법으로 학습할 때 영유아는 실제 상황에서 건강한 생활을 유지하는 데 필요한 지식이나 기술을 익히고 적용하는 태도를 기를 수 있게 된다.

생활주제 '유치원과 친구'의 예를 구체적으로 제시하면 그림 2-1과 같다.

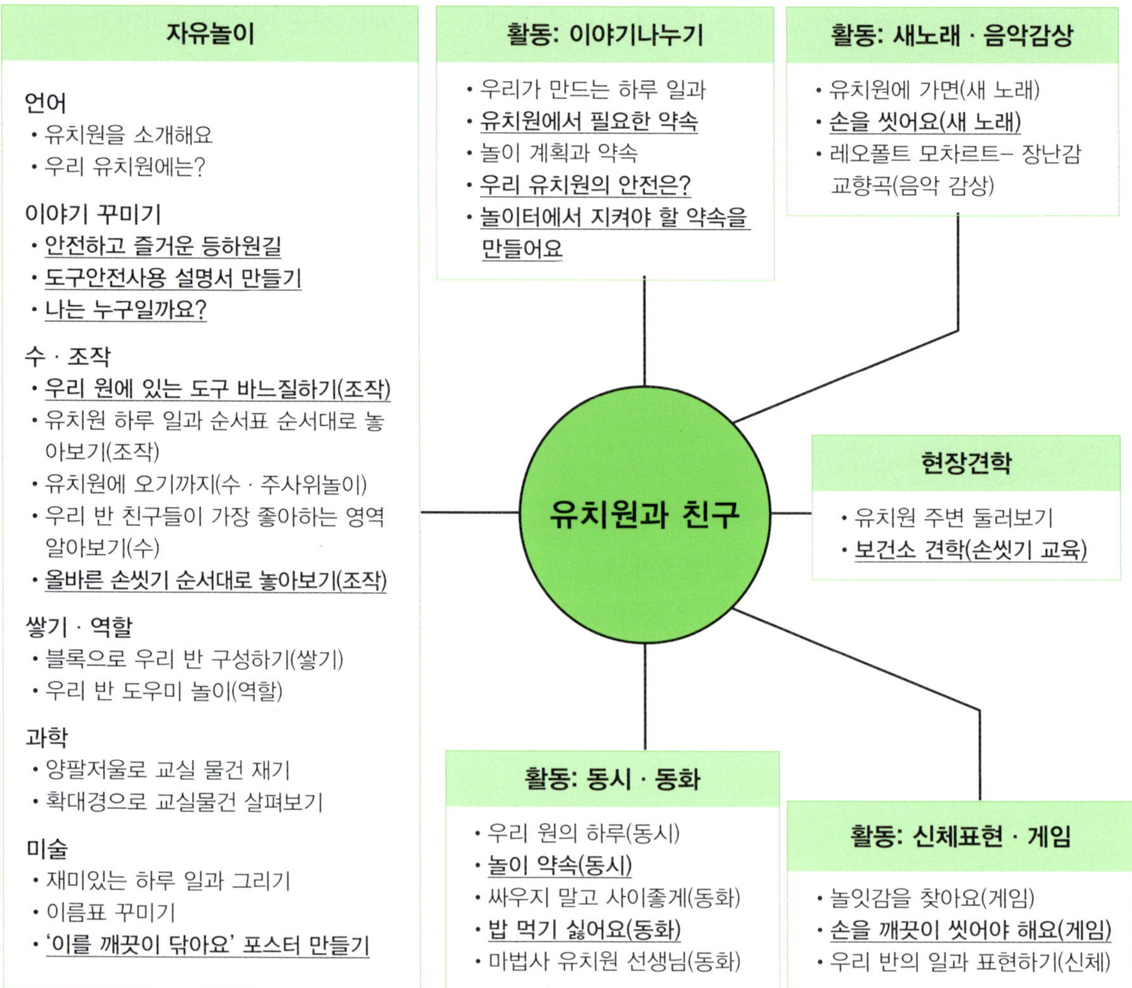

[그림 2-1] 통합적 접근방법의 예: 유치원과 친구(5세)

영유아를 위한 건강교육의 다양한 방법을 구체적으로 정리해 보면 다음과 같다(정미라 외, 2012; 조경자, 이현숙, 2010).

(1) 역할놀이를 통한 건강교육

영유아는 역할놀이를 통해 여러 다른 상황에서 직접 또는 간접 경험을 토대로 다양한 문제를 경험하고 그 문제에 대한 대처방법을 찾아보거나 자발적인 문제해결력을 기를 수 있다. 특히, 건강교육은 바람직한 환경과 건강한 성인들의 행동을 통해 가장 효과적으로 이루어지며, 특정한 주제나 수업만을 통해서보다 전체적인 교육 환경, 일과 생활, 성인의 모델링과 적절한 지도를 통해 이루어짐을 고려할 때, 건강교육은 구체적이고 실제적인 상황에서 이루어져야 한다. 즉, 소꿉놀이, 병원놀이, 식당놀이, 교통안전놀이 등은 건강에 관한 지식과 태도, 실제 수행능력을 향상시킬 수 있다. 예를 들면, 놀이영역에 역할놀이를 촉진시킬 수 있는 관련 놀잇감과 실물 또는 모형이 있는 경우에 놀이가 더욱 활성화 될 수 있다. 즉, 의료용 도구와 자료가 비치되어 있다면 병원놀이가 촉진될 것이다.

특히, 영유아기는 역할놀이가 가장 활발하게 일어나는 시기임을 고려할 때 실제 활동에서의 다양한 역할경험은 건강의 중요성과 건강을 유지하기 위해 필요한 일을 이해하고 실천하게 한다.

(2) 상황에 근거한 건강교육

상황에 근거한 건강교육은 영유아교육기관에서 정기적인 신체검사를 실시하거나 식중독 사고가 발생했을 때, 또는 간식이나 점심시간 등과 같은 실제 상황을 이용하여 건강교육을 실시하는 것이다. 이를 테면, 간식 및 점심시간은 다양한 음식을 먹어보는 경험, 손씻기, 이닦기 등의 활동을 통해 영양교육 및 건강교육을 위해 효과적으로 활용될 수 있다. 상황에 근거한 건강교육은 영유아가 직·간접적인 경험을 기초로 동기유발이 용이하고, 실제와 직접 연결된다는 장점이 있으나 영유아에게 필요한 건강교육의 내용을 모두 포함시킬 수 없다는 한계도 있다.

(3) 현장학습을 통한 건강교육

현장학습을 통한 건강교육은 영유아교육기관의 외부장소를 방문하여 영유아가 직접 감각을 통한 실제 경험을 할 수 있게 함으로써 학습의 효과를 높이기 위한 방법이다. 예를 들어, 보건소, 병원, 약국, 소방서, 경찰서, 사회복지관 등의 지역사회 관련 기관의 견학은 응급상황 시 도움을 받는 방법과 해야 할 일을 배우는 기회

가 된다. 또한 견학 과정에서 영유아는 통행 및 교통안전교육의 기회를 가질 수 있다. 그러나 이러한 현장학습을 통한 건강교육은 사전에 현장학습을 나갈 장소와 일정 및 그 과정에 대한 교사의 치밀한 계획이 선행되어야 한다. 한편, 현장학습을 다녀온 후 현장에서의 경험을 확장시켜 보는 다양한 활동을 통해 개념을 확장 및 강화시킬 수 있다.

(4) 부모교육을 통한 건강교육

영유아는 주로 부모를 통해 건강 또는 안전에 대한 습관이나 신념을 형성한다. 따라서 부모는 건강이나 안전을 유지하기 위해 필요한 정보나 태도를 풍부히 알고 있어야 할 뿐 아니라 생활 속에서 이를 실천할 수 있어야 한다. 부모교육을 통한 건강교육은 영유아교육기관에서 가정통신문이나 부모회, 관찰 등의 기회를 통해 부모에게 건강에 관한 정보를 제공하거나 부모가 직접 영유아의 활동에 참여할 수 있는 기회를 주는 방법이다. 예를 들면, 건강에 관한 프로젝트에 부모가 직접 참여할 수 있으며, 현장학습이나 정기 신체검사 등을 실시할 때 부모가 보조 역할을 수행할 수 있다. 이러한 부모교육을 통한 건강교육은 부모로 하여금 자녀의 건강이나 안전을 유지하기 위해 필요한 정보제공 및 바람직한 태도형성 등을 도우며, 가정연계활동으로 이루어질 수 있다.

이처럼 다양한 건강교육방법은 도서, 브로셔, 포스터 등의 여러 가지 인쇄물, 그림 자료, 비디오테이프, 녹음기, 모형, 표본 인형, 실물 등의 교수 자료와 다양한 매체물을 활용하면 효과적이다.

2) 국가수준 교육(보육)과정에 따른 건강교육 활동계획

교사는 국가수준 교육(보육)과정에 따라 건강교육 활동을 계획하여 실행할 수 있어야 한다. 누리과정의 경우 일반적으로 제시된 내용도 유아의 연령과 수준에 따라 계획과 접근방법이 다르기 때문에 연령에 적합한 활동 계획이 요구된다. 이에 2019

개정 누리과정과 제4차 어린이집 표준보육과정에 따른 건강교육 활동의 연령별 계획안의 예를 구체적으로 제시하여 이해를 돕고자 한다.

(1) 누리과정에 따른 건강교육 활동계획

① 구강 청결에 관련된 연령별 활동계획

2019 개정 누리과정의 신체운동 · 건강 영역의 '건강하게 생활하기' 내용범주 중 '자신의 몸과 주변을 깨끗이 한다' 내용에 관련된 연령별 활동계획안을 소개하면 표 2-6, 표 2-7, 표 2-8과 같다.

〈표 2-6〉 3세 활동 계획안의 예

<table>
<tr><th colspan="2">활동명</th><td colspan="2">이를 깨끗이 해요</td><th>생활주제</th><td colspan="2">건강과 안전</td></tr>
<tr><th colspan="2">활동목표</th><td colspan="5">• 음식을 먹은 후 이를 닦아야 한다는 것을 안다.
• 이를 깨끗이 하는 방법을 안다.
• 이를 깨끗이 닦는 태도를 기른다.</td></tr>
<tr><th colspan="2">누리과정
관련요소</th><td colspan="5">• 신체운동 · 건강: 건강하게 생활하기 – 자신의 몸과 주변을 깨끗이 한다.
• 사회관계: 나를 알고 존중하기 – 내가 할 수 있는 것을 스스로 한다.</td></tr>
<tr><th colspan="2">활동유형</th><td>이야기 나누기</td><th>집단유형</th><td>대집단활동</td><th>활동시간</th><td>10~15분</td></tr>
<tr><th colspan="2">교수자료</th><td colspan="5">칫솔(유아용 칫솔 또는 모형칫솔), 모형치약, 입이 벌어지는 인형</td></tr>
<tr><th rowspan="2">활동방법</th><th>도입</th><td colspan="5">① 입이 벌어지는 인형을 이용하여 이닦기에 대한 흥미를 유발한다.
– 음식을 많이 먹고 배가 부른 친구가 너희들에게 할 이야기가 있대.
– (인형을 흔들며 인형 목소리로) 친구들아, 안녕?
음식을 많이 먹었더니 입안이 지저분해지는 것 같아. 어떻게 하지?
② 활동을 소개한다.
– 그래, 선생님 이야기를 잘 듣고 인형의 이닦기를 도와주자.</td></tr>
<tr><th>전개</th><td colspan="5">① 음식을 먹은 후에 무엇을 해야 하는지 이야기를 나눈다.
– 음식을 먹고 난 후에는 무엇을 해야 할까?
② (준비한 칫솔, 치약을 이용하여) 깨끗이 이를 닦는 방법에 대하여 이야기 나눈다.
– 인형의 이를 깨끗이 닦아 주려면 어떻게 해야 할까?
– 인형의 이를 깨끗이 닦아 주려면 무엇이 필요할까?
– 칫솔을 위 아래로 움직여서 깨끗하게 닦아 볼까?
– 칫솔로 혓바닥도 닦아 주자.</td></tr>
</table>

활동방법	평가 및 마무리	① 도입에서 소개한 인형의 이닦기를 해본다. – (입이 벌어지는 인형을 들고) 조금 전 고민했던 친구의 이를 닦아보자. 누가 닦아 줄까? – 역할영역에 인형을 놓아 둘 테니 자유 선택 활동 시간에 인형의 이를 닦아 보자. – 점심을 맛있게 먹고 우리도 직접 닦아 보자.

〈표 2-7〉 4세 활동 계획안의 예

활동명	양치질 하는 방법을 알아요		생활주제	건강과 안전		
활동목표	• 양치질의 필요성을 안다. • 올바른 양치질 방법을 안다. • 스스로 이를 닦는다.					
누리과정 관련요소	• 신체운동 · 건강: 건강하게 생활하기 – 자신의 몸과 주변을 깨끗이 한다. • 사회관계: 나를 알고 존중하기 – 내가 할 수 있는 것을 스스로 한다. • 의사소통: 듣기와 말하기 – 자신의 경험, 느낌, 생각을 말한다.					
활동유형	이야기 나누기	집단유형	대집단활동	활동시간	15분	
교수자료	이가 아픈 표정의 유아 그림, 올바른 이닦기 방법 그림카드					
활동방법	도입	① 이가 아픈 표정 유아 그림을 제시하며 이야기 나누기를 통해 흥미를 유발한다. – 이 친구는 왜 이런 표정을 짓고 있을까? – 어떻게 하면 이가 아프지 않게 될까? ② 활동을 소개한다. – 올바르게 이를 닦는 방법에 대해 알아보자.				
	전개	① 양치질이 필요한 이유를 이야기 나눈다. – 왜 이를 닦아야 할까? – 어떻게 닦아야 깨끗하게 닦을 수 있을까? ② 올바른 이 닦는 방법 그림카드를 단계별로 제시하고 이야기 나눈다. – 카드에 있는 그림을 한번 살펴보도록 하자. 어떤 그림들이 있니? – 이를 깨끗하게 닦는 순서를 이야기 해볼까? ③ 유아가 올바른 이닦기 방법 그림카드를 순서에 맞게 맞춰 본다. – 선생님이 카드를 섞어놓으면 친구들이 순서대로 놓아 보자.				
	평가 및 마무리	① 활동 후 알게 된 점에 대해 이야기 나눈다. – 음식을 먹은 다음에 왜 이를 깨끗이 닦아야 하는 걸까? – 이를 어떻게 닦아야 깨끗할까? – 올바른 방법으로 스스로 양치질을 할 수 있겠니? – 점심을 먹은 후 올바른 방법으로 이를 스스로 닦아보자.				

〈표 2-8〉 5세 활동 계획안의 예

<table>
<tr><td>활동명</td><td colspan="2">'이를 깨끗이 닦아요'
포스터 만들기</td><td colspan="2">생활주제</td><td colspan="2">건강과 안전</td></tr>
<tr><td>활동목표</td><td colspan="6">• 이닦기의 필요성과 올바른 양치방법을 안다.
• 이를 바르게 닦을 수 있다.
• 이닦기 포스터를 만들기 위해 협동한다.</td></tr>
<tr><td>누리과정 관련요소</td><td colspan="6">• 신체운동 · 건강: 건강하게 생활하기 – 자신의 몸과 주변을 깨끗이 한다.
• 의사소통: 듣기와 말하기 – 자신의 경험, 느낌, 생각을 말한다.
• 의사소통: 읽기와 쓰기에 관심 가지기 – 자신의 생각을 글자와 비슷한 형태로 표현한다.
• 예술경험: 창의적으로 표현하기 – 다양한 미술재료와 도구로 자신의 생각과 느낌을 표현한다.</td></tr>
<tr><td>활동유형</td><td>미술활동</td><td>집단유형</td><td>소집단</td><td>활동시간</td><td colspan="2">25~30분</td></tr>
<tr><td>교수자료</td><td colspan="6">이를 올바르게 닦는 그림, 칫솔, 치아모형, 포스터 만들 종이, 크레파스, 물감, 다양한 쓰기도구</td></tr>
<tr><td rowspan="3">활동방법</td><td>도입</td><td colspan="5">① 치아모형과 칫솔을 제시하며 주의집중한다.
– 언제 어떻게 이를 닦아야 할까?
– 이를 깨끗하게 닦으려면 어떤 방법으로 닦아야 할까?
② 포스터 만들기 활동을 소개한다.
– 오늘은 이닦기에 대한 포스터를 만들어 보자.</td></tr>
<tr><td>전개</td><td colspan="5">① 이를 올바르게 닦는 그림을 보며 함께 이야기를 나눈다.
– 이에 낀 음식물 찌꺼기를 없애고 깨끗이 닦으려면 어떻게 해야 할까?
– 음식을 먹고 나서 얼마 만에 닦아야 하는지 알고 있니?
– 하루에 몇 번, 몇 분 동안 닦아야 할까?
② 이를 깨끗이 닦는 방법을 동생들에게 알리는 방법을 논의한다.
– 이를 깨끗하게 닦는 것을 동생들에게 알려주려면 어떻게 해야 할까?
– 포스터를 만들어서 알려주는 것도 좋겠구나.
③ 포스터에 넣을 그림과 글의 내용을 이야기 나눈다.
– 이를 깨끗이 닦아야 한다는 것을 알리려면 어떤 그림을 그려 주어야 할까?
– 포스터에 어떤 내용의 글을 넣어야 할까?
④ 포스터를 제작해 본다.
– 크레파스와 물감으로 포스터를 멋지게 꾸며 보자.</td></tr>
<tr><td>평가 및 마무리</td><td colspan="5">① 만든 포스터를 보며 평가한다.
– 친구들의 포스터에서 어떤 부분이 잘 표현되었니?
– 이를 깨끗하게 닦는 방법을 동생들이 잘 알 수 있을 것 같니?
– 어디에 붙여주면 동생들이 잘 볼 수 있을까?</td></tr>
</table>

② 음식 섭취에 관련된 연령별 활동계획

2019 개정 누리과정 '건강하게 생활하기' 내용범주에 포함된 '몸에 좋은 음식에 관심을 가지고 바른 태도로 즐겁게 먹는다.' 내용과 관련된 연령별 활동계획안을 소개하면 표 2-9, 표 2-10, 표 2-11과 같다.

〈표 2-9〉 3세 활동 계획안의 예

<table>
<tr><th colspan="2">활동명</th><td colspan="2">어떤 맛일까요?</td><th>생활주제</th><td colspan="2">건강과 안전</td></tr>
<tr><th colspan="2">활동목표</th><td colspan="5">• 생과일과 말린 과일의 차이를 안다.
• 생과일과 말린 과일을 먹어보고 맛을 말로 표현한다.</td></tr>
<tr><th colspan="2">누리과정 관련요소</th><td colspan="5">• 신체운동 · 건강: 건강하게 생활하기 – 몸에 좋은 음식에 관심을 가지고 바른 태도로 즐겁게 먹는다.
• 자연탐구: 탐구과정 즐기기 – 주변 세계와 자연에 대해 지속적으로 호기심을 가진다.
• 의사소통: 듣기와 말하기 – 자신의 경험, 느낌, 생각을 말한다.</td></tr>
<tr><th colspan="2">활동유형</th><td>이야기 나누기</td><th>집단유형</th><td>대집단</td><th>활동시간</th><td>15~20분</td></tr>
<tr><th colspan="2">교수자료</th><td colspan="5">사과, 감, 바나나, 망고, 키위 등 다양한 생과일 및 생야채, 말린 야채와 과일, 접시, 서로 다른 색상의 쟁반</td></tr>
<tr><th rowspan="3">활동방법</th><th>도입</th><td colspan="5">① 과일 수수께끼를 통해 흥미를 유발한다.
– 나는 과일이에요. 나는 무엇일까요?
– 나는 길어요. 나는 무엇일까요?
– 겉은 노랗고 속은 하얀색이에요. 나는 무엇일까요?
② 활동을 소개한다.
– 오늘은 생과일과 말린 과일의 맛에 대해 이야기를 나누어 보자.</td></tr>
<tr><th>전개</th><td colspan="5">① 준비된 생과일을 탐색하며 이야기 나눈다.
– 여기에 어떤 과일이 있는지 살펴보자.
– 여기에 준비된 과일 중에 먹어 본 과일은 무엇이니?
– 어떤 맛이었니?
② 준비된 말린 과일을 탐색하며 이야기 나눈다.
– 이 말린 과일은 어떤 과일을 말린 것일까?
– 이 말린 과일을 먹어 본 적 있니?
– 어떤 맛이었니?
③ 생과일과 말린 과일을 먹어 본다.
– 준비된 과일을 먹어 보자.
– 어떤 맛이 나니?
– 생과일과 말린 과일을 먹어 보니 어떤 차이가 나니?</td></tr>
<tr><th>평가 및 마무리</th><td colspan="5">① 활동에 대한 생각과 느낌에 대해 이야기 나눈다.
– 어떤 과일들을 먹어 보았니?
– 생과일과 말린 과일을 먹어 보니 기분이 어땠니?
– 잘 먹지 않았던 음식인데 먹어 보니 맛있었던 음식도 있었니?</td></tr>
</table>

〈표 2-10〉 4세 활동 계획안의 예

<table>
<tr><th colspan="2">활동명</th><td colspan="2">영양소를 찾아주세요</td><th>생활주제</th><td colspan="2">건강과 안전</td></tr>
<tr><th colspan="2">활동목표</th><td colspan="6">• 식품의 영양소에 관심을 갖는다.
• 같은 식품군끼리 구별해 본다.
• 게임에 적극적으로 참여한다.</td></tr>
<tr><th colspan="2">누리과정 관련요소</th><td colspan="6">• 신체운동 · 건강: 건강하게 생활하기 – 몸에 좋은 음식에 관심을 가지고 바른 태도로 즐겁게 먹는다.
• 사회관계: 더불어 생활하기 – 약속과 규칙의 필요성을 알고 지킨다.
• 자연탐구: 탐구과정 즐기기 – 주변 세계와 자연에 대해 지속적으로 호기심을 가진다.</td></tr>
<tr><th colspan="2">활동유형</th><td>게임</td><th>집단유형</th><td>대집단</td><th>활동시간</th><td>15~20분</td></tr>
<tr><th colspan="2">교수자료</th><td colspan="6">'식품구성 자전거' 게임판 2개, 음식카드, 출발신호 악기</td></tr>
<tr><th rowspan="2">활동방법</th><th>도입</th><td colspan="6">① '식품구성 자전거'를 제시하며 흥미를 유발한다.
– 이것은 무엇일까?
– 이것은 우리 친구들이 음식을 골고루 먹을 수 있도록 알려주기 위해 만든 식품구성 자전거라는 그림이야.
② 오늘의 활동을 소개한다.
– 오늘은 자전거 바퀴에 같은 영양소를 가진 친구끼리 모아보는 게임을 해보자.</td></tr>
<tr><th>전개</th><td colspan="6">① (활동자료를 보며)게임방법에 대해 이야기 나눈다.
– 여기에 준비된 것을 가지고 어떤 방법으로 게임을 할 수 있을까?

〈게임방법〉
㉠ 음식 카드를 뽑은 후 출발선에 선다.
㉡ 출발 신호를 듣고 출발한다.
㉢ 식품구성 자전거 게임판에 음식카드를 붙이고 돌아온다.

② 게임의 규칙을 정한다.
– 이런 방법으로 게임을 하려면 어떤 규칙이 필요할까?
③ 점수 기준을 제시한다.
– 우리 친구들이 게임 규칙을 잘 지키면서 같은 영양소를 가진 음식그림이 있는 곳을 찾아 음식카드를 붙이고 먼저 돌아오면 1점을 얻는 거야.</td></tr>
</table>

활동방법	전개	④ 팀을 나눈 후 인원수를 확인한다. - 어떤 방법으로 팀을 나누면 좋을까? - 양 팀의 인원수가 같은 지 앞 친구와 악수를 나누어 보자. ⑤ 팀 이름을 정한다. - 인원수를 확인했으면 팀 이름을 정해 보자. ⑥ 시범을 보인다. - 누가 앞으로 나와서 친구들에게 시범을 보여 주겠니? ⑦ 게임을 한다. - 지금까지 이야기 나눈 방법으로 규칙을 잘 지키면서 게임을 시작해 보자. ⑧ 게임을 평가한다. - 모두 규칙을 잘 지켰니? - 음식을 같은 영양소끼리 잘 찾아주었니?
	평가 및 마무리	① 활동 후의 생각과 느낌에 대해 이야기 나눈다. - 활동을 하면서 재미있었던 부분은 무엇이었니? - 속상했던 일이 있었니?

〈표 2-11〉 5세 활동 계획안의 예

<table>
<tr><td colspan="2">활동명</td><td colspan="3">어디에 필요할까요?</td><td>생활주제</td><td>건강과 안전</td></tr>
<tr><td colspan="2">활동목표</td><td colspan="5">• 우리 몸에 도움을 주는 음식의 종류를 안다.
• 자신의 생각을 언어로 표현한다.
• 음식을 골고루 먹는 태도를 기른다.</td></tr>
<tr><td colspan="2">누리과정 관련요소</td><td colspan="5">• 신체운동 · 건강: 건강하게 생활하기 – 몸에 좋은 음식에 관심을 가지고 바른 태도로 즐겁게 먹는다.
• 의사소통: 듣기와 말하기 – 상황에 적절한 단어를 사용하여 말한다.</td></tr>
<tr><td colspan="2">활동유형</td><td>이야기 나누기</td><td>집단유형</td><td>대집단</td><td>활동시간</td><td>15~20분</td></tr>
<tr><td colspan="2">교수자료</td><td colspan="5">다양한 음식 카드</td></tr>
<tr><td rowspan="3">활동방법</td><td>도입</td><td colspan="5">① 오늘 아침에 먹은 음식에 대해 이야기 나누며 동기를 유발한다.
– 선생님은 오늘 아침에 토마토 주스와 참치 샌드위치를 먹었어.
– 우리 친구들은 아침에 무엇을 먹었니?
② 활동을 소개한다.
– 오늘은 음식이 우리 몸에 어떤 도움을 주는지 이야기 나누어 보자.</td></tr>
<tr><td>전개</td><td colspan="5">① 고기와 생선 그림카드를 보여 주며 이야기 나눈다.
– 이 그림카드에 있는 음식은 무엇일까?
– 고기와 생선은 우리 몸의 어디에 도움을 주는 걸까?
② 밥과 빵 그림카드를 보여 주며 이야기 나눈다.
– 이 그림카드에 있는 음식은 무엇일까?
– 밥과 빵은 우리 몸의 어디에 도움을 주는 걸까?
③ 우유와 멸치 그림카드를 보여 주며 이야기 나눈다.
– 이 그림카드에 있는 음식은 무엇일까?
– 우유와 멸치는 우리 몸의 어디에 도움을 주는 걸까?
④ 땅콩과 호두 그림카드를 보여 주며 이야기 나눈다.
– 이 그림카드에 있는 음식은 무엇일까?
– 땅콩과 호두는 우리 몸의 어디에 도움을 주는 걸까?
⑤ 시금치와 당근, 귤 그림카드를 보여 주며 이야기 나눈다.
– 이 그림카드에 있는 음식은 무엇일까?
– 시금치와 당근, 귤은 우리 몸의 어디에 도움을 주는 걸까?
⑥ 다양한 음식을 골고루 먹어야 하는 것에 대해 이야기 나눈다.
– 우리가 건강하려면 다양한 음식을 골고루 먹어야 해.</td></tr>
<tr><td>평가 및 마무리</td><td colspan="5">① 활동 후의 생각과 느낌에 대해 이야기 나눈다.
– 오늘 활동하면서 어떤 생각이 들었니?
– 싫어하는 음식이지만 우리 몸에 꼭 필요한 음식도 있었니?</td></tr>
</table>

③ 안전한 도구사용과 관련된 활동 계획

2019 개정 누리과정 신체운동·건강영역의 '안전하게 생활하기' 내용범주에 포함된 '일상에서 안전하게 놀이하고 생활한다.' 내용과 관련된 연령별 활동계획안을 소개하면 표 2-12, 표 2-13, 표 2-14와 같다.

〈표 2-12〉 3세 활동 계획안의 예

<table>
<tr><th colspan="2">활동명</th><td colspan="2">선을 따라 오려 보아요</td><th>생활주제</th><td colspan="2">생활도구</td></tr>
<tr><th colspan="2">활동목표</th><td colspan="5">• 가위의 올바른 사용법에 관심을 갖는다.
• 다양한 선을 따라 가위질을 해본다.
• 안전하게 가위를 사용하는 습관을 기른다.</td></tr>
<tr><th colspan="2">누리과정 관련요소</th><td colspan="5">• 신체운동 · 건강: 안전하게 생활하기 – 일상에서 안전하게 놀이하고 생활한다.
• 예술경험: 창의적으로 표현하기 – 다양한 미술 재료와 도구로 자신의 생각과 느낌을 표현한다.</td></tr>
<tr><th colspan="2">활동유형</th><td>미술</td><th>집단유형</th><td>소집단</td><th>활동시간</th><td>15~20분</td></tr>
<tr><th colspan="2">교수자료</th><td colspan="5">안전가위, 다양한 선이 그려진 색종이</td></tr>
<tr><th rowspan="3">활동방법</th><th>도입</th><td colspan="5">① 수수께끼를 활용하여 주의집중한다.
– 나는 무엇일까요? 나는 조심하게 써야 해요.
– 나는 종이나 천을 자를 때 써요.
② 활동을 소개한다.
– 선을 따라 오려보기 활동을 할 거야.</td></tr>
<tr><th>전개</th><td colspan="5">① 안전하게 가위를 사용하는 방법을 이야기 나눈다.
– 가위를 사용할 때 어떤 점을 조심해야 할까?
– 날카로운 부분을 만지면 어떻게 될까?
② 다양한 선이 그려진 색종이를 제공하고 올바른 방법으로 가위질을 경험한다.
– 선을 따라 조심히 오려 볼까?
– 어떤 모양이 만들어졌니?</td></tr>
<tr><th>평가 및 마무리</th><td colspan="5">① '선을 따라 오려 보아요.' 활동 후 이야기를 나누며 평가한다.
– 선을 따라 오리면서 어려운 점은 없었니?
– 어떤 선을 오리는 것이 가장 재미있었니?
② 가위를 안전하게 사용하기 위해 조심해야 할 점에 대해 이야기한다.
– 가위를 안전하게 사용하기 위해 조심해야 할 것이 무엇이었니?</td></tr>
</table>

〈표 2-13〉 4세 활동 계획안의 예

<table>
<tr><th>활동명</th><td colspan="3">다양한 도구를 사용해 보아요</td><th>생활주제</th><td colspan="2">생활도구</td></tr>
<tr><th>활동목표</th><td colspan="6">• 다양한 도구의 안전한 사용방법을 안다.
• 도구를 올바르게 사용한다.
• 일상생활에 사용되는 다양한 도구에 대한 고마운 마음을 갖는다.</td></tr>
<tr><th>누리과정
관련요소</th><td colspan="6">• 신체운동 · 건강: 안전하게 생활하기 – 일상에서 안전하게 놀이하고 생활한다.
• 자연탐구: 탐구과정 즐기기 – 궁금한 것을 탐구하는 과정에 즐겁게 참여한다.
• 자연탐구: 생활 속에서 탐구하기 – 도구와 기계에 대해 관심을 가진다.</td></tr>
<tr><th>활동유형</th><td>이야기 나누기</td><th>집단유형</th><td>대집단</td><th>활동시간</th><td colspan="2">15~20분</td></tr>
<tr><th>교수자료</th><td colspan="6">가위, 펀치, 물레방아테이프, 클립, 스테이플러 등, 약속 적을 판, 매직</td></tr>
<tr><th rowspan="3">활동방법</th><th>도입</th><td colspan="5">① 유아가 미술영역에서 도구를 사용하는 모습을 찍은 사진이나 동영상을 보여 주며 흥미를 유발한다.
– 친구들이 도구를 사용하는 모습을 한번 볼까?
– 조금 위험한 순간도 볼 수 있었는데, 안전하게 사용하려면 어떻게 해야 할까?
② 이야기 나누기 활동을 소개한다.
– 오늘은 안전하게 도구를 사용하는 방법에 대해 이야기 나누어 보자.</td></tr>
<tr><th>전개</th><td colspan="5">① (가위, 펀치, 물레방아 테이프, 클립, 스테이플러를 하나씩 제시하며) 안전하게 사용하는 방법에 대해 이야기 나눈다.
– 이 도구를 사용할 때 조심해야 할 점은 무엇이 있을까?
– 도구를 안전하게 사용하려면 어떻게 해야 할까?
② 다양한 도구를 안전하게 사용하도록 약속을 정해본다.
- 도구들을 안전하게 사용하기 위한 약속을 정해보자.
– 선생님이 여기에 친구들이 한 약속을 적어볼게.</td></tr>
<tr><th>평가 및 마무리</th><td colspan="5">① 약속을 적은 약속 판을 보며 평가한다.
– 이 약속을 꼭 지키며 도구를 사용하자.
– 약속을 지키면 어떤 점이 좋을까?</td></tr>
</table>

〈표 2-14〉 5세 활동 계획안의 예

<table>
<tr><th colspan="2">활동명</th><td colspan="2">도구안전사용 설명서 만들기</td><th>생활주제</th><td colspan="2">생활도구</td></tr>
<tr><th colspan="2">활동목표</th><td colspan="5">• 도구를 안전하게 사용하는 방법을 안다.
• 안전하게 사용하는 방법을 지켜 사용한다.
• 안전사용 설명서를 만들기 위해 협력한다.</td></tr>
<tr><th colspan="2">누리과정 관련요소</th><td colspan="5">• 신체운동 · 건강: 안전하게 생활하기 – 일상에서 안전하게 놀이하고 생활한다.
• 예술경험: 창의적으로 표현하기 – 다양한 미술 재료와 도구로 자신의 생각과 느낌을 표현한다.
• 의사소통: 읽기와 쓰기에 관심 가지기 – 자신의 생각을 글자와 비슷한 형태로 표현한다.</td></tr>
<tr><th colspan="2">활동유형</th><td>미술</td><th>집단유형</th><td>소집단</td><th>활동시간</th><td>20분</td></tr>
<tr><th colspan="2">교수자료</th><td colspan="5">가위, 송곳, 스테이플러, 물레방아테이프, 펀치, 전자제품 사용설명서, 종이, 다양한 쓰기도구, 색종이 또는 꾸미기 재료</td></tr>
<tr><th rowspan="3">활동방법</th><th>도입</th><td colspan="5">① 전자제품사용 설명서를 보여 주며 사용설명서를 소개한다.
– 사용설명서를 본 적 있니?
– 어떤 내용들이 들어 있을까?
– 제품을 안전하게 사용하는 방법들이 적혀 있구나.
– 유치원에도 안전사용 설명서가 필요한 도구들이 있을까?
② '도구안전사용 설명서' 만들기 활동을 소개한다.
– 여러 가지 도구를 사용해 본 적이 있니?
– 안전하게 사용할 수 있게 도와줄 설명서를 만들어 도구 가까이에 붙여 놓으면 도움이 되겠구나.
– '도구안전사용 설명서'를 만들어 보자.</td></tr>
<tr><th>전개</th><td colspan="5">① 도구안전사용 설명서를 만들어 보고 싶은 도구를 선택한다.
– 안전사용서를 만들고 싶은 도구를 선택해 보자.
② 도구안전사용 설명서를 만든다.
– 어떤 내용이 들어가면 좋을까?
– 어떻게 꾸며 볼까?
③ 가위, 송곳 등을 사용할 때 주의해야 할 점에 대해 이야기한다.
– 가위, 송곳, 테이프를 이용할 때 조심하자.</td></tr>
<tr><th>평가 및 마무리</th><td colspan="5">① 유아들이 만든 도구안전사용 설명서를 친구에게 소개한다.
– 너희들이 만든 안전사용 설명서를 소개해 볼까?
– 더 필요한 내용이 있으면 이야기해 보자.
– 어디에 붙여야 할까?
② 도구안전 설명서를 만들어 본 느낌에 대해 이야기 나눈다.
– 만들 때 재미있었던 점은 무엇이니?
– 만들 때 어려웠던 점은 무엇이니?</td></tr>
</table>

(2) 표준보육과정에 따른 건강교육 활동계획

표준보육과정 2세 기본생활 영역의 '건강하게 생활하기' 내용범주에 포함된 첫 번째 내용인 '자신의 몸을 깨끗이 해 본다.' 건강교육 활동계획안을 제시하면 표 2-15와 같다.

〈표 2-15〉 2세 활동 계획안의 예

활동명	뽀드득 아기 목욕 놀이		생활주제	건강과 안전	
활동목표	• 몸을 깨끗하게 씻어야 함을 안다. • 영아의 경험을 목욕놀이로 표현해 본다. • 몸을 깨끗이 하는 습관을 기른다.				
표준 보육과정 관련요소	• 기본생활: 건강하게 생활하기 – 자신의 몸을 깨끗이 해 본다. • 예술경험: 창의적으로 표현하기 – 일상생활 경험을 상상놀이로 표현한다.				
활동유형	실외활동	집단유형	소집단	활동시간	15~20분
교수자료	아기인형, 큰 목욕통, 수건				
활동방법	① 아기인형, 큰 목욕통 등 놀잇감을 살펴본다. – 우리 아기인형들 목욕을 시켜 볼까? – 아기인형이 목욕하려면 무엇이 필요할까? ② 아기인형의 옷을 벗기고 물통에 담그며 인형 목욕시켜 주는 놀이를 경험한다. – 우리 ♡♡는 몸을 잘 닦아 주고 있네. – ○○아~ 머리도 감겨 볼까? – 아기가 아프지 않게 조심조심 닦아 줄까? ③ 목욕을 마친 아기 인형을 수건으로 닦아 주고 옷을 다시 입혀 준다. – 우와~ ☆☆가 아기목욕을 시켜 주었더니 아기 몸이 깨끗해졌구나. – 목욕을 다 했으니 옷을 입혀 줄까? – 아기 옷도 다시 입혀 주자. ④ '뽀드득 아기 목욕' 활동 후 이야기를 나누며 평가한다. – 몸을 왜 깨끗이 씻어야 하는지 알겠니? – 목욕놀이가 즐거웠니? – 언제 몸을 깨끗하게 씻어 줘야 할까?				

참고문헌

교육과학기술부 (2008). 유치원 교육과정 해설Ⅱ. 건강 생활, 사회 생활.

교육과학기술부, 보건복지부 (2012). 5세 누리과정 해설서.

__________________________ (2013). 3~5세 연령별 누리과정 교사용 지침서.

__________________________ (2013). 3~5세 연령별 누리과정 해설서.

교육과학기술부, 보건복지부, 육아정책연구소 (2013). 3~5세 연령별 누리과정 운영을 위한 교사연수 자료집.

교육부, 보건복지부 (2019). 2019 개정 누리과정.

_________________ (2020). 2019 개정 누리과정 해설서.

보건복지부, 중앙보육정보센터 (2013). 어린이집 표준보육과정 및 0~2세 영아보육프로그램의 이해.

보건복지부 (2020). 제4차 어린이집 표준보육과정.

정미라, 배소연, 이영미 (2012). 개정판 영유아를 위한 건강 및 영양교육. 양서원.

조경자, 이현숙 (2010). 개정 유아건강교육. 학지사.

California Department of Education (2009). *Health education content standards for California Public Schools kindergarten through grade twelve.*

Joint Committee on National Health Education Standards (2007). *National health education standards*, (2nd ed.): Achieving excellence. Atlanta, GA: American Cancer Society.

MEMO

1. 영유아 영양 관리

2. 영유아 영양 지도

세계보건기구(WHO)에 의하면 영양이란 '생명이 있는 유기체가 생명의 유지, 성장, 발육, 장기조직의 정상적 기능을 영위하고, 에너지 생성을 위해 식품을 이용하는 과정'이다. 급격한 성장이 이루어지는 영유아기의 균형 잡힌 영양 관리 및 지도는 신체적 · 정신적으로 조화로운 발달뿐 아니라 평생건강을 좌우할 수 있는 중요한 기초가 된다(Marotz, Cross & Rush, 2001).

이 장에서는 필수영양소, 수유 및 이유식, 영유아교육기관의 급 · 간식 등 영유아의 균형 잡힌 영양 관리와 식습관, 영양과 관련된 문제, 요리 활동 지도에 대해서 알아보고 영유아의 영양에 관련된 최근의 이슈에 대해 살펴보고자 한다.

CHAPTER

3

영유아의 영양 관리 및 지도

1. 영유아 영양 관리

영유아기의 영양 관리는 정상적인 성장과 발달뿐 아니라 식습관 형성, 식생활에 대한 가치와 문화 형성, 질병예방 등 건강한 성인으로 성장하는 데 기초가 된다.

1) 필수영양소

사람은 체내에서 스스로 영양소를 만들 수 없으므로 식품을 통해 영양소를 공급받아야 한다. 영양소는 음식 속에 들어 있는 물질 중 우리의 몸이 필요로 하는 유익한 물질을 말하며 탄수화물, 지방, 단백질, 무기질, 비타민, 물로 분류된다. 이 중 탄수화물, 지방, 단백질은 영양공급의 큰 부분을 차지하고 있어 3대 영양소라고 부른다.

식품에 함유되어 있는 영양소의 종류나 그 양은 각각 달라서 어느 특정 식품만을 계속 섭취하면 어떤 영양소는 과잉이 되고, 어떤 영양소는 부족하게 되므로 영양소의 종류뿐 아니라 양의 균형을 이루는 식사지도가 필요하다.

(1) 탄수화물(carbohydrates)

탄수화물(당질)은 생명현상의 유지나 활동을 위해 반드시 필요하며, 값이 저렴하고 효율적인 에너지원으로 여러 가지 당분과 전분이 이에 속한다. 지방이나 단백질도 열량원으로 사용되고 있으나 우리 몸이 필요로 할 때 가장 먼저 사용될 수 있는 것이 탄수화물이다(곽노의, 박대근, 박현미, 2010). 1~5세 영유아의 경우 총에너지에 대한 탄수화물 비율의 목표량은 55~65%인데(보건복지부, 2015), 밥을 주식으로 하는 우리나라에서는 쉽게 달성할 수 있는 수준이다. 탄수화물의 가장 중요한 기능은 에너지의 공급으로, 탄수화물 1g은 4kcal의 에너지를 내며, 특히 뇌세포의 유일한 에너지원이다. 그 외에 탄수화물은 단백질 절약작용, 체구성 성분, 감미제공(감미료로 사용되어 식욕증진), 섬유소 공급 등의 기능을 한다. 우리 몸의 1차적인 에너지원인 탄수화물이 지속적으로 부족하면 체내의 지방과 단백질을 사용하게 된다. 즉, 충분한 당질의 섭취는 단백질을 절약할 수 있게 해준다(신순식, 2014).

탄수화물은 성장기 영유아의 중요한 에너지원이므로 부족하지 않게 섭취해야 한다. 탄수화물이 결핍되어 에너지원으로 쓰이기 위해 체내 지방이 과잉으로 분해되면 혈액 중에 케톤체(keton body)가 증가하게 되어 케톤증(ketosis- 혈액 내 산도가 증가하고 소변과 입에서 아세톤 냄새가 나는 질환)을 유발한다. 반면, 탄수화물을 과다 섭취하여 혈당량이 높은 상태로 유지되면 당뇨가 생길 수 있으며, 충치 유발율이 높아진다(김일옥, 최경순, 이정실, 권세경, 이소영, 2013). 최근에는 식품의 과다섭취와 이로 인한 비만증이 증가하고 있어서 탄수화물의 경우에도 결핍보다는 과잉이 문제되고 있다.

(2) 지방(lipid)

지방(지질)은 주로 지방산과 글리세롤 화합물의 형태로 존재하며, 1g당 9kcal의 열량을 공급하므로 단백질이나 탄수화물보다 적은 양으로 동량의 에너지를 얻을 수 있다. 지방은 세포의 구성 성분으로 특히 뇌신경계통, 간장 및 기타 인체의 중요기관에 많이 존재한다. 또한 피하조직에 저장된 지방은 체온 조절, 장기 주변의 충격 흡수 및 보호 역할을 한다. 그 외 지방은 지용성 비타민의 흡수를 돕고, 음식의 맛을 증진시키며 위에 머무는 시간이 길어서 포만감을 오래도록 느끼게 하는 역할을 한다.

지방을 구성하는 대표적인 성분인 지방산은 함유식품의 종류에 따라 다르며, 분자 내 이중결합의 유무에 따라 포화지방산과 불포화지방산(단일, 다중)으로 나눌 수 있다. 상온에서 주로 고체로 존재하는 버터나 육류 등의 동물성 지방이 포화지방에 해당된다. 포화지방산과 단일불포화지방산은 동물성 식품(기름기 많은 고기류)에 높게 함유되어 있으며, 생체 내에서 쉽게 합성되므로 많이 섭취할 필요가 없다. 다중불포화지방산은 콩기름, 참기름, 들기름 등 식물성 기름과 생선기름(참치나 고등어류)에 많이 함유되어 있다(정미라, 배소연, 이영미, 2012).

지방의 결핍으로 필수지방산을 충분히 공급하지 않으면 지용성 비타민의 흡수와 성장이 지연되며 피부염, 생식기 장애, 스트레스에 대한 저항력 장애 등이 발생한다(이선애, 이채호, 조순임, 천재현, 양화숙, 2014). 지방을 과잉섭취하면 비만, 간경변, 고지혈증, 관상동맥경화, 심장병, 당뇨병, 유방암, 대장암 등을 유발할 수 있다(곽노의 외, 2010). 우리나라 영유아의 지방 섭취량은 1~2세는 총에너지의 20~35%, 3~5세는 15~30%를 목표량으로 삼고 있으며(보건복지부, 2015), 지방 섭취량에 있어서는 동물성 지방과 식물성 지방의 균형이 중요하고 섭취비율은 1대 2를 목표로 한다.

(3) 단백질(protein)

단백질은 탄소, 산소, 수소 및 질소로 구성되어 있으며, 수많은 아미노산의 연결체이다. 또한 생명유지에 가장 중요한 영양소로, 그리스어로는 '첫 번째'라는 의미를 지니며(송태희, 곽현주, 우인애, 김용선, 이현옥, 2008), 1g당 4kcal의 에너지를 낸다. 단백질은 근육, 피부, 뼈, 세포막 등의 구성성분으로 신체조직의 성장과 유지에 매우 중요하다. 또한 체내의 생화학적인 반응을 촉진하는 효소와 기능을 조절하는 호르몬 및 외부로부터 침입하는 병원균에 대항하는 항체의 주요 구성성분이며, 탄수화물이나 지방이 부족할 때 에너지원으로 쓰이기도 한다.

아미노산은 단백질을 구성하는 기본단위로 체내 합성여부에 따라 필수아미노산과 불필수아미노산으로 분류된다. 필수아미노산은 체내에서 합성되지 않아 반드시 식품으로 섭취해야 하며, 인체에서 합성되는 아미노산을 불필수아미노산이라 한다. 필수아미노산은 식사를 통해 충분히 공급이 이루어지지 않으면 체내에서 단백질 합성이 원활하지 않게 된다. 또한 필수아미노산의 조성에 따라 영양학적으로 완전단백질(우유의 카제인, 달걀의 알부민, 육류, 생선, 가금류 등의 동물성 단백질), 부분적 불완전 단백질(쌀의 오르제닌, 밀의 글리아딘, 보리의 호르데인 등), 불완전 단백질(옥수수의 제인이나 젤라틴 등)로 구분된다.

영유아기에는 성장이 빠르게 진행되므로 양질의 단백질을 적정량 공급하여야 한다. 생후 1년간은 단위 체중당 단백질 필요량이 일생에서 가장 높다. 이는 단백질이

체조직 구성뿐 아니라 효소, 호르몬의 합성 및 기타 생리적으로 중요한 화합물의 생성에 필요하기 때문이다(김일옥 외, 2013). 1~2세는 하루에 15g, 3~5세는 20g이 권장섭취량이다(보건복지부, 2015). 이 시기에는 아직 소화흡수 기능이 미숙하므로 소화가 잘되는 양질의 단백질이 많이 함유된 식품을 공급해야 한다. 일반적으로 성인은 총 단백질 섭취량의 1/3 정도를, 영유아기와 성장기에는 1/2 정도를 동물성 단백질로 섭취하도록 권장하고 있다.

단백질을 적게 섭취할 경우 신체 구성성분의 부족으로 신체조직의 단백질이 소모되기 시작한다. 특히 성장기 영유아의 경우에는 단백질이 부족하면 정상적인 발육이 저하되고 피부탄력 감소, 근력 긴장저하, 면역력 감퇴로 인한 질병저항력 감소, 설사, 영양 실조성 부종(카시오카, kwashiorkor)을 유발한다. 또한 단백질 부족 외에 다른 영양소의 섭취까지 극심하게 부족한 경우 더욱 심각한 저영양 상태(마라스무스, marasmus)를 유발하게 된다.

반면, 단백질을 과잉섭취하면 대사과정에서 과잉 생성된 질소를 배설하기 위해 신장에 부담이 갈 수 있고 수분이 많이 필요하게 되어, 탈수증이 올 수 있다. 또한 동물성 단백질 식품에는 포화지방이나 콜레스테롤이 많이 함유되어 있어 고혈압이나 심장병을 유발할 우려가 있다.

(4) 무기질(mineral)

체중의 4%를 차지하는 무기질은 인체의 구성성분으로 탄소, 수소, 산소, 질소 등을 제외한 생물체의 구성요소이며, 인체의 구성성분과 체내 여러 생리기능의 조절 및 유지에 필수적이다. 무기질 가운데 하루 필요량이 0.1g 이상 되는 칼슘, 인, 칼륨, 황, 나트륨, 염소 및 마그네슘의 7원소를 다량무기질이라 하고, 하루 필요량이 0.01g 이하인 미량 무기질에는 철분, 망간, 코발트, 구리, 요오드, 아연, 셀레늄이 있다(곽노의 외, 2010). 무기질의 종류와 작용에 대해 알아보면 표 3-1과 같다.

성장기에 있는 영유아에게 특히 중요한 무기질인 칼슘과 철분의 적정섭취량과 부족시의 문제에 대해 구체적으로 알아보고자 한다.

〈표 3-1〉 무기질의 종류와 작용

종류	작용
Ca, P, Mg, Fe	골격과 치아 형성, 골격과 치아의 성분 및 내장기관의 보호
Ca, P, K, Mn	혈구, 근육, 세포 조직의 생성 및 구성성분
Ca, P, Na, K, S, Cl, Mg, Fe	체액의 중성유지
K, P, Na, Ca, Cl	여러 조직의 삼투압 조절작용
Ca, Na	근육의 수축, 혈액의 응고에 관여
Ca, Na, K, Mg, Cl	신경근육의 이완성 및 흥분성에 관여
P, Mg	각종 영양소의 대사에 관여
Ca, P, Na, Cl, Fe, I, S, Co	효소, 조효소, 호르몬, 비타민의 성분
Fe, Cu, S	촉매작용
Cl	위액의 산성

출처: 곽노의 외(2010).

*Ca(칼슘), P(인), Mg(마그네슘), Fe(철), K(칼륨), Mn(망간), Na(나트륨), Cl(염소), S(황), I(요오드), Co(코발트), Cu(구리)

① 칼슘

칼슘은 연령에 상관없이 모든 사람에게 중요한 영양소이다. 매일 골격으로부터 칼슘이 배출되므로 손실된 양 만큼의 칼슘이 보충되어야 한다. 영유아기는 성장과 발육을 위한 골격과 치아의 생성으로 칼슘의 필요량이 성인보다 높다. 1일 칼슘 권장량은 1~3세는 500mg이며, 4~6세는 600mg이다(보건복지부, 2015). 식품 속에 포함된 칼슘의 양은 우유 1컵에 200mg, 가공치즈 1장에 168mg, 두부 80g에 140mg 정도이다.

칼슘이 결핍되면 성장기에는 성장지연, 뼈와 치아의 질 저하, 뼈의 기형 및 구루병이 나타나고 성인기에는 골연화증이나 골다공증이 나타난다. 칼슘을 과잉 섭취하게 되면 변비, 신장결석, 고칼슘혈증이 나타나며, 철분, 아연의 흡수방해 등이 나타난다.

② 철

철은 적혈구의 헤모글로빈 성분이므로 성장 속도에 비례하여 필요량이 증가하게 된다. 6개월~5세 영유아의 일일 필요한 철 권장량은 6mg이다(보건복지부, 2015). 철의 흡수율은 영양소 중 가장 낮으며, 함께 먹는 식품에 따라 달라지는데, 동물성 단백질이나 비타민 C는 철의 흡수율을 높여 준다.

식품에 의해 과잉 섭취되는 철의 독성은 보고된 바 없으나, 철보충제의 다량섭취로 인한 철 중독증으로는 장 내막과 간의 손상, 혈액성 설사와 구토, 쇼크 등이 보고되어 있다. 간, 굴, 육류, 달걀 등 동물성 식품에 철분이 풍부하며, 특히 돼지고기, 소고기 등의 동물성 식품 속에 포함된 철분의 흡수율이 다른 어떤 식품보다 높다. 철이 결핍되면 철 결핍성 빈혈, 내출혈 등의 증상이 나타난다.

한편 우리나라는 장류와 절임식품의 비중이 높아 나트륨 섭취의 제한기준(WHO 성인기준 1일 2,000mg)을 초과하고 있어서, 영유아기부터 나트륨 섭취량의 관리가 요구된다. 영유아기 나트륨 1일 충분 섭취량은 영아(1~2세) 900mg, 유아(3~5세) 100mg이다(보건복지부, 2015). 나트륨은 삼투압의 유지 및 세포외액량을 조절하며, 산-염기 평형 유지에도 관여한다. 나트륨의 주된 급원은 소금이며, 육류, 어패류, 우유에 비교적 많이 있고 곡류, 채소류, 콩류, 견과류 등에도 소량이 함유되어 있다. 또한 일상적이고 대중적인 식품인 라면 한 그릇에 2,100mg, 김밥 한 줄에 650mg이 함유되어 있으므로 과량 섭취의 가능성이 크다. 나트륨을 과량 섭취하면 순환혈액의 양이 증가하여 혈압이 상승될 수 있다. 한편, 지나치게 땀을 많이 흘렸을 경우나 심한 구토 및 설사로 인해 전해질 소실이 있는 경우 등 특수상황을 제외하고는 나트륨이 결핍될 가능성은 거의 없다.

(5) 비타민(vitamins)

비타민은 정상적인 성장과 건강유지를 위해 필수적인 영양소로, 미량을 필요로 하지만 반드시 외부로부터 섭취해야 한다. 비타민류는 각각 적절한 보조 효소이거나 보조 효소의 중요한 구성성분이 되며, 생체 내에서 대사를 원활하게 작용시키는 역할을 한다. 비타민은 직접 에너지를 공급하지는 않지만 탄수화물, 지방, 단백질이 에너지를 만들어 내는 과정에서 꼭 필요하며, 신체의 정상적인 대사나 건강을 위해 필수적인 영양소이다. 현재까지 밝혀진 비타민은 20여 종으로 대부분 체내에서

합성되지 않아 부족 시 특유의 결핍증이 나타난다.

비타민은 화학성분이나 구조상으로는 구분하기 어려우므로, 용해성에 따라 수용성 비타민(B군, C군)과 지용성 비타민(A, D, E, K)으로 나뉜다. 수용성 비티민은 과량 섭취해도 소변으로 배출되어 이상 증세가 없으나 지용성 비타민은 간이나 지방조직에 저장되어 체외로 쉽게 배출되지 못해 독성을 나타낼 수도 있다. 비타민 B군은 에너지 생산과 적혈구 형성에 관여하고 단백질 및 아미노산 대사에도 관련이 있으며 신경자극을 뇌에 전달하기 위해 꼭 필요하다(김일옥 외, 2013). 한편 비타민 C는 항산화작용과 콜라겐(골격과 혈관벽 유지 및 상처회복에 중요한 역할을 하는 단백질) 합성을 위해 필요하고 비타민 A는 시각의 원활한 기능수행을 위해 필수적이며 비타민 D는 소장에서 칼슘과 인의 흡수를 돕는다. 또한 비타민 E는 항산화제로 불포화지방산과 산소의 결합을 막아 세포의 노화를 지연시키며, 비타민 K는 혈액응고에 필요하다.

(6) 물(water)

물은 사람의 생명을 유지하기 위한 가장 중요한 물질로 인체 구성 성분의 2/3 정도를 차지한다. 신생아의 경우 체중의 75%, 성인은 50~60%, 노인은 45~50% 정도가 수분이다. 물은 각종 영양소를 신체 조직으로 운반해 주며, 체내 대사에서 생긴 노폐물을 체외로 배설하는 기능을 한다. 또한 체온을 조절하고 대사 조절에 관여하며 체액의 구성 및 ph와 삼투압을 유지하는 역할을 한다. 수분은 소변, 땀, 호흡, 대변 등으로 손실되기 때문에 건강유지를 위해서는 계속 보충해 주어야 한다(송태희 외, 2008).

체내 수분의 2%가 손실되면 갈증을 느끼고, 12%가 손실되면 무기력 상태, 20%가 손실되면 생명을 잃게 된다. 반면 수분의 과잉 섭취 시에는 세포외액의 감소로 혈압이 낮아져 쇠약증상과 근육경련 증상이 나타난다. 하루 물 섭취량은 생후 6개월까지는 700ml, 7~12개월은 800ml, 1~2세 영아는 1,000ml, 3~5세 유아는 1,400ml인데, 영아의 경우 주로 모유나 조제유를 통해 섭취된다.

물을 포함한 여섯 가지 영양소의 역할, 한유식품 및 결핍이나 과잉 시의 문제 등을 정리하면 표 3-2와 같다(김일옥 외, 2013; 신순식, 2014; 정미라 외, 2012; 주영은, 성영화, 이숙자, 2020).

〈표 3-2〉 필수 영양소

분류			역할	식품	결핍	과잉	비고
탄수화물			• 생명현상 유지 • 단백질 절약 • 에너지원 • 감미 제공 • 섬유소 공급	곡류, 감자류, 전분류, 꿀, 떡류, 빵류, 과자류, 캔디, 초콜릿, 사탕	피로 탈수	비만 식욕부진 충치	1g 4kcal
지방			• 에너지원 • 단백질 절약 • 인체구성 성분 • 지용성 비타민 흡수	기름류, 쇼트닝, 버터, 마가린, 깨, 호두	피부염 발육 지연	비만 고지혈증 심장병 당뇨병	1g 9kcal
단백질			• 근육, 피부, 뼈, 세포막 등의 구성성분 • 체액의 중성유지 • 에너지원	육류, 생선류, 굴, 콩, 달걀, 치즈, 두유, 어묵	발육 부진 빈혈 피부탄력 감소	변비 고혈압 신장부담	1g 4kcal
무기질	다량	칼슘	• 골격 형성	우유 및 유제품, 뼈째 먹는 생선	성장 지연 뼈와 치아의 질 저하	고칼슘혈증 신장결석	
무기질	다량	나트륨	• 삼투압 유지	소금, 육류, 어패류, 가공식품	거의 없다	혈압상승	
무기질	미량	철	• 헤모글로빈(혈색소) 형성	간, 굴, 육류, 달걀	빈혈	위장장애	
비타민	지용성 비타민	A	• 성장발육 촉진 • 시각기능 원활	간, 버터, 연어	감기 결핵 야맹증 안구 건조증	식욕부진 두통, 발열	
비타민	지용성 비타민	D	• 칼슘과 인 흡수촉진 • 혈액의 칼슘농도 유지	난황, 버터, 말린 버섯	골격 연화 (구루병)	식욕부진 두통 구토	햇빛을 통해 합성
비타민	지용성 비타민	E	• 세포노화 지연 • 생식기능 활성세포 • 호흡	견과류, 곡류의 배아	근육 위축 피부 반점 유산, 불임	거의 없다	
비타민	지용성 비타민	K	• 혈액응고 • 혈전예방	시금치, 양배추, 간	혈액응고 지연	지혈 지연	체내 합성
비타민	수용성 비타민	B군	• 에너지 생산 • 적혈구 형성 • 단백질 및 아미노산 대사	채소 및 과일류, 육류, 생선류, 콩, 우유, 달걀	각기병 피로감(B^1) 구각 구순염(B^2) 피부병(나이아신) 빈혈(엽산)		
비타민	수용성 비타민	C	• 세균과 스트레스 저항력 강화 • 멜라닌 색소 침착방해	신선한 채소, 과일	괴혈병 주근깨, 기미 빈혈 발육부진	거의 없다	
물			• 영양소와 대사물질 운반 • 체내 대사에서 생긴 노폐물 체외 배설 • 체온 및 대사조절 • 체액의 구성 • 체액의 중성유지와 삼투압 유지 • 외부충격으로부터 장기보호	음료, 과일	탈수 신장기능 손상	저혈압 근육경련	

한국인의 영양섭취는 일반식사에서 탄수화물 55~65%, 지방 15~30%, 단백질 7~20% 정도의 비율로 제시되고 있다(보건복지부, 2015). 그림 3-1의 식품구성자전거는 일반인에게 6가지 식품군에 대한 균형식의 의미를 시각적으로 알리기 위해 자전거의 바퀴 면적을 배분한 형태로 만들었으며, 식품의 종류와 영양소 함유량에 따라 비슷한 것끼리 묶어 제시한 것이다(한국영양학회, 2010). 식품구성자전거의 앞바퀴에 삽입된 물잔 이미지는 수분의 중요성을 나타내고, 적절한 영양과 건강을 유지하기 위하여 권장식사 패턴을 기준으로 균형 잡힌 식사와 적절한 운동을 통해 비만을 예방하자는 메시지를 전하고 있다.

[그림 3-1] 식품구성자전거

출처: 한국영양학회, 한국인 영양섭취기준 개정판(2010).

2) 영아의 영양 관리

출생 후 5~6개월까지는 모유나 조제유로 필요한 에너지와 영양소를 충분히 얻을 수 있지만 이후에는 이유식을 통해서 모자라는 영양소가 보충되어야 한다. 따라서 영아의 영양 관리는 수유와 이유식으로 나누어 살펴볼 수 있다.

(1) 수유

① 모유수유

영아에게 모유는 첫 6개월 동안 가장 바람직하고 완전한 식품이며, 신생아와 영아의 정상적인 성장과 발달을 위해 가장 필요한 영양소를 알맞게 함유하고 있다. 모유는 초유, 이행유, 성숙유로 진행됨에 따라 영양소 및 생리적인 성분 등의 조성이 달라진다. 분만 후 7일까지 분비되는 초유에 포함된 면역물질인 면역글로부린 A는 장관 감염으로부터 신생아를 보호하는 등 이 기간 동안의 수유는 영아의 건강에 매우 중요하다. 출산 후 2주일 정도가 지나면 100ml당 58~72kcal의 에너지 함량을 보이는 성숙유를 분비하게 되며, 그 사이에 이행유가 분비된다(김일옥 외, 2013).

한편, 수유 중 다시 임신한 경우, 유선염, 결핵, 매독 및 급성 감염에 걸려 영아에게 감염될 우려가 있는 경우, 당뇨, 신장염, 심장병 등 중증 질환에 걸린 경우, 그리고 음주나 흡연, 약물을 복용하는 경우에는 모유수유를 중단해야 한다(신순식, 2014).

엄마가 영아에게 직접 수유할 수 없는 경우에는 젖을 짜서 보관하여 먹일 수도 있다. 모유를 짤 때는 손을 깨끗이 씻고 소독된 유축기를 이용하여 짠 후, 소독된 용기에 담아 보관한다. 냉장온도(4도)에서는 24시간, 냉동온도(-18도)에서는 2~3개월간 보관이 가능하다. 모유를 냉장고나 냉동고에서 보관했다가 해동할 때는 전자레인지나 고온으로 가열하지 말고 40도 정도의 따뜻한 물에 중탕으로 데워서 공급하는 것이 바람직하다. 모유수유의 장점은 표 3-3과 같다.

〈표 3-3〉 모유수유의 장점

영아 입장	엄마 입장
① 모유에 감염을 막아주는 백혈구, 항체, 비피더스 인자 및 락토페린 등 항감염인자가 함유되어 있어 소화기 계통이나 호흡기 질환을 막아주는 면역성분이 풍부하다. 초유에 특히 많은 면역물질이 질병과 알레르기 질환을 예방한다. ② 모체유방에 특별한 질환이 없는 이상 세균감염의 위험이 없기 때문에 생리기능이 미숙한 영아라도 소화기 감염성 질환을 예방한다. ③ 영양소를 균형 있게 함유하고 있어 영아의 성장 발달에 가장 적합하다. ④ 친밀한 피부접촉과 환경 조성으로 영아에게 정서적 안정감과 만족감을 제공한다. ⑤ 모유는 신선하고 위생적이며 온도가 일정하다. ⑥ 영아는 엄마 젖을 빨 때 고무젖꼭지를 빠는 것보다 30배 이상의 에너지를 더 사용한다. 이는 신생아의 뇌로 향하는 혈류를 증가시켜 두뇌발달을 돕는다.	① 자궁수축호르몬인 옥시토신 분비 증가로 산후 출혈을 줄여 주고 빠른 산후 회복을 돕는다. ② 프로락틴 호르몬 분비가 증가하여 자연피임 효과가 있다. ③ 산후 비만을 예방한다. ④ 조제유 수유로 인한 경비와 시간적 낭비를 방지한다. ⑤ 유방암, 골다공증 발생위험이 감소된다.

② 인공수유

영아와 산모의 건강에 문제가 있거나 기타 부득이한 이유로 모유수유가 어려운 경우에는 조제유로 인공수유를 해야 한다. 조제분유는 우유의 단백질과 무기질 함량을 줄여 신장의 부담을 감소시켰으며 균질화 과정을 거쳐 응고를 줄이고 가열처리하여 단백질을 쉽게 소화할 수 있도록 한 것으로 물에 타서 먹인다.

인공수유 전에는 손을 깨끗이 씻고, 반드시 끓여서 식힌 물을 이용하여 먹이기 직전에 적정 농도로 조제한다. 체온보다 약간 높은 37~40도 정도가 적당하고 손목 안쪽에 2~3방울을 떨어뜨려 뜨겁거나 차지 않은 정도여야 한다. 조제유를 준비할 때는 먼저 젖병에 필요한 양의 물을 1/2 정도 부은 후 분유를 전용 숟가락으로 깎아 넣고 잘 흔든다. 분유 1숟가락당 물을 합해 20ml가 되도록 나머지 물을 붓는다.

수유 후에는 젖병과 젖꼭지를 깨끗이 씻고 5분간 끓는 물에 소독하거나 소독력이 검증된 젖병소독기를 사용한다. 끓는 물에 소독할 때 젖꼭지는 병과 함께 같은 시간 삶으면 손상되기 쉬우므로 2분간만 끓인 후 먼저 건져서 사용한다.

③ 수유 횟수와 양

영아의 적정한 일일 수유량과 횟수는 개인차가 크므로 양육자는 영아의 배고픔 신호에 민감해야 한다. 일반적으로 5~6개월 정도 되면서부터 수유 횟수가 점차 감소하며, 수유 횟수와 수유량은 영아의 성장 발달을 고려하여 기준치에 약간의 가감을 해야 한다. 조제유는 모유에 비해서 위 안에 머무는 시간이 길고, 장을 통과하는 데도 긴 시간이 필요하다. 따라서 섭취량은 비슷하지만 모유에 비해 상대적으로 수유 횟수는 적다. 보통 1회 수유시간은 약 10분 정도이며 최초 5분 동안 필요한 수유량의 2/3를 섭취하는 것이 일반적이다.

〈표 3-4〉 월령별 1일 수유 횟수 및 양

월령	모유	조제유	총수유량(ml)
~4개월	8회 이상	5~10회	470~900
4~6개월	5회 이상	4~7회	720~1200
6~8개월	5회 이상	3~4회	720~1200
8~10개월	요구에 따라	3~4회	470~900
10~12개월	요구에 따라	3~4회	470~720

출처: 신순식(2014).

④ 수유 시 유의점

먹다 남은 모유나 조제유는 아기의 타액이 우유병 속으로 역류하여 세균 번식이 쉬우므로 버려야 한다. 또한 조제유를 미리 준비하여 상온에 두었다가 먹이는 것도 바람직하지 않다.

수유 후에는 상반신을 세워 마주 안고 등을 가볍게 쓸어주어 트림을 시킨다. 트림을 시키는 이유는 젖과 함께 삼킨 공기를 나오게 하여 아기의 위 부담을 줄이고 토하지 않도록 하기 위해서이다.

(2) 이유식

이유란 생후 5~6개월의 영아에게 유즙 공급을 줄이면서 반고형식에서 고형식의 형태로 식사형태를 변화시켜가는 것을 의미한다. 영아는 이유식 과정을 통해 성인과 유사한 섭식행동과 식품기호를 형성하게 되므로 수유에서 이유식으로의 전이 및 이유식의 진행 시 세심한 주의가 필요하다.

① 이유식의 필요성

영아가 생후 5~6개월이 되면 체내 저장된 철, 구리 등의 무기질이 고갈되며, 모유 수유만으로는 에너지, 단백질 등이 부족하게 된다. 또한 침 및 위액분비 증가와 치아의 발생 등 생리적 변화 현상으로 음식을 받아들일 수 있는 환경이 조성되어 유즙 이외의 음식에도 관심을 갖기 시작하므로 이유식이 필요하게 된다.

② 이유식 진행과정

이유식의 진행은 영아의 발달을 고려하여 이루어져야 한다. 영아는 생후 4개월경이면 혀 내밀기 반사가 없어지게 되어 숟가락을 이용해 걸쭉한 음식을 먹을 수 있게 되고, 7개월경이 되면 입안의 음식을 혀로 돌려가며 씹을 수 있게 된다. 9개월경이 되면 턱과 입술 움직임의 발달로 컵을 이용해 액체를 먹을 수 있다(식품의약품안전청, 어린이급식관리 지원센터, 2013). 이유식 진행 시에는 유즙을 먹던 영아가 바로 이유식을 섭취할 수 없으므로 준비 기간이 필요하다. 세계보건기구(WHO)에서는 영아의 체중이 출생 당시 2배가 될 때인 5~6개월 정도를 이유 시작 시기로 제시하고 있다. 이유는 늦게 시작하여 급하게 진행하는 것보다 다소 일찍 시작하여 서서히 진행하는 것이 바람직하다. 그러나 이유를 너무 빨리 시작하면 대사 기능이 미숙하여 설사를 유발할 수 있고, 미숙한 장에서 단백질의 흡수와 분해가 힘들어 알레르기와 소화불량이 발생할 수 있다. 또한 삼킴 운동 미숙과 위식도 역류에 의한 호흡기 문제가 발생할 수 있으며, 과다한 농축 열량원의 섭취로 지방 세포 수 증가에 의해 비만이 초래될 수 있다. 반면, 이유를 너무 늦게 시작하면 성장 발육이 늦어지거나 면역 기능이 저하될 수 있으며 영양 결핍이 나타날 수 있다(정미라 외, 2012).

이유식은 새로운 음식에 적응할 수 있도록 조금씩 주고 양을 차차 늘리도록 하며, 이유 초기에는 재료를 섞지 않고 한 가지 재료로만 이유식을 진행하는 것이 좋다. 이유식의 단계별 진행과정을 정리하면 표 3-5와 같다(김일옥 외, 2013; 신순식 외, 2014; 정미라 외, 2012).

〈표 3-5〉 이유식 진행과정

이유식 진행 단계	이유식 진행과정
이유 준비기(3~4개월)	수유 전에 과즙이나 채소즙, 수프 등 **유동식**으로 시작하며 처음에는 1 작은 숟가락 정도로 시작하여 차츰 양을 늘린다. 영양 보충보다는 수분과 비타민 C를 공급하는 데 목적이 있다.
이유 초기(5~6개월)	음식을 삼키는 연습 시기로 그냥 넘길 수 있는 죽과 같은 형태의 **반고형식**을 1일 1~2회 정도 공급한다. 체내에 저장되었던 철이 고갈되는 시기이므로 달걀 노른자 1/4 페이스트*, 곱게 갈아 체에 받친 고기, 생선류 등을 제공한다.
이유 중기(7~8개월)	이유식 중심으로 바꾸어 나가는 시기이다. 잇몸과 혀로 눌러서 으깨어 먹을 수 있는 형태로 곱게 다지거나 으깬 상태의 **반고형식**을 1일 2~3회 정도 제공한다. 생선죽, 미역죽, 쇠고기죽, 달걀노른자 1/2개, 두부 갈아 으깬 것 등을 제공한다.
이유 후기(9~11개월)	영양의 주체가 이유식이 되도록 하고 1일 3~4회 제공한다. 유치가 일부 나지만 아직 씹는 데 한계가 있으므로 진밥, 된죽, 채소, 생선, 두부 등을 잘게 자른 상태의 **고형식**으로 제공한다. 이유식 후에도 원하는 만큼 수유를 한다.
이유 완료기(1~2세)	형태가 있는 음식을 이로 씹는 것이 가능하고, 양도 늘어 영양소의 대부분을 모유 또는 유아용 우유 이외의 형태가 있는 **일반식**으로 섭취하게 되는 시기이다. 성인과 마찬가지로 1일 3회 제공하며, 식사 사이에 1~2회 간식을 제공한다.

*페이스트: 과일, 채소, 견과류, 육류, 어류 등을 갈아 반고체 형태의 풀처럼 만든 식품

③ 이유식 제공 시 유의점

이유식을 제공할 때의 유의점을 제시하면 다음과 같다(김일옥 외, 2013; 식품의약품안전청, 어린이급식관리지원센터, 2013; 정미라 외, 2012).

㉠ 영아가 건강할 때 시작한다.

㉡ 공복감을 느낄 때 이유식을 먼저 주고 모유나 우유를 먹이도록 한다.

㉢ 과즙이나 미음 등의 유동식, 부드러운 죽 형태의 반고형식, 진밥 형태의 고형식, 일반식 순서로 진행한다.

㉣ 반드시 숟가락으로 떠먹이다가 9개월경이 되면 스스로 떠먹을 수 있도록 지도한다. 8~10개월경에는 컵 사용을 시도하며 돌 경에는 미숙하긴 하지만 스스로 컵을 사용할 수 있도록 지도한다. 이유식을 젖병에 혼합하여 구멍이 큰 젖꼭지로 먹이는 것은 금지하고 젖병은 12개월, 늦어도 18개월까지는 끊도록 한다.

㉤ 소금, 설탕, 파, 양파, 마늘 등의 양념보다는 재료 본연의 맛에 익숙해지도록 조리한다.

㉥ 특정식품이나 이유식 자체에 거부감을 보일 때는 3~4일 정도 간격을 둔 후 다시 시도해 본다.

㉦ 이유식을 준비하고, 조리하고, 보관하는 모든 과정이 위생적이어야 한다. 남은 이유식은 반드시 냉장 보관한다.

㉧ 이유 후기에는 어른의 음식을 조리할 때 일부를 덜어내서 이유식으로 이용할 수 있다.

㉨ 이유 완료기(1~2세경)에도 영아의 요구에 따라 수유를 병행하되, 이유식으로부터 하루 필요 열량의 70~80%를 섭취하도록 한다.

㉩ 영아기는 장벽 투과성과 면역기능의 미성숙으로 식품 알레르기가 발생할 위험이 높다. 계란, 밀, 대두, 고등어, 복숭아, 토마토 등은 알레르기의 원인이 될 수 있으므로 처음 이유식에 넣을 때는 적은 양부터 시작해서 경과를 보면서 진행한다.

- 달걀흰자에는 알레르기 성분이 있으므로 반드시 노른자부터 시작하고 흰자는 이유 완료기에 먹인다.
- 꿀은 영아 보툴리누스 중독을 일으킬 수 있으므로 1세 이전에는 먹이지 않는 것이 바람직하다.

㉪ 이유식 재료는 영아의 소화기능에 부담이 없고 신선한 것으로 한다.

- 찹쌀보다는 멥쌀이 적당하며, 현미는 소화에 부담이 되므로 적절하지 않다.

- 육류는 살코기 위주의 소고기나 닭고기를 사용하고, 돼지고기는 소화가 잘되지 않고 지방이 많으므로 이유 완료기에 먹이는 것이 좋다.
- 생우유는 조제분유에 비해 단백질과 무기질 함량이 높아서 신장에 부담을 주고 철과 비타민 C 함량이 낮아 빈혈을 유발할 수 있으므로 생후 1년 정도가 지나서 주는 것이 안전하다.

3) 유아교육기관 급 · 간식 관리

유아기의 균형 잡힌 영양섭취와 식습관은 전 생애를 통해 지속적인 영향을 미치게 된다. 균형 있는 영양소 공급이 이루어지지 않으면 영양불량 상태가 되고, 그 영향은 성장기 유아에게 매우 치명적이다(Allen, 1994). 유아의 영양상태나 건강상태를 양호하게 유지해 주기 위해서는 것은 단순히 음식물 속에 들어 있는 영양소만의 조건이 아니라 어떤 음식을 어떻게, 어떠한 태도로 먹는지가 매우 중요하다. 유아기는 활동량이 증가하고 성장과 발달이 지속적으로 이루어지며, 건강한 생활과 올바른 식생활 습관이 형성되는 시기이다. 또한 음식에 대한 기호가 발달하면서 스스로 식품을 선택하고 먹으려는 경향이 높아진다. 따라서 유아가 음식을 스스로 선택할 수 있는 기회를 갖도록 하는 것이 중요하며 바른 선택을 유도해야 한다.

그동안 유치원 급식은 학교급식법 대상이 아니었으나 2021년 1월 30일부터 유치원이 학교급식법에 포함되도록 '유치원 3법'이 개정되었다. 종전에 유치원 급식은 유아교육법 시행규칙 및 식품위생법 등 관련 법령에 분산되어 있는 기준을 각각 적용해야 했기 때문에 체계적인 관리가 어려웠다. 이번 개정으로 유치원이 학교급식법 적용 대상에 포함됨으로써, 유치원 급식 운영에 필요한 시설 인력 배치뿐만 아니라 식재료 관리, 영양, 위생 안전 관리 등 유치원 급식 품질 및 관리에 대한 명확한 기준을 마련할 수 있게 되었다(출처: https://if-blog.tistory.com/9876, 교육부 공식 블로그).

유아의 영양섭취 및 식생활 실태에 대한 연구(교육부, 2012; 김영호, 이선근, 김신혜, 송윤주, 정주영, 박미정, 2011; 유경희, 2009)에 따르면 나음과 같은 문제가 있는 것으로 나타났다.

첫째, 유아가 필요로 하는 영양소 섭취 수준에 비하여 칼슘과 철분의 섭취가 부족하다.

둘째, 나트륨은 충분 섭취량 대비 섭취비율이 약 2배 정도로 과잉섭취를 한다.

셋째, 대부분의 유아교육기관에서 섭취되는 점심급식의 영양소량이 일일영양필요량 기준의 1/3에 미치지 못한다.

넷째, 유아가 하루 동안 섭취하는 열량은 한국인 영양섭취기준보다 낮은 수준이다.

다섯째, 유아가 식사를 잘 하지 않는 이유는 간식을 많이 섭취하기 때문이며, 영양섭취량의 끼니별 분포 면에서 정규식사보다 간식 의존도가 매우 높아 영양불균형 문제가 있다.

이러한 연구결과들은 유아의 영양상태 및 식생활에 문제가 있음을 시사하며, 이러한 문제점을 해결하기 위해서 유아교육기관에서 영양 및 급·간식 관리가 더 적절히 이루어질 필요가 있다.

(1) 유아교육기관에서의 급·간식의 의의와 효과

유아교육기관에서 영양 관리를 위한 급·간식은 매우 중요하다. 유아교육기관에서 보내는 시간이 점점 늘어나는 유아에게 급·간식은 영양섭취의 방편으로 생존과 성장에 필수적일 뿐 아니라 의미 있는 정서적, 사회적 경험이기도 하다. 현대의 가정은 소득수준과 가족구성이 다양하며 음식의 기호 및 식생활이 달라 일부 영양소가 과잉 또는 결핍되기 쉽다. 급식은 영양상태의 개선뿐만 아니라 유아에게 음식에 대한 기호의 충족과 함께 만족감을 제공함으로써 심리적 안정감을 줄 수 있다는 점에서 더욱 의미가 있다. 유아교육기관에서 실시되는 급·간식의 의의와 효과를 구체적으로 정리하면 다음과 같다.

첫째, 영양적으로 균형 잡힌 급·간식의 제공을 통해 유아의 성장과 발달에 적절한 영양섭취를 돕는다.

둘째, 다른 유아와 함께 하는 식사시간을 통해 가정에서 이루어지기 어려운 식사예절 및 규칙 등의 학습을 돕고, 자연스러운 상호작용을 통해 사회적, 언어적, 정서적 발달에 도움이 되는 경험을 할 수 있다.

셋째, 다양한 음식을 함께 먹는 경험을 통해 영양과 관련된 지식을 습득할 뿐 아니라 올바른 식습관의 형성 및 개선을 도모한다.

넷째, 대량 구매와 조리를 통해 급식의 단가를 낮출 수 있어 개별가정에서 도시락을 준비하는 것보다 시간과 노력을 줄일 수 있다.

(2) 유아 급 · 간식 식단 작성

영유아보육법 및 유아교육법 시행규칙에 의거하여 100인 이상 영유아교육기관에는 영양사를 배치해야 하고, 그것이 어려울 때는 순회 영양사를 채용하여 식단 작성 및 급식 관리를 하도록 하고 있다. 100인 미만 어린이집은 인근 어린이 급식관리지원센터의 지도를 받아 식단을 작성해야 한다. 유치원 3법 개정에 따라 영양사 배치 기준의 변경 등이 논의 중이다(대한급식신문, 2020.7.21. 유태선 기자).

유아 급 · 간식 식단을 작성할 때 고려할 사항은 다음과 같다(교육부, 2012).

첫째, 유아의 기호를 고려한 식단으로 구성해야 한다. 즉, 유아의 선호도가 낮은 음식재료는 조리방법을 다르게 하여 유아가 쉽게 접근할 수 있도록 한다. 예를 들어 유아의 선호도가 낮은 야채는 형태가 잘 보이지 않도록 잘게 다져서 조리를 한다.

둘째, 식품의 재료를 질감, 형태, 맛에 있어서 다양하게 선택함과 동시에 선택하는 재료의 색상은 다른 음식과의 조화를 고려하면서 구성하도록 한다.

셋째, 3~4월 적응기간의 식단은 소화가 잘되는 음식과 조리법에 있어서도 유아의 씹기 등 소화능력을 고려한 식단으로 구성한다.

넷째, 신체발육에 필요한 칼슘과 난백질이 충분히 함유된 식단을 구성한다.

다섯째, 고유명절, 절기 음식 먹는 날, 일품요리를 먹는 날을 정하고, 먼저 식단을 작성해 둔다.

유아의 급 · 간식 식단은 다음과 같은 과정으로 작성된다. 유아교사가 직접 식단 작성을 하거나 조리하지는 않으므로 간단히 살펴보고자 한다.

① 유아의 일일 열량 및 단백질 권장량에 근거하여 필요량의 1/3 정도는 점심식단에서 제공할 수 있게 영양필요량을 결정한다.

• 가장 먼저 유아의 일일 영양필요량을 산정한다(표 3-6 참조). 일반적으로 아침,

점심, 저녁은 1:1:1 또는 1:1.5:1.5의 비율로 제공한다. 1일 1식만 제공하는 경우는 하루 필요량의 1/3을 제공한다.

- 3~5세 유아의 경우 하루 영양필요량은 1,400kcal이며, 단백질은 20g 정도 필요하다. 따라서 점심 한 끼의 식사는 열량의 면에서 400~500kcal를 공급해 주고 단백질은 약 5~10g 정도 공급해 주어야 한다.

〈표 3-6〉 영유아기 3대 영양소 에너지 적정비율

연령	신장/체중 (kg/cm)	에너지 (kcal/일)	탄수화물 (%)	단백질 (%)	지방 (%)
0~5개월	60.3/6.2	550			
6~11개월	72.2/8.9	700			
1~2세	86.1/12.2	1,000	55~65	7~20	20~35
3~5세	107.0/17.2	1,400	55~65	7~20	15~30

출처: 보건복지부(2015).

② 필요한 영양소 공급을 위한 식품구성을 계획한다.

평균 영양 필요량을 충족시키기 위해서 식품의 종류와 양을 결정하고 음식을 끼니별로 조합하여 식단구성을 한다. 밥, 국수 등 주식의 종류가 정해지면 국이나 찌개 1가지, 구이나 볶음 혹은 조림, 튀김 중 1~2가지, 나물 1가지, 김치 1가지로 구성한다. 성인은 국이나 찌개 종류가 식사의 대표 메뉴가 될 수 있지만, 유아는 국 또는 찌개를 즐겨 먹지 않으므로 비중 있는 반찬을 구성한다.

③ 음식을 적절히 변화시킬 수 있는 주기식단(cycle menu)으로 구성한다.

같은 음식을 반복해서 제공하면 쉽게 싫증을 낼 수 있으므로 매일 다른 식단을 구성하는 것이 바람직하다. 계절마다 3주 식단을 작성하여 4번 반복하거나 4주 식단을 작성하여 3번 반복하는 것도 좋은 방법이다.

④ 작성된 식단표를 검토한다.

식단이 확정되면 주식과 부식, 간식의 중복 여부, 영양가, 식재료의 다양성, 원가,

조리법 등을 검토하여 수정한다.

식단 작성 후 평가 사항

- 영양섭취의 균형을 위하여 다양한 식품군을 골고루 사용하였는가?
- 식품의 구입 가능성과 가격을 고려한 계절 식품을 이용하였는가?
- 각 식단에서 색, 맛, 질감, 형태, 조리방법, 온도 등의 대비가 이루어졌는가?
- 식단이 완성되기까지 인력, 기구 등의 이용 가능성을 고려하였는가?
- 특정한 식품이나 맛이 너무 자주 반복되지 않는가?
- 작성자의 기호도가 지나치게 반영된 것은 아닌가?
- 유아의 기호도가 반영되었는가?
- 음식을 만들고 배식하는 데는 무리가 없는가?
- 식사지도 내용과 교육과정을 고려하였는가?

출처: 교육부(2012).

식단 작성 시 참고할 수 있는 홈페이지

http://nutrition.kfda.go.kr/greendiet(건강친화녹색식단)
http://www.foodnara.go.kr/kidmenu/index.do(어린이건강메뉴)
http://www.foodnara.go.kr/lowna/index.do(저나트륨 건강메뉴)
http://nutrition.kfda.go.kr/kidgroup/index.jsp(영유아 단체급식의 표준식단)

출처: 교육부(2012).

(3) 급식운영

① 조리시설

영유아교육기관은 위생적이고 깨끗한 조리실과 식품을 위생적으로 보관하고 저장할 수 있는 시설을 갖추어야 한다. 조리는 정해진 장소에서만 실시하고 용기와 도구는 위생적으로 사용해야 한다. 조리실은 채광이 잘되고 기계 환기 시설을 하여 청정한 실내 환경을 유지하도록 하며 창문에는 방충망을 설치한다(김일옥 외, 2013).

② 조리인력

영양사와 조리사는 국가자격을 갖춘 자로 항상 청결을 유지하고 피부병이나 전염병, 기타 질병 유무를 증명하는 건강검진을 연 1회 이상 실시해야 한다. 조리사가 직접 조리하여 공급하는 것을 원칙으로 하고, 영양사는 조리된 음식을 배식 전에 검식을 실시하여 음식의 맛, 온도, 질감, 분량 등의 검식 내용을 검식일지에 작성하여 보관한다. 영양사가 없을 때는 원장이 이를 시행해야 한다(식품의약품안전청, 어린이 급식관리지원센터, 2013).

③ 음식 조리 및 배식

조리는 유아가 소화하기 쉬운 방법으로 하며, 자극성이 강한 조미료는 사용하지 않는다. 기름을 많이 사용한 튀김이나 볶음류 혹은 섬유질이 지나치게 많은 채소나 큰 덩어리로 조리된 음식은 유아의 씹기 능력이나 소화성을 고려할 때 부적당하다. 유아는 냄새가 강한 채소나 신맛 혹은 양념이 강하게 가미된 음식을 대체로 싫어하므로 식재료 선택 시 고려한다.

1인 식사량은 연령이나 개인차에 따라 다르므로 배식담당자는 적절한 1인 분량에 대한 인식이 필요하며 음식의 적당한 온도(찬 음식 10도, 따뜻한 음식 57도)가 유지되도록 한다. 식단표에 따라 만들어진 음식은 가능한 빨리 배식하고 운반기구 및 배식기구를 청결하게 관리해야 하며 음식물 이동이나 배식 시 안전에 유의한다. 식품 종류에 따라 배식 시 유의점은 표 3-7과 같다.

〈표 3-7〉 배식 시 유의점

식품 및 음식명	유의점
국	• 건더기는 유아가 한입에 먹을 수 있는 크기로 잘라 준다. • 뜨겁지 않게 식혀서 준다.
닭찜, 튀김	• 살코기만 발라 한 입 크기로 잘라 준다.
생선탕, 조림	• 뼈가 있는 생선은 살을 발라 준다.
계란 장조림	• 한 입 크기로 잘라 준다. • 메추리알은 3세까지는 2등분 해준다.

나물	• 3~4cm로 잘라서 조리해 준다.
면	• 1세는 숟가락으로 먹을 수 있게 잘게 잘라 준다. • 2세 이상은 연령에 따라 포크나 젓가락 등을 제공한다.
찐 감자	• 먹기 좋게 식혀서 국그릇에 숟가락과 함께 배식한다.
과일	• 한 입 크기로 잘라 준다.
떡	• 한 입 크기로 잘라 준다. • 찹쌀로 만든 떡(인절미 등)은 기도를 막을 수 있으므로 음료와 함께 제공한다.
짜장, 카레, 볶음밥	• 야채를 잘게 잘라서 조리한 후 배식한다.
물	• 끓여서 식힌 물(보리차, 옥수수차)이나 생수를 제공한다. • 정수기를 사용할 경우 정기적으로 위생관리를 한다.

④ 보존식

식품위생법 8 8조에 의해서 집단급식소 설치 · 운영자는 반드시 식중독 사고에 대비하여 그 원인을 규명할 수 있도록 단체급식소에서 제공하는 모든 음식을 검체용으로 냉동 보존하는 보존식을 시행해야 한다. 보존식 보관 · 관리기준을 지키지 않을 때에는 집단급식소 설치 · 운영자에게 과태료 50만 원이 부과된다.

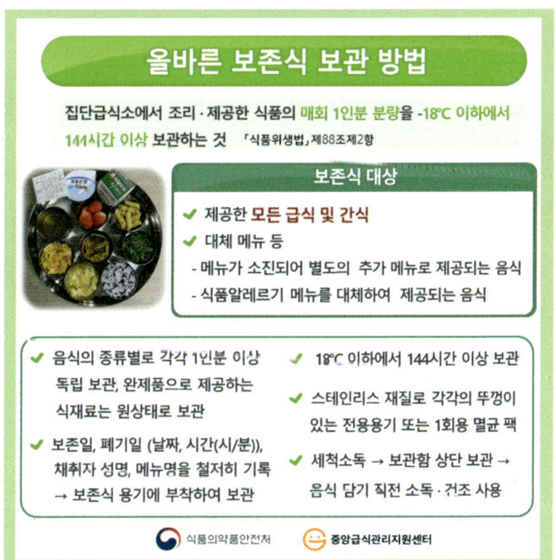

[그림 3-2] 올바른 보존식 보관방법
출처: 어린이 급식관리 지원센터(2020).

⑤ 남은 음식물 처리

영유아에게 배식하고 남은 음식물은 손을 대지 않았더라도 당일 전량 폐기한다.

(4) 간식운영

유아는 한 번에 섭취할 수 있는 음식의 양이 성인보다 적으므로 하루 3회의 식사만으로 충분한 영양을 섭취하기 어렵다. 따라서 세 끼의 식사에서 부족한 영양소를 보충할 수 있도록 간식을 제공해야 한다. 간식은 부족한 열량을 공급하는 것 외에 사회적인 필요를 충족시키는 중요한 기능이 있다. 즉, 친구들과 간식을 먹으며 긴장을 이완시키고 즐거운 시간을 보냄으로써 정서를 풍부하게 하기도 한다(정미라 외, 2012).

유아기의 적절한 간식 횟수는 오전, 오후 각 1회씩이 적당하나 운동량과 식사량에 따라 조절한다. 간식과 식사의 간격은 2시간 정도가 가장 적절하며, 간식 제공이 다음 식사에 방해가 되지 않도록 해야 하므로 포만도가 높지 않은 식품으로 선택한다. 간식은 1일 필요 열량의 15~20% 이상이 되지 않도록 하고, 3~5세 유아의 적정 간식 섭취 기준은 100~150kcal 정도이다. 오전 간식은 점심식사에 영향이 없을 정도로 간단하게 제공하고, 오후 간식은 점심식사와 저녁식사의 시간 간격이 비교적 긴 편이므로 오전 간식보다 비중을 두어 제공한다.

간식은 당분이 지나치게 많거나 자극적인 식품은 피하고 단백질과 비타민, 무기질을 함께 공급할 수 있는 것을 선택한다. 따라서 유제품, 과일, 미니샌드위치 등이 간식으로 좋으며, 열량 이외에 어떤 영양소도 공급하지 못하는 빈 열량(empty calories) 식품인 탄산음료와 사탕, 과자 등은 간식으로 적합하지 않다. 간식으로 적합한 식품의 종류와 공급량은 표 3-8과 같다.

〈표 3-8〉 간식으로 적합한 식품의 종류와 공급량

음식의 분류	메뉴	적정량 (g)	공급영양소량	
			열량 (kcal)	단백질 (g)
서류	찐감자, 찐고구마, 찐옥수수	100~130	40~60	0.5~1
알류	삶은 계란	40~60	70~80	5~7
과일류	사과, 배, 복숭아, 살구, 오렌지, 자두, 키위, 파인애플, 귤, 참외, 포도	40~60	20~50	0.2~0.5
	수박, 딸기	80~100	10~30	0.1~0.5
채소류	오이, 당근, 채소샐러드	70~80	20~30	0.1~0.5
죽류	깨죽, 잣죽, 단팥죽, 단호박죽	80~90	100~110	2~3
	전복죽, 닭죽, 고기죽, 새우죽	90~100	100~120	3~5
	흰죽, 채소죽, 감자죽, 수수죽, 율무죽, 버섯죽	100~120	90~110	1~2
일품 면류	유부초밥, 김밥, 주먹밥	60~80	80~100	1~3
	수제비, 닭칼국수	100~120	80~100	2~6
	어묵국수, 만둣국, 유부국수, 잔치국수, 도토리국수, 메밀국수, 비빔냉면, 우동, 쫄면, 칼국수	110~130	70~100	1~3
	비빔국수, 콩국수, 떡국, 짜장면, 스파게티	120~140	70~90	2~4
전류	녹두전, 감자전, 부추전	40~50	80~100	1~2
	해물파전, 라이스전	40~60	80~120	3~5
우유 및 유제품	우유, 두유	100/200	60/120	3.2/6.4
	요구르트, 호상요구르트, 액상요구르트	100~150	50~80	3~6
차류	보리차, 메밀차, 둥글레차, 옥수수차	100	1	–
	매실차, 오미자차	100	1	–

출처: 교육부(2012).

유아에게 함께 제공할 때 좋은 간식 구성의 예는 다음과 같다(교육부, 2012).

① 우유와 함께 제공할 때

우유는 1회 제공 시 반 컵(100ml)이 적당하며, 반 컵의 열량은 60kcal이다. 우유 간식은 영양적인 면에서 고구마, 감자와 같은 서류 또는 삶은 계란과 잘 어울린다. 또한 과일은 비타민이 풍부하지만 1회 제공 칼로리가 낮기 때문에 우유와 함께 섭취하면 균형을 이룰 수 있다. 우유와 함께 제공하는 간식의 예는 그림 3-3과 같다.

② 보리차와 함께 제공할 때

칼로리가 없는 보리차는 열량이 다소 높은 간식을 제공할 때 적합하다. 보리차와 함께 제공하는 간식의 예는 그림 3-4와 같다.

③ 주스와 함께 제공할 때

단백질 함량이 높으나 열량은 다소 낮은 간식을 제공할 때에는 열량 보충과 함께 무기질 함량이 높은 과일주스를 제공하는 것이 좋다. 시중에 판매되는 과일주스는 비타민이 풍부하나 당이 많이 함유되어 있으므로 단맛이 강한 과자나 파이류보다는 단백질이 풍부한 계란이나 치즈와 함께 제공하는 것이 적당하다. 주스와 함께 제공하는 간식의 예는 그림 3-5와 같다.

음식(분량)	열량/단백질
우유(100ml)	60kcal/3.2g
토마토 (50g中1/4개)	14kcal/0.6g
총 열량/단백질	74kcal/3.8g

음식(분량)	열량/단백질
우유(100ml)	60kcal/3.2g
감자 (50g中1개)	46.8kcal/1.1g
총 열량/단백질	106.8kcal/4.3g

[그림 3-3] 우유와 함께 제공하는 간식의 예

보리차와 함께 먹는 간식 예시

음식(분량)	열량/단백질
보리차(100ml)	1kcal/0g
백설기(55g 가로*세로*넓이 4cm*3cm*1.5cm,3쪽)	117kcal/1.8g
총 열량/단백질	118kcal/1.8g

음식(분량)	열량/단백질
보리차(100ml)	1kcal/0g
스파게티(130g)	130kcal/4.4g
총 열량/단백질	131kcal/4.4g

[그림 3-4] 보리차와 함께 제공하는 간식의 예

주스와 함께 먹는 간식 예시

음식(분량)	열량/단백질
오렌지주스(100ml)	42.0kcal/0.6g
삶은달걀 1개 (50g)	72.5kcal/6.1g
총 열량/난백질	114.5kcal/6.7g

음식(분량)	열량/단백질
오렌지주스(100ml)	42.0kcal/0.6g
치즈 1장(20g)	47.2kcal/3.5g
총 열량/단백질	89.2kcal/4.1g

[그림 3-5] 주스와 함께 제공하는 간식의 예

〈표 3-9〉 영유아기 식생활 실천 지침

생후 6개월까지는 반드시 모유를 먹이자	• 초유는 꼭 먹이자. • 생후 2년까지 모유를 먹이면 더욱 좋다. • 모유를 먹일 수 없는 경우만 조제유를 먹이자. • 조제유는 정해진 양대로 물에 타서 먹이자. • 수유 시에는 아기를 안고 먹이며, 수유 후에는 꼭 트림을 시키자. • 자는 동안에는 젖병을 물리지 말자.
이유 보충식은 성장 단계에 맞추어 먹이자	• 생후 4개월 이후 6개월 사이에 시작하자. • 여러 식품을 섞지 말고 한 가지씩 시작하자. • 신선한 재료를 사용하여 간을 하지 않고 조리하자. • 숟가락으로 떠먹이자. • 과일주스를 먹일 때는 컵에 담아 먹이자.
유아의 성장과 식욕에 따라 알맞게 먹이자	• 일정한 장소에서 먹이자. • 쫓아다니며 억지로 먹이지 말자. • 한꺼번에 많이 먹이지 말자.
곡류, 과일, 채소, 생선, 고기, 유제품 등 다양한 식품을 먹이자	• 과일, 채소, 우유 및 유제품 등의 간식을 매일 2~3회 규칙적으로 먹이자. • 싱겁고 담백하게 조리하자. • 유아가 씹을 수 있는 크기와 형태로 조리하자.

출처: 보건복지가족부(2009).

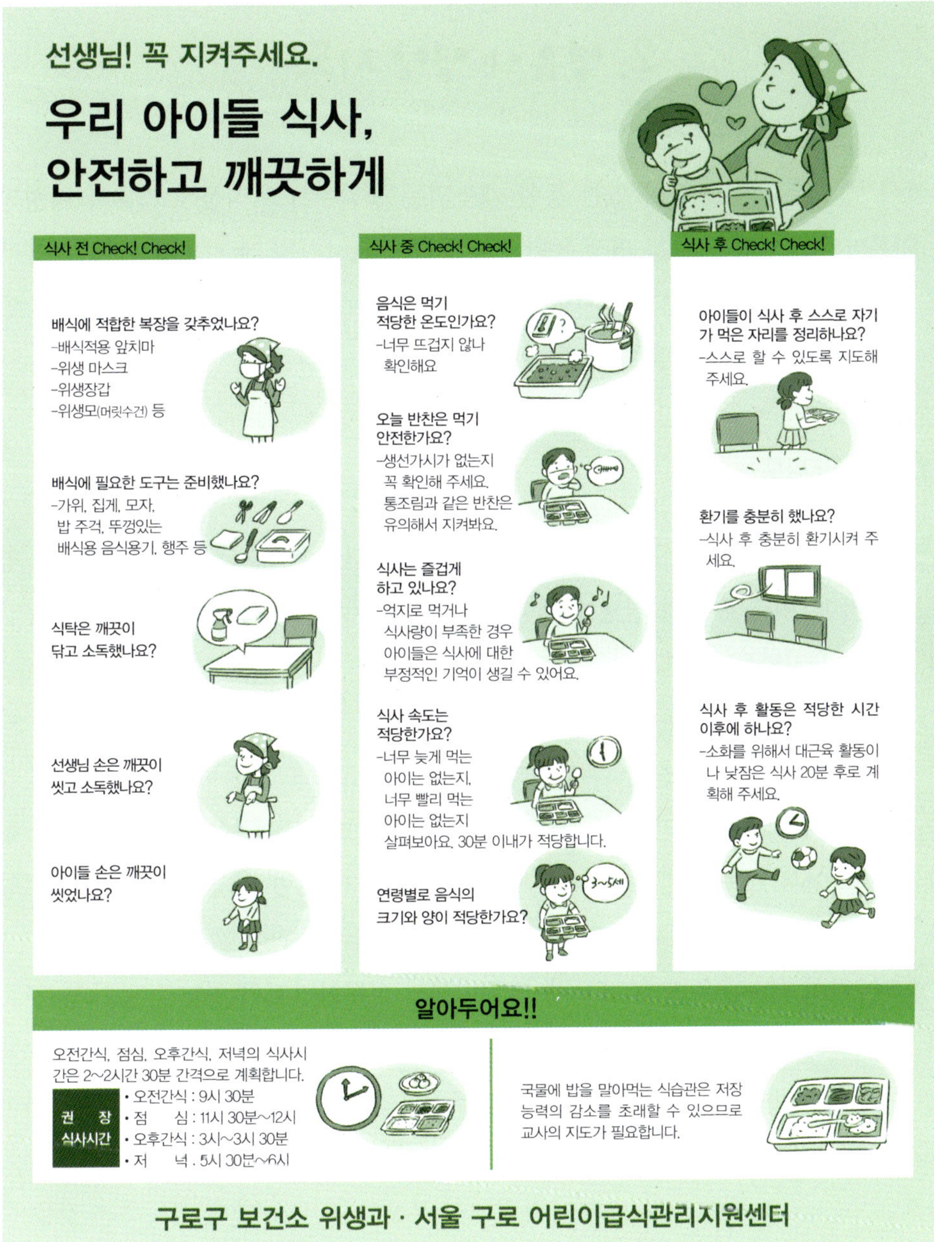

[그림 3-6] 우리 아이들 식사 안전하고 깨끗하게 포스터

출처: 어린이급식관리지원센터(2010).

2. 영유아 영양 지도

섭식 행동은 인간이 살아 있는 동안 계속되는 행위이므로 식품의 기호가 형성되는 영유아기의 영양 지도는 평생 동안의 건강을 증진시키는 데 기초가 된다. 영유아의 식습관과 영양 관련 문제의 지도, 요리활동 지도에 대해서 알아보고 영유아의 영양에 관련된 최근의 이슈들에 대해 살펴보고자 한다.

1) 식습관지도

영유아기의 식습관은 신체적 · 정신적 건강뿐 아니라 지적 · 사회적 발달에도 영향을 미치며, 여러 유형의 질병에 대응할 수 있는 능력을 가지게 되는 등 일생 동안의 건강을 유지하는 데 기초가 된다.

1세 정도가 되면 미세운동능력이 발달하여 숟가락을 사용하기 시작하며 2세가 되면 능숙하게 사용할 수 있다. 1~2세 때는 영양가의 고려도 중요하지만 식사의 즐거움과 식사시간의 사회적인 면에 중점을 두고 지도한다. 식습관은 2~3세가 되면 정립되어 그 이후 계속 영향을 미치게 되며, 3세 정도가 되면 젓가락도 사용할 수 있다. 4세가 되면 뚜렷한 자기주장을 하게 되기 때문에 식습관이 까다로워진다.

영유아기의 식습관은 교육, TV 등 대중매체의 식문화광고의 영향을 많이 받는다. 이 시기는 교육을 통한 변화가 가능한 중요한 시기이므로 가정은 물론 영유아교육기관에서 올바른 식습관과 영양교육이 이루어져야 한다. 부모와 함께 식사를 하며 즐거운 분위기에서 적절한 지도를 받는 영유아의 식생활은 질적으로 개선되기 용이하므로(Stanek, Abbot, & Cramer, 1990), 가정에서 부모와 자녀가 함께 식사하는 것을 중시하는 문화를 조성하기 위한 각 가정과 기관, 그리고 사회적 노력이 필요하다. 또한 영유아에게는 교사의 말이나 행동이 질내석인 영향을 줄 수 있으므로 영유아교육기관에서 급 · 간식을 통해 좋은 식습관을 가질 수 있도록 지도해야 한다. 또한 식사의 모든 과정에서 음식의 소중함과 준비해 주신 분에 대한 감사의 마음을 갖도록 지도한다. 식사 전과 식사 중, 식사 후의 지도내용을 정리해 보면 표 3-10과 같다.

〈표 3-10〉 식습관지도 내용

식사 전	• 반드시 손을 씻는다. • 식탁과 의자를 바르게 놓고 깨끗이 정돈한다. • 식판을 챙기거나 수저를 놓는 등 식사준비를 돕는다. • 식탁에 바른 자세로 앉는다.
식사 중	• 입안에 든 음식물이 튀어나오지 않도록 한다. • 바른 자세로 앉아서 먹는다. • 어른이 먼저 수저를 드신 후 식사를 시작한다. • 밥그릇, 국그릇은 손으로 들고 먹지 않으며, 숟가락과 젓가락을 동시에 들지 않는다. • 음식은 천천히 먹으며, 소리를 내지 않는다. • 음식을 흘리지 않도록 하고 흘렸을 경우에는 가능한 스스로 정리한다. • 식사시간에 돌아다니지 않는다. • 적절한 양을 먹는다. • 골고루 먹는다. • 즐거운 분위기에서 자연스럽게 대화하며 먹는다.
식사 후	• 흘린 음식을 치우고 식탁, 의자를 정리한다. • 식기를 정해진 장소에 정리정돈한다. • 감사의 인사를 한다. • 이를 닦는다.

2) 영양과 관련된 문제지도

(1) 비만

비만은 식품에서 섭취한 열량보다 활동을 함으로써 소비되는 열량이 적어서 과도한 지방이 체내에 축적되어 발생한다. 소아 비만은 최근 급격히 증가하는 추세이며, 비만 상태가 장기간 지속되면 영유아기에도 성인병이 나타날 수 있고 열등감을 갖는 등 사회 · 정서적 발달 측면에 문제가 될 수 있다.

식이요법이 비만치료의 주된 방법이나, 유아는 성인과 달리 성장이 진행되고 있으므로 무리하게 섭취에너지를 줄이지 않아도 비만의 정도를 줄일 수 있다. 유아의

비만치료에서는 식이요법과 더불어 운동 지도, 심리적인 면의 지도를 병행하는 것과 부모를 비롯한 가족의 이해와 협력을 얻는 것도 중요하다(김일옥 외, 2013).

① 유아의 비만 판정

비만 판정 시 신체계측의 판정기준치는 질병관리본부와 대한소아과학회(2007)에서 만든 소아·청소년 신체발육 표준치를 활용한다. 비만의 판정기준으로 가장 많이 사용되는 지표는 체질량지수(BMI)이다. 체질량지수는 체중(kg)/신장(m)^{2}의 식을 사용한다. 그러나 유아기에는 연령에 따른 신장과 체중, 신체 구성물질의 종류와 양의 변동이 심하기 때문에 성인처럼 체질량지수를 사용하기 어렵다. 따라서 표 3-13에 제시된 성별 신장별 표준체중을 활용한 비만 판정방법을 활용한다. 즉, 실제체중을 표준 체중으로 나누고 곱하기 100을 하여 산출한다. 비만 판정기준은 다음과 같다(식품의약품안전청, 어린이급식관리지원센터, 2013).

〈표 3-11〉 성별 신장별 표준체중을 이용한 비만도 평가기준

구분	평가기준
경도비만	성별 신장별 표준체중의 120~129%
중등도비만	성별 신장별 표준체중의 130~149%
고도비만	성별 신장별 표준체중의 150% 이상

ex) 신장이 80cm인 남아의 체중이 14kg이면 14÷10.90×100 = 128.44...
비만도는 128.44이므로 경도비만에 해당한다.

〈표 3-12〉 성별 신장별 표준체중

신장(cm)	남아	여아	신장(cm)	남아	여아	신장(cm)	남아	여아	신장(cm)	남아	여아
44~45	2.64	2.47	80~81	11.14	10.79	116~117	21.40	20.99	152~153	45.92	45.71
45~46	2.71	2.62	81~82	11.37	11.03	117~118	21.85	21.40	153~154	46.80	46.64
46~47	2.81	2.80	82~83	11.60	11.27	118~119	22.31	21.83	154~155	47.68	47.57
47~48	2.94	2.99	83~84	11.83	11.51	119~120	22.79	22.27	155~156	48.57	48.50
48~49	3.10	3.19	84~85	12.05	11.76	120~121	23.28	22.72	156~157	49.46	49.42
49~50	3.27	3.39	85~86	12.28	12.00	121~122	23.78	23.19	157~158	50.36	50.33
50~51	3.46	3.60	86~87	12.50	12.24	122~123	24.30	23.67	158~159	51.26	51.23
51~52	3.67	3.81	87~88	12.73	12.48	123~124	24.83	24.16	159~160	52.16	52.12
52~53	3.89	4.03	88~89	12.96	12.73	124~125	25.38	24.68	160~161	53.06	52.99
53~54	4.12	4.25	89~90	13.18	12.97	125~126	25.93	25.20	161~162	53.97	53.85
54~55	4.37	4.48	90~91	13.41	13.22	126~127	26.51	25.75	162~163	54.87	54.68
55~56	4.62	4.71	91~92	13.64	13.46	127~128	27.10	26.31	163~164	55.77	55.48
56~57	4.87	4.94	92~93	13.87	13.71	128~129	27.70	26.89	164~165	56.67	56.25
57~58	5.14	5.17	93~94	14.10	13.96	129~130	28.32	27.48	165~166	57.57	56.98
58~59	5.40	5.41	94~95	14.34	14.21	130~131	28.95	28.09	166~167	58.47	57.57
59~60	5.67	5.64	95~96	14.58	14.46	131~132	29.59	28.72	167~168	59.36	58.32
60~61	5.95	5.88	96~97	14.82	14.71	132~133	30.25	29.37	168~169	60.25	58.93
61~62	6.22	6.12	97~98	15.07	14.97	133~134	30.92	30.04	169~170	61.14	59.47
62~63	6.50	6.36	98~99	15.33	15.23	134~135	31.61	30.72	170~171	62.02	59.96
63~64	6.77	6.60	99~100	15.59	15.49	135~136	32.31	31.42	171~172	62.90	60.39
64~65	7.05	6.85	100~101	15.85	15.76	136~137	33.02	32.14	172~173	63.77	60.74
65~66	7.33	7.09	101~102	16.13	16.03	137~138	33.74	32.88	173~174	64.63	61.02
66~67	7.60	7.34	102~103	16.41	16.31	138~139	34.48	33.63	174~175	65.49	
67~68	7.87	7.58	103~104	16.70	16.59	139~140	35.23	34.40	175~176	66.33	
68~69	8.14	7.83	104~105	16.99	16.88	140~141	35.99	35.19	176~177	67.18	
69~70	8.41	8.08	105~106	17.30	17.17	141~142	36.76	36.00	177~188	68.01	
70~71	8.67	8.33	106~107	17.62	17.47	142~143	37.55	36.82	178~179	68.83	
71~72	8.93	8.57	107~108	17.94	17.78	143~144	38.35	37.66	179~180	69.65	
72~73	9.19	8.82	108~109	18.28	18.10	144~145	39.15	38.51	180~181	70.45	
73~74	9.44	9.07	109~110	18.63	18.42	145~146	39.97	39.37	181~182	71.25	
74~75	9.70	9.31	110~111	18.99	18.76	146~147	40.79	40.25	182~183	72.04	
75~76	9.94	9.56	111~112	19.36	19.10	147~148	41.63	41.14	183~184	72.82	
76~77	10.19	9.81	112~113	19.74	19.46	148~149	42.47	42.04	184~185	73.59	
77~78	10.43	10.05	113~114	20.14	19.82	149~150	43.32	42.95	185~186	74.35	
78~79	10.67	10.30	114~115	20.55	20.20	150~151	44.18	43.86			
79~80	10.90	10.54	115~116	20.97	20.59	151~152	45.05	44.79			

출처: 질병관리본부, 대한소아과학회(2007).

② 비만의 원인

비만의 원인에 대해 살펴보면 다음과 같다(김일옥 외, 2013; 조운주, 최일선, 2013).

㉠ 유전적 요인

유아의 비만은 양친이 모두 비만이면 80%, 한쪽 부모가 비만이면 40%, 부모 모두가 비만이 아니면 7% 정도의 발생비율을 보인다. 출생 시 비만이면 계속 비만일 확률이 높지만 체질량지수, 복부지방, 지방의 체내분포 등은 열성 유전효과가 있는 것으로 알려져 있어서 유전 가능성이 낮다고 본다.

㉡ 에너지 불균형

유아가 소모하는 에너지 양보다 섭취하는 에너지의 양이 많은 경우 에너지 불균형에 의해 비만이 발생한다.

㉢ 생활습관 요인

TV시청, 컴퓨터 게임 등 정적 활동의 증가, 과식과 빨리 먹는 습관, 육류와 인스턴트 음식의 과다 섭취, 이유식을 늦게까지 먹는 등 생활습관에 의해 비만이 발생한다.

㉣ 기타 질병

두뇌손상, 특정호르몬 이상(성장호르몬 결핍증, 갑상선기능 저하증, 부신피질 호르몬 과다증)의 질병에 의해 비만이 발생할 수 있다.

③ 비만 지도방법

유아의 비만 지도 시에는 성인과 달리 몸무게를 무리하게 줄이지 않고 현상유지 정도를 목표로 해야 한다. 유아는 성장기에 있기 때문에 서서히 에너지를 제한하여도 효과가 있다. 음식은 싱겁게 조리하고, 튀기거나 기름이 들어간 조리법보다는 찌거나 삶는 방법으로 조리한다.

㉠ 식사 조절을 한다.

- 유아는 성장기에 있으므로 당질만 제한하고 단백질이나 지방, 무기실, 비타민 등이 영양소는 부족하지 않게 섭취하도록 지도한다.
- 하루 세 끼 식사를 균형 있게 규칙적으로 하도록 지도한다.

- 인스턴트 음식, 패스트푸드, 냉동식품, 음료수 등은 피하도록 지도한다.

㉡ 생활습관 조절을 한다.

- 텔레비전을 시청하거나 컴퓨터를 사용하는 등 움직이지 않는 상태에서 고열량 간식을 먹지 않도록 지도한다.
- 매일 30분 정도의 전신운동이나 놀이(예: 부모와 함께 걷기, 모래놀이 등)를 규칙적으로 하도록 지도한다.

㉢ 심리적 지지를 통해 자신감을 키워준다.

- 부모와 교사의 모델링을 통해 식사 지도를 하면서 적극적 지지와 협력을 한다.
- 비만 유아를 놀리지 않도록 지도하고, 비만 유아의 장점을 부각시켜 자신감을 가지도록 지도한다.

(2) 편식

편식이란 음식을 좋아하고 싫어하는 감정이 강하고 식사내용이 항상 영양적으로 불균형상태이며 발육과 성장 및 영양상태가 뒤떨어지는 경우를 의미한다. 편식은 자아의식이 발달하기 시작하고, 음식에 대한 선호가 생기는 3세부터 본격적으로 시작되는 경우가 많다(조운주, 최일선, 2013). 편식은 우리나라 유아의 식습관 문제 중 가장 중요한 문제의 하나로, 유아의 60~79%가 편식하는 것으로 보고되고 있다(이미숙, 이경혜, 2014).

유아가 가장 싫어하고 피하는 식품은 야채로 나타났고, 매운 음식, 콩, 나물류, 해조류가 주된 편식 식품으로 나타났다(유희정, 2011; 오유진, 장유경, 2006). 유아에게 적합한 조리법을 선택하여 조리하면 편식을 줄일수 있다. 예를 들어 야채를 안 먹는 유아는 야채를 잘게 자르거나 다져서 조리히면 훨씬 쉽게 섭취할 수 있다. 어떤 특정 식품을 싫어해도 영양소의 성분구성이 유사한 대체식품을 먹고 있다면 문제가 되지 않는다. 예를 들어 콩을 싫어하고 먹지 않는 유아가 두부를 잘 먹는다면 문제되지 않는다.

유아기의 편식습관은 유동적이므로 교정이 가능하지만 아동기로 넘어가면 교정

하기 힘들어지므로 때를 놓치지 않게 적절한 지도를 해야 한다. 음식을 강제로 먹도록 하거나 정해진 시간에 일률적으로 먹도록 재촉하지 않고 식사환경을 즐겁게 만드는 것도 중요하다. 낯선 음식을 처음 먹을 때는 처음에는 양을 적게 하여 맛을 경험하게 하고 만약 유아가 거부하면 며칠 있다가 다시 조금씩 시도해 본다.

① 편식의 원인

㉠ 이유식의 미숙

이유기는 유아의 식습관 형성에 매우 중요한 시기이다. 이유기에 식품 선택의 단조로움, 식재료의 제한, 일률적인 조리법 등으로 인해 다양한 음식을 먹지 못한 경우에 편식을 하게 될 수 있다.

㉡ 심리적 요인

먹는 것을 강요당하거나 구토, 복통 등 식품에 관한 불쾌한 경험이나 기억이 있을 때 편식을 하게 될 수 있다.

㉢ 사회 · 경제적 요인

식품 선택의 기회 제한이나 식품 구매의 제한 등으로 다양한 식품을 접하지 못한 경우 편식을 하게 될 수 있다.

㉣ 환경적 요인

부모와 형제들의 편식 등 가족의 식습관과 지나친 과보호나 강제적인 어머니의 양육태도로 인해 편식을 하게 될 수 있다.

② 편식 지도방법

- 한 가지 음식에만 치중하지 않고 점진적으로 다양한 식품군을 골고루 섭취하도록 지도한다.
- 부모나 가족이 편식을 하지 않고 골고루 먹는 모델링을 제공하여 지도한다.
- 식사나 음식 준비과정(예: 재료 씻기, 식탁 차리기 등)에 참여시켜 식품의 종류에 대한 선호범위가 확대될 수 있도록 지도한다.
- 식사시간을 통해 유아가 알아야 할 식생활 정보에 대해서 전달하는 노력이

필요하다. 예를 들면 균형 잡힌 식사, 설탕과 소금, 편식이 건강에 미치는 영향 등에 대해 지도한다.

(3) 식욕부진

대부분의 유아가 성장과정에서 일시적으로 식욕과 음식의 기호가 불안정해지는 경험을 하게 된다. 이러한 현상은 지극히 자연스러운 일이므로 양육자가 지나치게 민감하게 반응하고 걱정할 필요는 없다. 지나치게 먹는 일을 강조하거나 야단을 치면 역효과가 나타나 식욕부진 증상을 더욱 심화시킬 수 있다. 그러나 식욕부진 증상이 지속적으로 나타나 체중이 감소하거나 성장 발달이 지연되는 경우에는 적절한 지도가 필수적이다. 일반적으로 식욕부진이 일어나기 쉬운 시기는 이유기와 4세 전후이다. 간식의 양은 식사에 영향을 미칠 수 있으므로 적절하게 제한한다. 식품 재료와 조리 방법을 다양하게 하고 유아에게 매력적인 식기를 사용하는 등 변화를 주는 것도 좋은 방법이다.

① 식욕부진의 원인

㉠ 심리적 요인

욕구 불만이나 심한 스트레스가 있는 경우 식욕부진이 나타날 수 있다.

㉡ 환경적 요인

무분별한 간식으로 식욕이 둔화되었거나 단조로운 식단과 조리방법으로 인해 식욕부진이 나타날 수 있다.

㉢ 신체적 요인

운동량이 부족하거나 질병이 있거나 건강하지 못할 경우 식욕부진 현상이 나타날 수 있다.

② 식욕부진 지도방법

- 즐겁고 편안한 분위기에서 식사를 하도록 지도한다.
- 식사는 주어진 양을 다 못 먹더라도 20~30분 정도로 정해진 시간에 끝내도

록 지도한다.

• 식사 준비에 참여시켜 음식에 대한 관심을 높일 수 있도록 지도한다.
• 식욕증진을 위해 신체 운동을 활발히 하도록 지도한다.

3) 유아 요리 활동지도

요리 활동은 영유아교육기관에서 영양 지도를 위한 대표적 활동이며, 유아에게 흥미롭고 매력적인 활동이다. 또한 영양 지도 외에 유아의 언어적, 물리적, 과학적, 사회적 지식을 획득할 수 있는 기회를 제공해 준다는 점에서 매우 효율적인 교수 학습활동이기도 하다. 유아는 요리 활동을 통해 다양한 식품을 다루고 관찰하고 먹는 경험을 함으로써 새로운 음식에 대한 친숙함을 증진시키고 자연스럽게 편식을 줄이게 된다.

요리 활동은 매일 이루어지는 활동이 아니므로 고정된 영역으로 운영하는 것보다 필요시 다른 영역을 전환하여 사용하는 것이 일반적이다. 요리 활동과정에서 손씻기, 음식재료 씻기, 행주 빨기 등 물의 사용이 빈번하기 때문에 물의 사용이 쉬운 영역이 적절하다. 예를 들어 미술영역이 적절할 수 있는데 미술영역에 요리 활동을 준비했다면 이를 소개해야 한다. 요리 활동에 참여할 집단과 재료와 도구를 수용하기에 충분한 공간이 확보되어야 하고, 요리과정에서 전열 기구를 사용할 경우에는 전원이 가까이 있어야 한다.

(1) 요리 활동 운영 시 고려할 점

㉠ 요리 종류와 유아 연령에 따라 난이도를 고려하여 메뉴를 선택한다.

• 가열할 필요가 없는 딸기잼 샌드위치, 카나페, 샐러드 등이 3세에게 적절한 메뉴이며, 가열이 필요하고 다양한 조리형태가 복합적으로 요구되는 밥짓기, 김장하기, 떡볶이 등은 4~5세 요리 활동에 적절한 메뉴이다.

㉡ 주제와 계절을 고려하여 계획한다. 예를 들어 동물 주제를 진행할 때는 동물모양 샌드위치를 선택하고, 봄에는 진달래화전 만드는 활동을 진행한다.

㉢ 유아와 함께 볼 수 있는 요리순서도를 준비한다.

• 요리메뉴가 선정되면 요리순서도에 재료, 도구, 만드는 방법으로 나누어 유아의 이해를 돕도록 그림과 함께 간단명료한 설명과 정확한 재료의 양을 표시해 둔다.

• 유아와 함께 요리순서도를 만들어 보는 것도 좋은 방법이다.

㉣ 사전 준비를 철저히 한다.

• 요리 활동 영역의 선정 및 구성, 요리에 필요한 재료와 도구의 준비가 필요하다. 또한 요리과정을 충분히 익혀 유아와 어떤 과정으로 어떻게 상호작용할지 계획하도록 한다.

㉤ 사전활동 여부를 파악하고 결정한다.

• 요리 활동의 종류에 따라 사전활동이 필요한 경우, 어느 단계에서부터 유아를 참여시킬지 결정하고 준비해야 한다. 예를 들어 김장하기를 한다면 미리 배추 절이기 활동부터 참여시킬지 여부를 결정해야 한다.

㉥ 집단의 크기와 한 번에 참여할 유아 수를 결정한다.

• 자유선택활동 시간에 소집단으로 요리 활동을 진행할 것인지, 대집단으로 전체 유아가 동시에 진행할지를 결정한다. 빈대떡, 달걀프라이, 떡베이컨말이 같은 요리는 소집단으로 나누어 3~4회에 걸쳐 진행하고 김장하기처럼 과정이 복잡하고 시간이 많이 걸리는 경우는 전체가 같이 진행하는 것이 적절하다.

㉦ 위생과 청결을 유지한다.

• 요리 활동을 시작하기 전과 후에 손을 깨끗이 씻도록 한다.

• 유아용 앞치마와 두건을 제공하고, 필요시에는 유아용 위생장갑을 사용하도록 한다.

㉧ 안전에 유의한다.

• 유아가 지닌 식품 알레르기에 대해서 완전히 파악하고 있어야 한다.

• 잘 깨지지 않는 그릇을 사용해야 한다.

• 칼이나 전열기구를 안전하게 사용하고 보관하는 방법에 대해 철저하게 지도한다.

㉨ 교사는 안내자, 상호작용자, 평가자의 역할을 해야 한다.

• 교사는 요리 활동 진행 시 시간을 충분히 제공하고 진행순서와 유의점을 안내

해야 한다.

- 진행과정에서 적절한 발문과 상호작용을 통해서 요리활동이 창의적이고 흥미로운 과정이 되도록 하며, 요리와 관련된 과학적 개념의 학습을 유도한다.
- 요리 활동을 진행하면서 관찰과 대화를 통해 유아의 요리 활동에 대한 호기심, 흥미, 주도성, 탐구의욕, 발달단계와의 적합성 등을 평가하며, 요리 활동이 끝나면 쓰기, 그림 그리기, 토의 등 다양한 방법을 통해 평가한다.

㉧ 요리를 마친 후 정리정돈 및 청소까지 유아를 참여시킨다.

- 요리에 사용된 식기나 기구를 씻어 정리하고 테이블을 정돈하는 경험은 유아에게 요리의 시작부터 끝까지 전체 과정에 참여하였다는 성취감을 주는 등 교육적 가치가 있다.

㉨ 여건이 허락하는 경우, 요리 활동에 부모를 참여시키는 것도 효율적이다. 예를 들어 김장하기에 어머니가 참여할 수 있다면 요리 활동의 진행이 용이할 수 있으며 조금씩이라도 가정에 보내 가족과 함께 경험을 공유하게 할 수 있다.

(2) 연령별 적절한 요리 활동

요리 활동의 연령별 계획을 정리해 보면 표 3-13와 같다.

〈표 3-13〉 요리활동의 연령별 계획

3세	칼이나 전열기구의 사용이 어려우므로 바르기(예: 잼 바르기), 끼우기(예: 꼬치 끼우기), 따르고 젓기(예: 매실청 따르고 물 부어 음료 만들기) 등의 단순한 활동을 중심으로 하며, 끝이 무딘 칼이나 빵 칼을 사용하여 부드러운 재료를 자르는 정도의 요리 활동이 적합하다.
4세	두세 가지 복합적으로 구성되어 있는 활동(예: 계란 햄 치즈 샌드위치)이 가능하며, 날카롭지 않은 칼을 사용해서 단단한 재료를 썰고 전열기구를 사용하는 활동도 가능하다.
5세	한 활동에서 다양한 조리형태가 복합적으로 요구되는 활동(예: 녹두빈대떡)도 가능해지고 칼이나 전열기구 사용도 3~4세에 비해서 능숙해지므로 자르거나 익히는 작업이 중심이 되는 요리활동도 가능하다.

연령별 요리 활동의 예는 다음과 같다.

〈표 3-14〉 3세 요리 활동의 예

<table>
<tr><td>활동명</td><td colspan="3">복숭아 주스 만들기</td><td>생활주제</td><td colspan="2">여름</td></tr>
<tr><td>활동목표</td><td colspan="6">• 복숭아의 변화에 대해서 안다.
• 믹서의 용도를 익히고 안전하게 사용한다.</td></tr>
<tr><td>누리과정 관련요소</td><td colspan="6">• 신체 · 운동건강: 건강하게 생활하기–몸에 좋은 음식에 관심을 가지고 바른 태도로 먹는다.
• 자연탐구: 탐구과정 즐기기–궁금한 것을 탐구하는 과정에 즐겁게 참여한다.
• 자연탐구: 생활 속에서 탐구하기–물체의 특성과 변화를 여러 가지 방법으로 탐색한다.
• 자연탐구: 생활 속에서 탐구하기– 도구와 기계에 관심을 갖는다.</td></tr>
<tr><td>활동유형</td><td colspan="2">요리</td><td>집단유형</td><td>소집단(5명)</td><td>활동시간</td><td>20분</td></tr>
<tr><td>교수자료</td><td colspan="6">요리순서도, 요리재료(물렁한 복숭아 2개, 우유 1컵, 꿀 2숟가락), 요리 도구(믹서, 빵 칼 5개, 개인용 도마 5개, 국자, 개인용 컵, 큰 볼), 앞치마, 행주</td></tr>
<tr><td rowspan="2">활동방법</td><td>도입</td><td colspan="5">① 손을 깨끗이 씻고 앞치마와 두건을 한 후 자리에 앉는다.
– 손을 깨끗이 씻고 앞치마와 머리 수건을 두른 후 자리에 앉아 보자.
② 복숭아의 모양을 살펴보고 냄새를 맡아보며 흥미를 유발한다.
– 복숭아 모양이 어떠니?
– 복숭아에서 어떤 냄새가 나니?
– 복숭아를 만져보니 어떤 느낌인지 이야기해 보자.
③ 오늘의 활동을 소개한다.
– 오늘은 복숭아로 맛있는 주스를 만들어 볼 거야.</td></tr>
<tr><td>전개</td><td colspan="5">① 준비된 재료와 도구를 보며 이야기 나눈다.
– 복숭아 주스를 만들기 위해서는 복숭아 외에 또 어떤 재료가 필요할까?
– 복숭아 주스를 만드는 데 필요한 도구는 무엇일까?
② 요리순서도를 보며 만드는 방법에 대해 이야기 나눈다.
– 복숭아 주스는 어떤 순서로 만들어야 할지 요리순서도를 함께 살펴보자.

〈복숭아주스 만드는 방법〉
㉠ 복숭아를 작게 자른다.
㉡ 작게 자른 복숭아를 믹서에 넣는다.
㉢ 우유와 꿀을 믹서에 넣는다.
㉣ 믹서의 플러그를 꼽는다.
㉤ 뚜껑을 닫고 스위치를 누른다.
㉥ 다 갈아지면 컵에 나눈다.
㉦ 맛있게 먹는다.</td></tr>
</table>

활동방법	전개	③ 요리활동에 필요한 약속을 정한다. – 주스 만들기를 위해 준비한 도구 중 잘못 사용하면 위험한 도구는 무엇이 있을까? – 칼을 사용할 때는 어떻게 해야 할까? – 믹서를 사용할 때는 어떻게 해야 할까? ④ 요리활동을 한다. – 요리순서도를 보면서 복숭아 주스를 만들어 보자. ⑤ 요리활동을 한 책상과 앞치마를 정리한다. – 주스를 다 만들었으면 책상과 앞치마를 정리해 보자. ⑥ 복숭아 주스를 마셔 본다. – 우리가 만든 복숭아 주스가 어떤 맛인지 함께 마셔 보자.
	평가 및 마무리	① 요리활동을 한 느낌과 맛에 대해 이야기 나눈다. – 복숭아주스를 만들어 본 느낌은 어떠니? – 맛은 어떠니? – 주스를 만들 수 있는 다른 과일은 무엇이 있을까?

〈표 3-15〉 5세 요리 활동의 예

<table>
<tr><td>활동명</td><td colspan="3">김 굽기</td><td>생활주제</td><td colspan="2">우리나라</td></tr>
<tr><td>활동목표</td><td colspan="6">• 열에 의해 달라지는 김의 변화를 안다.
• 바르기, 뿌리기, 굽기, 자르기를 할 수 있다.
• 후라이팬을 안전하게 사용한다.</td></tr>
<tr><td>누리과정 관련요소</td><td colspan="6">• 신체 · 운동건강: 건강하게 생활하기–몸에 좋은 음식에 관심을 가지고 바른 태도로 먹는다.
• 자연탐구: 탐구과정 즐기기–궁금한 것을 탐구하는 과정에 즐겁게 참여한다.
• 자연탐구: 생활 속에서 탐구하기–물체의 특성과 변화를 여러 가지 방법으로 탐색한다.
• 자연탐구: 생활 속에서 탐구하기– 도구와 기계에 관심을 갖는다.</td></tr>
<tr><td>활동유형</td><td>요리</td><td>집단유형</td><td>소집단(6명)</td><td>활동시간</td><td colspan="2">20분</td></tr>
<tr><td>교수자료</td><td colspan="6">요리순서도, 요리재료(김 12장, 들기름, 소금), 요리도구(기름 바르는 솔 6개, 쟁반 6개, 들기름 그릇 6개, 소금 그릇 6개, 집게 6개, 가위 6개, 뚜껑 있는 그릇, 전기 후라이팬), 앞치마, 행주, 종이수건, 팔토씨와 면장갑 6벌</td></tr>
<tr><td rowspan="2">활동방법</td><td>도입</td><td colspan="5">① 손을 깨끗이 씻고 앞치마와 두건을 한 후 자리에 앉는다.
– 손을 깨끗이 씻고 앞치마와 머리 수건을 두른 후 자리에 앉아 보자.
② 굽기 전 김의 모양과 맛, 색에 대해서 이야기 나누며 흥미를 유발한다.
– 이 김은 집에서 먹던 김과 모양(맛, 색)이 어떻게 다르니?
③ 오늘의 활동을 소개한다.
– 오늘은 우리가 직접 김을 구워 보자.</td></tr>
<tr><td>전개</td><td colspan="5">① 준비된 재료와 도구를 보며 이야기 나눈다.
– 김을 굽기 위해서는 김 외에 또 어떤 재료가 필요할까?
– 김을 굽기 위해 필요한 도구는 무엇일까?
② 요리순서도를 보며 만드는 방법을 살펴본다.
– 김 굽기는 어떤 순서로 만들어야 할지 요리순서도를 함께 살펴보자.

〈김 굽는 방법〉
㉠ 쟁반에 김을 펼쳐 놓는다.
㉡ 솔에 들기름을 묻히고 그릇 가장 자리에 훑는다.
㉢ 김에 기름을 골고루 바른다.
㉣ 기름 바른 김 위에 소금을 조금씩 뿌린다.
㉤ 후라이팬에 기름 바른 김을 뒤집어가면서 굽는다.
㉥ 가위로 잘라 그릇에 담는다.</td></tr>
</table>

<table>
<tr><td rowspan="2">활동방법</td><td>전개</td><td>③ 요리 활동에 필요한 약속을 정한다.
- 김을 굽기 위해 준비한 도구 중 잘못 사용하면 위험한 도구는 무엇이 있을까?
- 후라이팬을 사용할 때는 어떻게 해야 할까?
- 기름을 흘리지 않도록 조심하자.
④ 요리 활동을 하며 김의 변화과정에 대해 이야기 나눈다.
- 요리 순서도를 보면서 김 굽기를 해보자.
- 집게로 김을 집어서 후라이팬에 놓아 보자.
- 한 번에 두 장씩 구우면 어떨까?
- 김 색깔이 어떻게 달라지고 있니?
- 어떤 냄새가 나니?
⑤ 요리활동을 한 책상과 앞치마를 정리정돈을 한다.
- 김을 다 구었으면 책상과 앞치마를 정리해 보자.
⑥ 구워진 김을 맛본다.
- 구운 김을 먹어 보자.</td></tr>
<tr><td>평가 및 마무리</td><td>① 김을 구워 본 느낌과 굽기 전 김과의 차이점에 대해서 이야기 나눈다.
- 김을 직접 구워 보니 어떤 느낌이 들었니?
- 굽기 전과 어떻게 달라졌니?
- 굽지 않은 김과 맛이 어떻게 다르니?</td></tr>
</table>

4) 유아영양문제와 관련된 최근의 이슈

(1) 트랜스 지방

'트랜스'는 'transformation(변형)'의 줄임말로서 트랜스 지방은 상온에서 액체 상태인 식물성 지방에 수소를 인위적으로 첨가해서 변형시킨 고체화한 성분을 의미한다. 트랜스 지방이 가장 많이 생성되는 가공과정은 액상의 유지에 수소를 첨가하여 고체로 전환시키는 경화공정이다. 이러한 제조공정을 이용하여 만든 대표적인 식품이 마가린과 쇼트닝이다. 일반적으로 버터에 들어 있는 지방은 동물성 포화지방으로 몸에 나쁘고 식물성 유지로 만든 마가린이 훨씬 좋은 불포화지방이라고 인식되어 왔다. 그러나 1990년대에 들어오면서 일부 불포화지방은 오히려 몸에 좋지 않은 영향을 미친다는 사실이 알려지기 시작하였다. 트랜스 지방은 식물성이지만 몸 안에서 나쁜 콜레스테롤(LDL) 수치를 높이고 좋은 콜레스테롤(HDL) 수치를 낮추는 작용을 하며 포화지방보다 트랜스 지방이 2배 정도 더 유해하다는 것이다. 또한 트랜스 지방의 섭취량이 증가하면 심혈관 발생의 위험성 역시 증가한다.

트랜스 지방은 빵이나 과자에서 고소하고 바삭거리는 맛을 내게 하는 역할을 한다. 또한 유아가 즐겨먹는 도넛, 케이크, 전자레인지용 팝콘, 냉동튀김, 과자류에 많이 들어 있으므로 유아의 영양 관리에 있어 트랜스 지방의 섭취를 줄일 수 있도록 관심이 요구된다. 최근에는 마가린도 공정방법을 달리하여 트랜스 지방이 0g인 제품도 있다. 한국에서는 2007년 12월부터 과자, 빵, 음료 등 가공식품에 트랜스 지방의 함량을 의무적으로 표시하도록 하고 있다. 세계보건기구(WHO)에서도 영양섭취기준에 따라 트랜스 지방을 가급적 적게 먹고 하루 섭취 열량의 1% 이상 섭취하지 않도록 권고하고 있다. 이에 1~2세는 1.1g, 3~5세는 1.6g을 넘지 않도록 해야 한다.

(2) 패스트푸드

패스트푸드 산업은 1955년 미국에서 제1호 맥도날드 레스토랑이 개점한 것을 시작으로 급속하게 퍼지게 되었다. 맞벌이 가정의 증가에 따라 유아기 자녀에게까지 편의성과 신속함을 무기로 한 패스트푸드가 더욱 친숙해지고 일반화되고 있다. 패스트푸드의 장점과 단점을 정리하면 표 3-16과 같다.

〈표 3-16〉 패스트푸드의 장점과 단점

장점	단점
• 일품 요리에 비해 가격이 저렴하다. • 음식을 신속하게 제공한다.	• 고열량식품으로 비만을 초래할 가능성이 크다. • 패스트푸드에 함유된 콜레스테롤과 포화지방산은 동맥경화, 협심증, 심근경색 등의 유발을 촉진한다.

한편, 패스트푸드의 폐해에 대한 인식이 커지면서 슬로우 푸드에 대한 관심이 높아지고 있다. 슬로우 푸드 운동은 이탈리아 로마에 맥도날드가 진출하자 패스트푸드에 반대하는 사람들이 시작한 것이다. 천천히 먹을 수 있고 전통적 방법으로 성장한 식재료를 이용해 자연의 상태에서 조리된 음식을 추구하는 것이다. 슬로우 푸드

와 함께 최근 로컬 푸드에 대한 인식도 새롭다. 지역에서 생산된 신선한 식재료의 이용으로 건강에 이로운 식단을 구성하고자 하는 움직임이 확산되고 있다.

(3) 나트륨

나트륨의 1일 충분 섭취량은 영아(1~2세)는 900mg, 유아(3~5세)는 1000mg이다(보건복지부, 2015). WHO에서 제시한 12세 이후부터 성인기까지 나트륨의 목표섭취량은 2,000mg(소금으로 약 5g 정도)이다. 그러나 2008년 국민건강 영양조사에서 나타난 나트륨 섭취량은 4,553mg으로 목표섭취량 2,000mg의 두 배가 넘는 수준이다. 저장, 염장식품과 국물을 위주로 하는 한국인의 식사는 일반적으로 나트륨 섭취량이 높다. 식품을 가공할 때 맛이나 색을 더 좋게 하고, 오래 보존하기 위하여 나트륨을 사용하며 라면, 김치, 젓갈, 장아찌, 과자, 식빵, 햄버거와 같은 가공식품에 나트륨이 많이 들어 있다.

영유아의 음식을 준비할 때 성인의 입맛에 맞추게 되면 과량의 나트륨을 섭취하게 된다. 나트륨 과다 섭취는 혈압상승, 뇌졸중, 심근경색, 심부전 등의 심장질환 및 신장 질환의 발병률을 증가시킨다. 또한 갈증을 유발시켜 특히 영유아의 경우 음료수의 섭취를 증가시키고 이로 인해 비만을 초래할 수 있다. 따라서 영유아의 건강 증진을 위해서 나트륨이 과다 포함된 음식은 피해야 하며, 식습관을 개선하려는 지도노력 및 부모대상 교육과 홍보가 병행되어야 한다. 한국인이 즐겨먹는 음식에 포함된 나트륨 함량은 다음 표 3-17과 같다.

〈표 3-17〉 음식에 포함된 나트륨 함량

음식명	함량(mg)	음식명	함량(mg)
칼국수	2,900	자반고등어조림(1토막)	1,500
우동/라면	2,100	김밥(1줄)	650
된장찌개	1,800	멸치볶음(15g)	650
참치김치찌개	950	돼지불고기(50g)	600
배추된장국	750	배추김치(5조각)	500

출처: 식품나라(http://www.foodnara.go.kr).

그림 3-7은 식품의 원재료에 포함된 나트륨 함량이 조리과정과 같이 먹는 음식에 따라 변화됨을 보여 주는 것이다.

[그림 3-7] 나트륨량의 변화

출처: 식품나라(http://www.foodnara.go.kr).

나트륨 섭취를 줄이는 방법은 다음과 같다.

- 음식은 되도록 싱겁게 먹는다.
- 식품을 구입할 때에 영양표시 중 나트륨을 꼭 확인한다.
- 라면을 자주 먹지 않는다.
- 국이나 찌개의 국물은 적게 먹는다.
- 어묵, 햄, 소시지 같은 가공식품을 적게 먹는다.
- 과일과 채소를 충분히 섭취하여 나트륨의 체내배설을 촉진한다.
- 패스트푸드를 적게 먹는다.
- 소금, 간장, 케첩 등의 양념을 적게 먹는다.
- 식당에서 음식 먹을 때 싱겁게 해달라고 한다.

(4) 당류

생명유지에 필요한 영양소인 탄수화물 중에서 단맛을 내는 것을 당이라고 한다. 당은 곡류, 과일, 채소 같은 자연 식품 속에 들어 있기도 하고, 과일, 사탕, 초콜릿 등 가공식품에 많이 들어 있다. 당이 많이 들어 있는 식품 중 하나는 설탕인데, 설탕은 영양소는 거의 없고 칼로리만 높아서 '빈 영양소'라고 하며, 빨리 흡수되므로 피곤할 때 먹으면 바로 에너지를 내지만 많이 먹으면 건강에 해롭다. 세계보건기구(WHO)가 2014년 당류 하루 권장 섭취량을 성인 기준 50g에서 25g(6티스푼)으로 대폭 낮췄다. 그러나 오렌지 주스 1회 제공량 200mL(1잔)당 평균 당류 함량이 17.96g으로, 권장 섭취량을 넘기기 쉽다.

자연식품 속의 당은 몸속에서 천천히 소화 흡수되지만, 가공식품 속의 당은 빨리 소화 흡수되어 체내에 당이 갑자기 많아져서 몸의 균형이 깨지게 된다. 사탕, 과자, 초콜릿, 음료수 등과 같은 가공식품을 만들 때 맛이나 색을 강하게 하고, 오래 보존하기 위하여 당을 첨가한다.

당이 들어 있는 식품은 달콤해서 맛이 좋고 기운을 북돋워 주며 기분도 좋게 하지만 많이 먹으면 충치가 생길 수 있고, 남은 당은 지방으로 바뀌어 저장되며 저장된 지방이 많아지면 비만의 원인이 된다. 또한 주의집중력이 부족해지고 산만해지는 경향을 보이게 된다. 당분을 과량 섭취하면 신체 노화가 가속화되고, 매일 당이 함유된 탄산음료를 약 590ml 이상 마신 사람의 세포가 평균 4.6년 빨리 노화됐다는 보고가 있다. 또한 성인이 8년간 매일 한 컵 이상의 탄산음료를 마시면 신장 결석을 앓게 될 위험성이 23~33% 높아졌다. 매주 2차례 이상 당 함량이 많은 탄산음료를 마셨을 경우 췌장암을 앓을 확률이 마시지 않은 사람보다 87%나 높았다는 연구결과도 밝혀진 바 있다(식품나라 http://www.foodnara.go.kr/ 오늘의 뉴스(원기사, 대만 자유시보, 2015. 2. 3)).

당을 적게 먹기 위한 방법은 다음과 같다.

- 가공식품보다 자연식품을 먹는다.
- 가공우유보다 흰 우유를 마신다. 흰 우유 1컵에는 당이 9g 들어 있으며, 가공우유에는 약 20g이 들어 있는데 이 양은 콜라나 사이다의 당 함량과 비슷하므로 건강을 위해 되도록 흰 우유를 먹도록 지도한다.
- 주스보다는 생과일을 먹는다. 무가당 주스는 당을 첨가하지 않았다는 뜻이지 당이 없다는 뜻이 아니므로 되도록 생과일을 먹는 것이 좋다.
- 영양표시를 확인해서 당이 적은 식품을 선택한다.

(5) 식품 알레르기

알레르기는 집먼지, 진드기, 꽃가루, 음식 등의 원인물질과 접촉해서 기관지, 피부, 장 등의 신체 조직에 과민반응을 일으키는 증상을 의미한다. 알레르기 원인 물질이 식품으로 판정되면 원인으로 의심되는 식품을 먹이지 말고 증상의 호전 정도를 살펴보면서 알레르기와 영양적 측면을 모두 고려하여 대체 식품을 선택해서 먹여야 한다. 대부분의 식품 알레르기는 생후 1~2년에 발생한다. 생후 1세경의 식품 알레르기 유병율은 5~8%로 알려져 있으며 성장하면서 점점 감소한다(어린이급식관리지원센터, 2013).

달걀, 우유, 대두는 영유아기에 가장 흔한 알레르기 유발식품이며, 이밖에도 메밀, 땅콩, 돼지고기, 닭고기, 고등어 등 생선류, 조개류, 갑각류, 토마토, 복숭아 등도 알레르기를 잘 일으킬 수 있는 식품으로 알려져 있다(신순식, 2014). 최근 영유아의 식품알레르기 유병률이 높아지고 있고 수반되는 증상의 위험도 증가하고 있어, 영유아교육기관에서는 부모로부터 제공받은 영유아의 식품 알레르기에 대한 관련 정보를 급 · 간식 운영에 반영해야 한다.

즉, 알레르기 반응을 일으킨다고 확인한 식품을 제거한 식사를 제공해야 하고(유희정, 2011; 한양대학교, 육아정책연구소, 2017), 급식재료를 상세히 기입한 식단표를 가정에 사전 배포하고 대상 영유아에게 해당되는 식품을 차단해야 한다. 학교급식별 시행규칙 개정안에 따라 각 학교에서 사용하는 급식 재료 중 알레르기를 유발할 수 있는 난류, 우유, 메밀, 땅콩, 대두, 밀, 고등어, 게, 새우, 돼지고기, 복숭아, 토마토, 아황산염 등의 식품 13가지에 대해 학생과 학부모에게 알려주도록 의무화되었다(대한급식신문, 2015.4.19). 그러나 알레르기에 대한 정확한 원인 진단 없이 과도하게 식품 제한을 하게 되면 성장지연을 가져올 수 있으므로 전문의에 의한 정확한 검사가 선행되어야 하고 제한식품 대신 대체식품을 적절히 활용해야 한다(한양대학교, 육아정책연구소, 2017).

참고문헌

곽노의, 박대근, 박현미 (2010). 영유아 건강교육. 공동체.

교육부 (2012). 유치원 급식운영관리지침서. 육아정책연구소.

김영호, 이선근, 김신혜, 송윤주, 정주영, 박미정 (2011). 한국유아의 영양섭취현황: 2007~2009년 국민건강 영양조사를 바탕으로. 대한소아소화기영양학회지, 14(2), 161-170.

김일옥, 최경순 (2004). 아동건강교육. 양서원.

김일옥, 최경순, 이정실, 권세경, 이소영 (2013). 영유아교사를 위한 아동영양학. 양서원.

김혜경 (2012). 영유아건강교육. 공동체.

대한급식신문 (2015). 식품 알레르기 위급상황에 법과 지침은 제각각. 2015년 4월 19일 보도자료.

__________ (2015.7.21). 급식 사각지대 어린이급식, 이대로는 안 된다. 유태선 기자.

덕성여자대학교 부속유치원 (2006). 유아영양과 요리활동. 창지사.

보건복지가족부 (2009). 11월 17일 보도자료. 활동량은 늘리고, 짜고 기름진 음식은 적게. 붙임자료(임신수유부, 영유아, 어린이, 청소년, 성인 식생활지침).

보건복지부 (2015). 2015 한국인 영양소 섭취기준.

송태희, 곽현주, 우인애, 김용선, 이현옥 (2008). 유아교사를 위한 영유아 영양과 건강. 교문사.

식품의약품안전청, 어린이급식관리지원센터 (2013). 어린이 급식관리 지침서.

신순식 (2014). 영유아교사와 엄마를 위한 영양과 건강교육. 공동체.

어린이급식관리지원센터 (2010). 우리아이들 식사, 안전하고 깨끗하게 포스터.

__________ (2020). 올바른 보존식 보관방법.

오유진, 장유경 (2006). 유아의 편식실태 및 편식에 대한 학부모의 태도 조사. 한국영양학회지, 39(2), 184-191.

우남희 (2014.12.10). 육아정책브리프, 육아정책연구소. 제32호.

유경희 (2009). 학령전 아동의 식습관, 신체발달 및 영양섭취 상태에 관한 연구. 한국영양학회지, 42(1), 23.

유희정 (2011). 유아기 식생활 개선을 위한 기초연구. 유아교육 보육행정연구, 15(4), 191-212.

이미숙, 이경혜 (2014). 채소를 주제로 한 유아대상 식생활교육 프로그램 개발 및 적용. 대한영양사협회 학술지, 20(1), 26-35.

이선애, 이채호, 조순임, 천재현, 양화숙 (2014). 아동건강교육. 창지사.

임미혜, 채혜선, 이순자, 안경일, 심은희 (2013). 아동건강교육. 양서원.

정미라, 배소연, 이영미 (2012). 영유아를 위한 건강 및 영양교육. 양서원.

조경자, 이현숙 (2004). 유아건강교육. 학지사.

조운주, 최일선 (2013). 유아교육기관에서의 유아생활지도. 창지사.

주영은, 성영화, 이숙자 (2020). 제3판 아동건강교육. 공동체.

질병관리본부, 대한소아과학회 (2007). 소아 · 청소년 표준 성장도표 2007.

한양대학교, 육아정책연구소 (2017). 안전한 영유아 보육 · 교육 환경 조성 방안(Ⅲ) 영유아 건강관리 가이드북 개발: 유치원 · 어린이집용.

Allen, L. H. (1994). Nutritional influences on linear growth: a geneal review. *Europeam Journal of Clinical Nutrition, 48*, 75-89.

Contento, I. R. (2007). Nutrition education: linking research, theory, and practice. Jones and Bartlett Publishers. Massachussetts.

Marotz, L. R., Cross, M. Z., & Rush, J. M. (2001). 영 · 유아를 위한 건강 · 안전 · 영양. *Health, safety, and nutrition(5th ed)*. (이기현, 이은상 역). 정민사.

Stanek, K., Abbot, D. & Cramer, S.(1990). Diet qnality and the environment of preschool children. *Joural of American Dietetic Association, 90*(11), 1582-1584.

https:// if-blog.tistory.com/9876 [교육부 공식 블로그]

https:// ccfsm.foodnara.go.kr/home/?menuno=157

MEMO

1. 영유아 신체건강 관리

2. 영유아 신체건강 지도

3. 영유아의 정신건강 관리 및 지도

영유아는 질병에 대한 감수성(susceptibility)이 높고 영유아교육기관에서 집단생활을 경험하기 시작할 때는 대부분 모체로부터 받은 선천적 면역력이 거의 소실되어 감염에 취약해 질병을 앓는 경우가 흔하다. 영유아에게 나타나는 질병 및 질환은 발육에 많은 영향을 미치므로 이 시기의 신체적, 정신적 건강 관리는 매우 중요하다. 현대 사회에 접어들면서 영유아교육기관에 취원하는 영유아의 수가 증가하고 영유아교육기관에 머무는 시간이 길어짐에 따라 영유아를 위한 건강 관리 및 지도에 대한 요구가 커지게 되었다. 이에 교사는 교육기관에서 할 수 있는 건강 관리의 내용 및 방법을 바르게 이해하고 이를 교육계획에 반영할 수 있어야 한다.

이 장에서는 신체건강 관리, 신체건강 관리 지도와 정신건강 관리 및 지도에 대하여 살펴보고자 한다.

CHAPTER

4

영유아의 건강 관리 및 지도

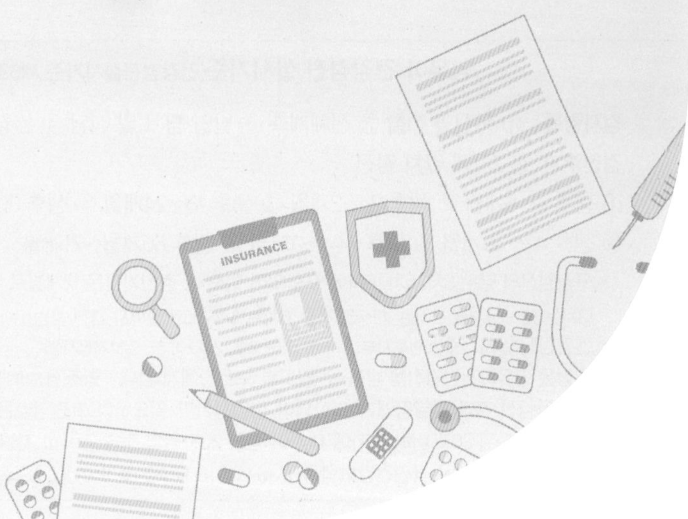

1. 영유아 신체건강 관리

1) 건강검진

영유아기는 다른 어느 시기보다 보건의료 요구도가 높으며, 이 시기에 적절한 조치와 보호를 받지 못하면 병이 깊어지거나 합병증으로 위험한 상황에 이르게 되는 경우도 있다. 따라서 부모나 교사가 영유아의 건강 상태를 정확히 파악해야 하며, 초기에 질병을 발견, 관리할 수 있도록 정기적인 검진을 실시하여야 한다. 영유아 교육기관에서는 건강진단의 결과를 반드시 건강기록부에 기록하여 보관해야 하며, 부모나 의사와 의견 교환이 필요한 경우 적절히 활용할 수 있어야 한다.

건강진단의 검사항목은 문진과 진찰, 신체계측, 발달 평가 및 상담, 건강교육, 구강검진 등이며 크게 체격검사와 체질검사로 나눌 수 있다. 신체계측을 위한 체격검사는 키, 몸무게, 신체부위의 둘레 등을 재보는 것이며, 체질검사는 소아과, 안과, 치과, 이비인후과 등에서 시력검사, 청력검사, 소변검사, 혈액검사 등을 하는 것으로 질병의 유무를 조기에 찾아낼 수 있다. 영유아의 건강검진 실시기준은 다음과 같다.

영유아 건강검진 실시기준(건강검진실시기준 제6조 제4항)

검사항목 ① 문진과 진찰 ② 신체계측 ③ 발달 평가 및 상담 ④ 건강교육 ⑤ 구강검진

검진주기 총 7차에 걸쳐 검진

① 생후 4~6개월 ② 생후 9~12개월 ③ 생후 18~24개월 ④ 생후 30~36개월

⑤ 생후 42~48개월 ⑥ 생후 54~60개월 ⑦ 생후 66개월~71개월

* 구강검진의 경우 3차, 5차, 6차에 포함되어 있으나, 검진기간은 12개월로 연장됨 (3차는 18~29개월, 5차는 42~53개월, 6차는 54~65개월까지 검진 가능)

* 건강검진 실시기준(보건복지부 고시 제2015-19호, 2015. 1. 27. 일부개정시행)

* 원장은 영유아건강검진을 받을 수 있도록 보호자에게 안내 · 협조(검진비:무료)

* 영유아검진 결과 발달장애가 의심되어 정밀평가가 필요하다고 판정받은 의료수급권자, 건강보험료 부과금액 하위 30% 이하인 자에 대하여 평균 20만원의 정밀 검사비 지원(주소지 관할 보건소에 문의)

* 기타 자세한 사항은 국민건강보험공단(www.nhic.or.kr 또는 ☎ 1577-1000)으로 문의

출처: 보건복지부(2015).

2) 질병의 정의와 종류

병이란 신체의 고통, 불쾌감, 기능의 저하나 부조화 등으로 일상생활이 방해받게 됨으로써 행동적 측면이나 육체적 측면의 이상이 일어난 상태를 말한다. 병은 육안으로 이상을 확인할 수도 있지만, 확인이 불가능한 경우도 있으며 신체 내부에서 스스로 발생하는 병, 외부에서 침투한 세균에 의해 생긴 병, 그리고 사고에 의해 발생한 병으로 구분해 볼 수 있다(조양자, 서용선, 정승교, 조영임, 1998). 과거에는 이러한 질병이 전적으로 부모의 책임이었지만 현대사회로 오면서 영유아교육기관으로까지 그 책임이 확대되었다. 따라서 영유아교사는 신체적 질병에 대한 정확한 지식과 문제 발생 시의 실제적 대응 능력을 갖추어야 한다.

영유아가 쉽게 걸리는 질병(disease)은 다음과 같다(곽노의, 박대근, 박현미, 2014; 김영심, 강영욱, 조남숙, 한국선, 이춘희, 이숙희, 김진아, 김현옥, 2014; 정미라, 배소연, 이영미, 2013).

(1) 감염성 질병

① 기침

기침은 우리 몸의 중요한 방어작용의 하나로 해로운 물질이나 다양한 이물질이 기도 안으로 들어오는 것을 막아 준다. 또한 흡입된 이물질이나 기도의 분비물을 기도 밖으로 배출하여 기도를 깨끗하게 유지시키는 작용을 한다. 기침은 후두를 포함한 기도의 자극에 의해 대부분 반사적으로 발생하는 것이다. 즉, 먼지나 이물질 등 외부물질의 흡입에 의한 기도 자극이나 가래나 콧물, 위산 등 내부 분비물질에 의한 자극, 각종 기도의 염증질환, 기도협착, 종양에 의한 기도 침범이나 압박 등이 기침의 원인이 된다.

감염된 위치에 따라 기침의 소리와 양상은 다르게 나타난다. 기관지염은 저음의 젖은 기침 소리가 나며 아침에 심해지는 특징이 있고, 후두염은 성대에 염증이 생겨 마치 개가 짖는 것처럼 '컹컹' 기침 소리가 난다. 알레르기 비염의 경우는 멈추기 힘든 마른기침을 유발할 수 있다. 밤에만 기침을 하는 영유아의 경우에는 천식이 아닌

지 의심해 보아야 한다. 기침은 매우 다양한 원인에 의해 발생되기 때문에 단순히 멈추게 하는 것보다 기침의 원인을 찾아 근본적인 치료를 해야 한다. 대부분의 기침은 몇 주 내에 저절로 없어지지만 3주 이상 특별한 원인 없이 기침이 멈추지 않는다면 반드시 병원을 방문하여 진료를 받는 것이 좋다. 영유아가 기침을 심하게 할 때는 물을 충분히 먹이고 영유아가 머무는 곳에 젖은 수건을 걸어두는 등의 습도관리를 해 주는 것이 기침을 완화시키는 데 도움이 된다.

② 감기

감기는 나이에 상관없이 가장 빈번하게 발병하며, 여러 가지 종류의 바이러스가 코, 인두, 편도선 등에 감염되어 생긴다. 감기는 건강한 영유아도 호흡기를 통해 감기 걸린 사람과의 신체적 접촉을 통해서 감염될 수 있다. 그러나 바이러스에 감염되었다고 해서 모두 감기에 걸리는 것은 아니다. 면역력이 약해졌거나, 호흡기 알레르기가 있는 경우 또는 영양이 부족한 경우 등 개인적 상황이 발병 요인으로 작용한다.

감기는 재채기, 코 막힘, 두통, 콧물, 기침, 미열 또는 고열 등의 증상이 주로 나타나며 눈이 충혈되고 눈물이 나기도 하며 귀가 아프거나 임파선이 부을 수도 있다. 또한 감기 자체는 5~7일이 지나면 낫게 되므로 무서운 병은 아니다. 그러나 중이염, 후두염 등 합병증을 유발할 수 있으니 유의해야 한다.

③ 독감

독감은 인플루엔자 바이러스에 의해 생기며 12월에서 다음해 3월까지 유행한다. 갑작스런 고열, 두통, 근육통, 전신 쇠약감 같은 증상을 동반하며 전염성이 강하다. 또한 다른 질환을 앓고 있는 경우 독감에 걸리면 합병증 발생이나 사망률이 증가할 수 있다.

독감을 치료할 수 있는 항바이러스 약품이 개발되어 있지만, 사용가능한 연령이 제한적이고 효과가 약하다는 단점이 있다. 따라서 영유아에게는 예방이 더 중요하며, 일단 독감에 걸리면 푹 쉬게 하고 열을 가라앉혀 주며 근육통, 복통, 두통을 덜어 주도록 해야 한다.

④ 중이염

귓속에 균이 들어가 염증이 발생되는 중이염은 대개 감기의 합병증으로 나타난다. 주로 6~24개월의 영아에게 가장 많이 일어나며, 4~6세의 유아에게도 많이 발생하는 질병이다. 그러나 8세 이후에는 귓속 기관의 해부학적 변화가 일어나기 때문에 중이염의 발생 빈도가 줄어든다. 중이염 증상으로는 38~40도 정도의 열이 갑자기 나면서 어지러움, 설사, 구토, 식욕부진 등을 동반하기도 한다. 말로 잘 표현할 수 없는 영아의 경우는 울면서 귀를 잡아당기거나 비비는 등의 행동을 보이기도 한다. 중이염은 조기 발견하여 치료하면 후유증 없이 치유될 수 있지만, 너무 늦게 치료를 하거나 적절한 항생제를 사용하지 못하면 중이에 화농물질이 축적되어 일시적인 청력의 손상을 초래할 수도 있다. 또한 한쪽 귀에 생긴 중이염의 치료가 지체되는 경우, 다른 쪽 귀에까지 전이될 수 있으므로 주의해야 한다.

중이염을 예방하기 위해서는 우선적으로 감기에 자주 걸리지 않도록 예방을 철저히 해야 한다. 또한 감기에 걸린 영유아가 함부로 귀를 파지 않도록 하며, 영아의 경우에는 누워서 우유를 먹이지 않도록 주의한다.

⑤ 축농증(부비동염)

축농증은 코 옆의 광대뼈 속에 동굴 같은 빈 공간에 염증이 생겨 점막이 붓거나 고름 또는 체액이 고이는 현상을 말한다. 축농증은 급성과 만성의 두 가지 유형으로 나눌 수 있다. 급성 축농증은 대개 감기의 후기 합병증으로 발생하며 만성 축농증은 급성 축농증이 적절히 치료되지 않거나 반복될 경우에 생긴다. 증상으로는 코막힘, 지속적인 누런 콧물, 얼굴 통증, 코 뒤로 넘어가는 콧물 등이 나타난다. 더 진행되면 후각감퇴, 두통 및 집중력 감퇴 등을 호소하고, 중이염이나 기관지염이 생기기도 한다. 기관지 천식이 있는 경우에는 이러한 증상이 더욱 악화될 수 있다. 축농증을 예방하기 위해서는 감기에 걸리지 않도록 하는 것이 중요하며, 만약 급성 축농증 증상이 있다면 적절한 치료를 시행하여 만성으로 이행되지 않도록 주의해야 한다.

축농증은 대개 2세 이상의 영유아에게 나타나는데, 주로 고름이 고이는 성인과 달리 단순한 염증만 있는 경우가 많다. 축농증 발병 시에는 염증을 가라앉히기 위해

항생제를 쓰지만 치료 기간이 오래 걸린다. 즉, 급성인 경우에는 2주 정도, 만성일 때는 3~6주 정도의 치료 기간이 필요하다. 만성인 경우 수일 내 증상이 좋아졌다가 약을 끊으면 재발하는 경우가 많기 때문에 인내심을 갖고 투약 치료를 해야 한다.

⑥ 편도선염(급성후두염)

편도선염은 목젖 양옆의 구개편도에 발생하는 염증으로, 염증을 일으키는 바이러스나 세균감염에 의해 발병하기 쉽다. 영유아의 경우 감기의 합병증으로 발생하기도 하며 기관지염, 폐렴으로 발전하기도 한다. 기관지에 염증이 생겨 발병하며 바이러스가 원인일 때는 특별한 치료를 하지 않아도 3~4일 지나면서 증세가 호전되지만, 목이 아파서 불편하지 않게 치료를 해야 한다. 편도선염에 걸리면 영유아는 열이 나고 식욕부진을 보이며, 목 주위에 있는 임파선이 붓는 증상을 보인다. 때로는 편도선에 고름이 생기기도 한다. 영유아가 지속적인 목구멍의 통증, 두통, 위통과 지나친 피로를 동반하거나 호흡곤란, 침을 흘리면서 삼키지 못하는 등의 증상을 보이면 심한 감염을 나타내는 것이므로 빨리 의사의 진찰을 받아야 한다.

편도선염은 감염성이기 때문에 이런 증상을 가진 성인은 영유아와 접촉을 하지 말아야 한다. 그러나 편도선염 환자는 증상이 나타나기 전에 이미 감염력을 갖고 있으므로, 영유아가 감기에 걸리지 않게 하거나 감기가 오래 가지 않도록 하는 것이 편도선염 예방의 핵심이다.

⑦ 수족구병

수족구병이란 손, 발, 입 안에 주로 붉은 발진이나 물집이 잡히는 병으로 콕사키 바이러스가 원인이다. 이 질병은 공기나 환자와의 접촉에 의해서 감염된다. 손이나 발에 생긴 물집은 수두와 유사하지만, 수두와 달리 주로 손, 발, 입 안, 무릎, 엉덩이, 팔꿈치 주위에 잘 생긴다. 감기와 비슷한 증상을 보이는 경우가 많지만, 심한 경우 입 안이 헐기 때문에 영유아가 잘 먹지 못하고 열이 많이 나기 때문에 때로는 탈수 증상이 나타난다. 대략 일주일 정도면 회복되며 합병증은 거의 없다.

영유아가 입이 아파 잘 먹지 못하면 시원한 보리차를 먹여 탈수를 예방하는 것이 좋다. 유아인 경우 아이스크림을 먹이는 것도 좋으나 설사가 자주 동반되는 경우에는 부적절하다.

⑧ 폐렴

폐렴은 공기 중이나 환자의 기침 · 가래 속에 있는 바이러스, 세균 등에 의해 감염되어 폐 조직 자체에 생기는 염증이다. 폐렴은 바이러스성 감기 후에 생기며, 저항력이 약해진 영유아의 기도나 폐에 균이 침범하여 발병하게 된다. 폐렴은 호흡기 질환 중 가장 심한 병 가운데 하나로, 입원이 필요한 경우가 많다. 초기 증상은 감기와 유사하여 콧물, 발열, 구토, 설사, 식욕부진 등의 증상이 나타나지만, 심해지면 마른기침을 하거나 고열이 나면서 호흡이 힘들어지는 증상이 나타난다. 폐렴은 심한 감기나 급성 기관지염과 유사하며 증상이나 진찰만으로는 구별하기 어려운 경우가 많다. 이럴 때는 가슴 X선을 찍어 진단할 필요가 있으며, 폐렴이라고 진단이 내려지면 가래와 혈액 검사를 통해 진행 정도를 알아보는 것이 치료에 매우 중요하다.

폐렴은 회복이 잘되지만 치료를 받지 않거나 균의 저항성이 강해 치료가 잘되지 않는 경우 합병증이나 2차 감염을 유발하기도 한다. 폐렴으로 사망하는 경우는 1% 미만이지만, 심한 세균성 폐렴인 포도상구균 폐렴은 10~30%의 사망률을 보인다. 일반적으로 감기 예방법을 잘 지키는 것이 가장 중요하며, 평소 기관지염이나 천식에 잘 걸리는 영유아는 초기에 치료를 해야 한다.

〈표 4-1〉 법정감염병의 종류와 특징

감염병	종 류	특 징
제1군 감염병	콜레라, 장티푸스, 파라티푸스, 세균성이질, 장출혈성 대장균감염증, A형 간염	전염속도가 빠르고 국민건강에 미치는 위해 정도가 너무 커서 발생 또는 유행 즉시 방역대책을 수립해야 하는 감염병
제2군 감염병	디프테리아, 백일해, 파상풍, 홍역, 유행성이하선염, 풍진, 폴리오, B형 간염, 일본뇌염, 수두, b형 헤모필루스인플루엔자, 폐렴구균	예방접종을 통하여 예방 및 관리가 가능하여 국가예방접종사업의 대상이 되는 감염병

감염병	종 류	특 징
제3군 감염병	말라리아, 결핵, 한센병, 성병, 성홍열, 수막구균성수막염, 레지오넬라증, 비브리오패혈증, 발진티푸스, 발진열, 쯔쯔가무시증, 렙토스피라증, 브루셀라증, 탄저 공수병, 신증후군출혈열(유행성출혈열), 인플루엔자, 후천성면역결핍증(AIDS), 매독, 크로이츠펠트-야콥병(CJD) 및 변종크로이츠펠트-야콥병(vCJD)	간헐적으로 유행할 가능성이 있어 계속 그 발생을 감시하고 방역대책의 수립이 필요한 감염병

출처: 질병관리본부(2014).

⑨ 홍역

홍역은 홍역 바이러스에 의한 감염으로 발생한다. 홍역 바이러스는 기침이나 재채기를 통해 환자의 코나 목에서 나온 분비물이 기침이나 재채기를 통해 공기 중에 산포되어 있다가 공기를 통해 감염되거나 직접 분비물이 묻은 물체를 통하여 감염된다. 약 10일 정도의 잠복기를 거쳐 3~4일간 발열, 불쾌감, 기침, 콧물, 결막염 등이 나타난다. 영유아가 홍역에 걸리면 열이 난 지 2~3일 후부터 붉은 반점이 입 안 양쪽 볼의 점막에 나타나기 시작한다. 반점이 나타난 후 1~2일이 지나면 둥근 모양의 발진이 이마와 귀 뒤부터 시작되어 얼굴, 목, 팔, 몸통 상부로 급속히 퍼진다. 발진 출현 후 2~3일째가 증상이 가장 심하며 40도 이상의 고열이 발생한다. 홍역은 감염성이 강한 병이기 때문에 다른 영유아와 접촉하지 않도록 철저하게 관리하여야 한다. 붉은 반점이 나타나기 3~4일 전부터 감염성이 있으며, 붉은 반점이 완전히 사라져야 감염성이 없어진다.

영유아가 홍역에 걸리면 열이 나서 탈수되기 쉬우므로 물을 많이 먹여야 하며, 첫돌 이후 12~15개월과 4~6세에 각 1회씩 총 2회에 걸쳐 예방접종을 하면 평생 면역력이 생긴다.

⑩ 풍진

풍진은 기침이나 재채기 또는 발할 때 튀어나오는 작은 수포로 전파된다. 영유아가 풍진에 걸리면 감기 증세를 보이며, 목, 귀 뒤, 뒤통수 아래의 임파선이 잘 붓고,

얼굴부터 시작하여 온몸에 열꽃이 돋는다. 처음에는 얼굴에서 발진이 나타나다가 2~3시간 이내에 머리, 팔, 몸통 등 온몸으로 퍼진다. 풍진에 걸리면 5일까지는 감염성이 있으므로 접촉을 차단해야 하며 임신 가능성이 있는 교사도 주의해야 한다. 임신 16주 이내의 임산부가 풍진에 감염되면 본인은 별다른 증상이 없지만 태아에게 치명적인 영향을 주게 되어 귀머거리, 심장기형, 백내장, 녹내장 등 눈의 이상, 신경계 이상 등 선천성 기형을 가진 아기를 출산할 수 있기 때문이다.

풍진은 MMR 혼합백신으로 예방이 되므로 영유아기에 예방접종을 받는 것이 좋다. 예방접종을 해도 10% 정도는 풍진에 걸릴 수 있으므로 세심한 주의가 필요하다.

⑪ 볼거리(유행성 이하선염)

볼거리는 소화액을 분비하는 침샘에 바이러스가 들어가 침샘이 붓는 병으로, 환자의 타액을 통해 감염된다. 침샘이 부어오르는 증상이 나타나기 수일 전부터 다른 사람에게 감염될 수 있으며, 부종이 완전히 가라앉을 때까지 적어도 10일 정도는 접촉을 피해야 한다. 볼거리에 걸리면 귀를 중심으로 부어오르며 곪아서, 이 부위에 동통과 압통을 느끼게 된다. 대개 1~3일째 최고조에 달하며 6~10일 정도 부어 있는 상태가 계속되다가 차차 가라앉게 된다. 타액선이 붓는 1~2일 동안에는 발열, 두통, 식욕부진, 구토, 근육통 등이 나타난다.

영유아가 볼거리에 걸리면 편히 쉬도록 하고 물을 많이 먹게 하며, 침샘이 부은 곳에 따뜻한 찜질을 자주 해준다. 12~15개월과 4~6세에 접종하는 MMR백신에 볼거리 예방백신이 포함되어 있다.

⑫ 수두

수두는 물집 모양의 발진이 온몸에 나타나며 가려움증과 미열을 동반하고, 직접 접촉 또는 공기 전염으로 감염된다. 수두는 영유아기에 가장 감염력이 강한 질병의 하나로 주로 10세 미만의 소아에게서 많이 발병한다. 수두 환자와 접촉한 후 2~3주 잠복기가 지나면 발진이 시작된다. 영유아가 수두에 걸리면 처음에는 붉은 반점이 생기고, 이어 작은 물집으로 변한다. 물집은 몸통에서 시작하여 얼굴과 팔다리로 퍼지고 1주일 정도 지나면 딱지가 앉게 되는데 딱지가 앉기 전까지는 다른 영유

아와 접촉하지 않도록 격리해야 한다.

수포가 생길 무렵 몹시 가렵게 되는데 이때 긁어서 피가 나고 세균에 감염되면 흉터가 생기게 된다. 그러므로 긁지 못하도록 가려움을 덜어 주는 약을 먹이거나 발라 주고 손톱을 짧게 깎아 주며 피부를 청결히 해준다. 수두를 앓지 않은 생후 12개월 이상의 건강한 영유아는 수두 예방접종을 1회 하도록 되어 있고, 이미 수두 환자와 접촉한 경우에도 3일 안에 수두 예방접종을 하면 수두에 걸리지 않으며, 한 번 걸린 후에는 평생 면역이 된다.

⑬ 간염

바이러스에 의해 발생하는 간염에는 A형 간염, B형 간염, 기타 여러 가지 바이러스 간염이 있다. A형 간염은 오염된 음료수나 음식을 통해 감염이 되는데 감염자 중 20~25%만이 증상이 나타나며, 나머지는 가볍게 앓고 지나간다. A형 간염은 발열, 쇠약감, 소화 장애 등 감기와 비슷한 증세가 나타나며, 경우에 따라 황달, 가려움증, 정신적 우울, 식욕부진, 복통 등을 나타내기도 한다.

한편, B형 간염은 주로 보균자인 가족과의 접촉이나 수혈에 의해 감염되며 성인이나 영유아 모두에게서 발생되는 질병이다. 특히 영유아의 경우 출산 과정이나 모유 수유를 통해 어머니로부터 감염되기도 한다. B형 간염의 경우 식욕부진, 구역질, 구토, 소화불량의 증세와 함께 피로감을 쉽게 느낀다. B형 간염은 대개 만성간염으로 이행되며 아주 드물지만 급성전격성 간염이 올 수 있으므로 주의가 요구된다.

⑭ 신종 인플루엔자(신종플루)

신종 인플루엔자는 사람, 돼지, 조류 인플루엔자 바이러스의 유전물질이 혼합되어 있는 새로운 형태의 바이러스로 감염된 환자의 기침이나 재채기 등에 의해 방출된 바이러스가 호흡기를 통하여 감염된다. 잠복기는 1~7일 정도로 알려져 있으며 전형적인 증상은 갑작스런 고열, 근육통, 두통, 오한 등의 전신 증상과 마른기침, 인후통 등의 호흡기 증상이다. 신종플루 예방법은 손을 자주 씻고, 손으로 눈, 코, 입을 만지는 것을 피하는 것이다. 또한 기침, 재채기를 할 때는 화장지로 입과 코를 가리고 하며 화장지를 버린 후에는 손을 깨끗하게 씻어야 한다.

⑮ 중동호흡기증후군(메르스, MERS)

중동호흡기증후군은 코로나 바이러스 감염으로 인한 중증 급성호흡기 질환으로, 명확한 감염원과 감염성 경로는 확인되지 않았으나, 중동지역의 낙타와 접촉을 통해 감염될 가능성이 높고 사람 간 일정한 접촉에 의한 전파가 가능하다고 보고되고 있다. 증상으로는 발열을 동반한 기침, 호흡곤란, 가래 등 호흡기 증상을 주로 보이며 두통, 오한, 콧물, 근육통뿐만 아니라 식욕부진, 메스꺼움, 구토, 복통, 설사 등 소화기 증상도 나타날 수 있다. 증상 발현 후 3일 이내 가래에서 바이러스 유전자 검사를 시행하여 확진한다. 2020년 현재까지 중동호흡기증후군 바이러스 치료를 위한 항바이러스제는 개발되지 않아 증상에 대한 치료를 위주로 하며, 중증의 경우 인공호흡과 인공 혈액 투석 등을 받아야 되는 경우도 있다. 현재까지는 백신 및 치료제가 없기 때문에 손씻기, 기침 예절 준수 등 일반적인 감염병 예방 수칙을 준수하며 발열이나 호흡기 증상이 있는 사람과의 접촉을 피해야 하고 호흡기 증상이 있는 경우 반드시 마스크를 착용하도록 한다.

⑯ 급성 바이러스성 장염(가성콜레라)

급성 바이러스성 장염은 6~24개월의 영아에게 잘 발생되는 것으로 매년 10월경에서 초겨울까지 많이 발생한다. 감염력이 강하여 형제나 함께 생활하는 영유아에게 쉽게 감염된다. 처음에는 1~2일 정도 고열이 나고 토하다가 물 설사를 시작한다. 설사하기 전 고열과 구토가 먼저 나타나기 때문에 뇌막염으로 의심되기도 한다. 급성 바이러스성 장염이 유행하는 시기에는 환자와의 접촉을 피하고, 사람이 많이 있는 곳에 가지 않는 등 일반적인 주의사항을 잘 지키도록 해야 한다.

⑰ 식중독

식중독은 세균에 오염된 음식을 먹은 후에 복통, 구토, 설사, 열 등이 나타나는 질병을 의미한다. 보균자가 중요한 감염원이며, 동물도 감염원이 될 수 있다. 가장 흔한 포도상구균은 음식 속에서 독소를 만들어 내는데, 이 독소는 끓이거나 익혀도 파괴되지 않는다. 음식을 먹은 지 1~6시간 후에 증상이 시작되며 하루 정도 지속된

다. 살모넬라균은 위생적으로 관리되지 않은 육류, 계란, 우유 등이 원인이지만 끓이면 살균된다. 영유아가 식중독에 걸리면 일시적으로 아무것도 먹이지 않고 장을 쉬게 해주는 것만으로도 증상이 좋아진다. 그러나 구토와 설사가 계속되고 탈수가 생긴다면 수액 을 공급해 주는 것이 좋다.

식중독을 예방하려면 고기와 생선 등 날 음식을 요리할 때 특히 주의해야 한다. 성인은 요리하기 전에 손과 음식을 깨끗이 씻어야 하고 특히, 화장실 사용이나 기저귀를 갈아 준 후 손을 깨끗이 씻어야 한다. 또한 완전히 익힌 요리만 먹어야 하고 고기는 냉동보관을 해야 하며 조리된 음식은 2시간 이상 방치하지 않도록 주의한다.

⑱ 뇌수막염

뇌수막염은 뇌와 척수를 덮고 있는 보호막인 뇌수막 조직의 염증을 말하는 것으로 대개 5세 이하에서 발생한다. 영유아가 뇌수막염에 걸리면 고열과 구토 증상을 동반하며, 특히 영아의 경우 갑작스런 쇼크나 탈수 증상으로 사망에 이를 수 있는 심각한 질병이다. 뇌수막염은 세균성과 바이러스성으로 구분할 수 있으며, 예방접종의 효과가 있는 것은 세균성 뇌수막염 중에서도 '헤모필루스b'형이다. 국내 발병률은 매우 낮지만, 일단 발병하면 사망률이 5~10%이고, 20~30%는 청각장애나 혼수상태 등 심각한 후유증을 겪으므로 반드시 예방주사를 맞아야 한다.

세균성 뇌수막염은 결핵균이 원인으로 주로 결핵에 감염된 성인으로부터 직접 공기를 통해 감염된다. 결핵성 뇌수막염에 걸리면 초기에는 무기력하고 식욕이 감퇴하며 수면장애, 흥분, 설사를 동반하기도 한다. 1~2주 경과하고 나면 근육의 경련과 안면근육의 마비가 일어나기 시작하며 곧 혼수상태에 이르게 된다. 발병 후 3주 이내에 사망할 수 있으므로 의심되는 즉시 서둘러 전문의의 치료를 받을 수 있도록 해야 한다.

바이러스성 뇌수막염은 뇌를 싸고 있는 막이 바이러스, 세균, 곰팡이 등에 의하여 감염되는 질병으로 주로 환자의 호흡기 분비물의 직 · 간접적인 접촉으로 발병한다. 증상은 감기와 매우 비슷하게 나타나지만 발열, 두통뿐 아니라 소화기 이상 증세(구역질, 구토 등)가 동반되면 유심히 살펴야 한다. 특별한 치료법은 없으며 고열과 두통에 대한 투약과 안정을 통해 7~10일 정도 지나면 회복된다. 가장 효과적인 예방법은 손을 깨끗이 씻고 물은 끓여 마시며 음식은 익혀서 먹는 것이다.

⑲ 코로나19

코로나19(COVID-19)는 2019년 12월 중국 후베이성 우한시에서 처음 발견된 사람 코로나바이러스 변종이다. 2020년 2월 세계보건기구(WHO)에서 공식명칭을 COVID-19로 발표했으며 국내 질병관리본부는 코로나바이러스-19(약칭 코로나19)로 명명하였다.

사람 코로나바이러스는 대부분 감기 같은 경미한 증상을 일으키지만, 일부는 폐렴이나 기관지염 등으로 발전하기도 하며 메르스나 사스처럼 치명적인 호흡기 질환을 유발하는 경우도 있다.

잠복기는 2~14일 정도일 것으로 추정하며 주요 증상으로 발열과 기침, 인후통, 호흡곤란과 같은 호흡기 증상이 나타난다. 환자에 따라 두통, 근육통, 오한, 가슴통증, 설사 등의 증상 혹은 경증으로 자각을 하기 어려운 경우도 있다.

건강한 성인은 시간이 지나면 회복될 가능성이 크지만, 노약자나 기저 질병이 있던 사람 등 면역 기능이 낮은 사람이 감염될 경우 치명적일 수 있다. 일부는 감염 후 급성 호흡곤란 증후군 · 급성 폐 손상 · 패혈성 쇼크 · 급성 신장 손상 등으로 진행되기도 하며, 심할 경우 사망에 이를 수 있다.

사람 간에는 기본적으로 비말감염으로 전파된다고 알려졌다. 비말(飛沫)이란 '튀어서 흩어지는 물방울'이란 뜻으로 감염된 사람의 침이나 콧물 등이 다른 사람의 코나 입으로 들어가며 감염되는 방식이다. 기침 한 번에 수천 개의 비말이 분사되며 그 안에 있는 바이러스도 함께 전파되므로, 감염된 사람과는 접촉하지 않고 일정 거리를 유지해야 한다.

2020년 현재까지 백신이나 치료제가 없기 때문에 손을 자주 씻고 눈 · 코 · 입을 만지지 않는 등 일반적인 감염병 예방 수칙을 준수하며 마스크 착용으로 비말의 분사나 흡입을 막아 전염을 예방한다. 마스크가 없다면 기침할 때 옷소매로 입과 코를 가려야 공기 중 비말 분사를 줄일 수 있다.

유아교육기관 재원아동 및 종사자가 확진 판정을 받은 경우 해당 기관은 일시폐쇄된다.

코로나19 대응지침

■ 일시폐쇄 및 휴원기준

일시폐쇄: 재원아동 또는 종사자가 확진 판정을 받은 경우, 재원 아동 또는 종사자가 접촉자인 경우

휴원: 지역별 확진자 및 접촉자 발생 규모 등을 고려하여 지자체장이 필요하다고 인정하는 경우

- 휴원 어린이집 원장은 등원 아동에 대해서는 반드시 당번교사를 배치하여 긴급보육 실기, 급간식도 제공
  * 당번교사 외 종사자 출근 관련 사항은 관리자인 원장의 재량사항임
- 긴급보육을 이용하지 않는 아동 및 보호자 대상으로 돌봄현황 및 아동상황 등 모니터링 전화 필수(매일 1회)

출처: 보건복지부(2020).

(2) 기타 질병

① 천식

천식은 기관지의 알레르기 염증반응으로, 유전적 요인과 환경적 요인이 합쳐져서 발생한다. 환경적 요인이 될 수 있는 특정 대상을 알레르겐(allergen)이라 하는데 꽃가루, 집 먼지, 가축의 비듬이나 털, 우유나 계란 등의 음식, 감기를 유발하는 여러 종류의 바이러스, 갑작스런 온도의 변화, 공해 등이 이에 포함된다. 또한 천식을 유발하는 원인은 사람마다 다르기 때문에 세심한 검사가 필요하다.

영유아 천식은 1세 전부터 생기기 시작한다. 5~6세가 되면서 증상도 약해지고 재발 횟수도 줄어들며 완전히 없어지기도 하지만, 노년기에 다시 나타나는 경우도 있다. 천식은 만성적이고 고질적인 병이지만 잘 조절하면 심한 증상으로 발전하지 않고 일생을 지낼 수 있다. 따라서 알레르기에 대한 정확한 진단을 받고, 치료를 위해 원인 물질을 치워 깨끗한 환경을 만들어 주어야 한다. 아울러 천식이 재발하지 않도

록 하기 위해서는 장기적인 예방 치료를 해야 하며, 먹는 약이나 호흡기를 이용한 약 등으로 꾸준한 치료를 받도록 해야 한다.

② 영아돌연사 증후군

영아돌연사 증후군은 잠들기 전까지는 특별한 증세를 전혀 보이지 않던 영아가 특별한 이유 없이 갑자기 사망하는 것을 말한다. 보통 아기 요람에서 잠자던 중에 사망하기 때문에 요람 속 죽음(crib death)이라고도 한다. 특별한 징후가 없으며 원인도 명확히 밝혀지지 않았다.

영아돌연사 증후군을 예방하기 위한 방법은 다음과 같다(정미라 외, 2013).

- 의사의 특별한 지시가 없는 한 영아를 절대 엎어서 재우지 않는다. 영아의 등이 반드시 바닥에 닿도록 해서 재워야 한다.
- 푹신한 요나 베개를 사용하지 않는다. 바닥에 영아를 재울 경우 요는 얇고 매끈한 것을 사용하고, 침대를 사용하는 경우 매트리스는 표면이 평평하고 매끄러운 것을 사용한다.
- 영아가 자는 주변이나 침대 안에 배게, 쿠션, 동물인형 등을 놓아두지 않는다.
- 이불이나 담요의 끝자락을 요나 매트리스 아래로 끼워 넣어 영아가 자는 동안 뒤척거려도 이불이나 담요가 얼굴 근처를 덮지 않도록 한다.
- 이불이나 담요를 가슴 이상 덮어주지 않는다.
- 영아가 잠을 자는 동안 가까이에서 자주 돌보고 이상 유무를 확인한다.
- 영아가 자는 방 안은 너무 덥지 않게 한다.

③ 복통

복통은 영유아에게 자주 나타나는 질병이다. 증상이 저절로 좋아지는 경우가 많지만, 때로 3~5시간 계속 아파하거나 복통이 점점 심해지거나 열이 나거나 목이 아프다고 하면 병원에 가는 것이 좋다. 영아 산통, 변비, 급성장염, 인후염, 우유 알레르기 등으로 복통이 발생할 수 있다.

④ 충수돌기염(맹장염)

충수돌기염은 맹장 끝에 약 10㎝ 길이의 충수돌기에 생기는 염증을 뜻한다. 흔히 맹장염이라고도 하나 바른 명칭은 충수돌기염이다. 영아는 의사표현 능력이 미숙하여 잘 먹지 않고 배가 아픈 듯이 다리를 굽히고 우는 것으로 추측해 볼 수 있다. 유아는 명치나 배꼽이 아프다고 하다가 반나절이나 하루가 지나면서 오른쪽 아랫배의 통증을 호소한다. 또한 열이 나거나 속이 울렁거리고 구토를 동반하기도 한다. 영유아의 충수염은 확실한 진단이 쉽지 않으므로 충수염이 의심되면 즉시 의사의 진료를 받도록 조치해야 한다.

⑤ 변비

보통 하루에 한번 이상 대변을 보는 것이 좋으나, 2~3일에 한 번을 보더라도 대변이 굳지 않고 편하게 변을 보면 변비라 하지 않는다. 영유아가 편식 등으로 식사량이 적거나 식물성 섬유질의 섭취량이 적고 단백질만 많이 먹을 때, 혹은 며칠 동안 변을 보지 못해서 대장에 오랜 시간 고여 있는 동안 물기가 흡수되면 변비가 생긴다. 대변이 점점 더 굳어지면 변을 보기 힘들어지므로 복통을 동반하기도 한다. 변비를 예방하기 위해서는 규칙적으로 식사를 하고 정해진 시간에 변을 보는 습관을 길러 주는 것이 중요하다.

⑥ 설사

설사는 가볍게 지나가는 경우가 대부분이지만, 심한 복통을 동반하기도 한다. 우유 알레르기나 알레르기성 위장염으로 발생되는 알레르기성 설사가 있고 대장균, 살모넬라균 등에 의한 감염성 설사, 과식이나 농도가 진한 우유 등을 먹어 발생하는 비감염성 설사가 있다. 설사가 수일 내에 멈추지 않고 장기화되면 만성 설사로 진전될 수 있다. 설사 시에는 몸속의 물과 전해질이 빠져 나가기 때문에 탈수와 전해질 불균형을 일으킨다. 이로 인해 영유아는 기운이 없이 늘어지고 심한 탈진 상태가 되면서 경련을 일으키기도 한다. 설사와 구토가 심하게 발생할 때는 평소에 넉던 것을 멈추고 보리차, 미음 등 소화되기 쉽고 부드럽고 따뜻한 음식을 먹여야 하며, 보통

분유, 요구르트, 생과일주스, 녹즙, 찬 음식, 자극적인 음식, 설탕이 많이 들어 있는 음료수 등은 먹이지 않는다.

⑦ 우유 알레르기

우유 알레르기는 흔한 증상은 아니나 처음부터 분유를 먹인 경우나 알레르기의 가족력이 있는 경우 그 가능성이 높아진다. 우유 알레르기는 생후 몇 달 이내에 발생하나 약 50%는 1세 무렵에 증상이 사라지며, 2세에 75%, 3~4세까지는 85%가 우유 알레르기에서 벗어나게 된다. 우유 알레르기의 흔한 증상으로는 복통, 구토, 설사가 있다. 이러한 알레르기가 나타나면 우유뿐만 아니라 아이스크림, 요구르트, 치즈 등도 피해야 하며, 모유를 먹이는 것이 가장 좋은 방법이다.

⑧ 경련성질환(간질)

경련성질환이란 여러 가지 원인에 의해 발생되는 뇌파의 이상으로 경련이 수반되는 증상을 의미한다. 가장 전형적인 경련성 질환은 간질이다. 영유아가 간질로 경련이 일어나면 팔다리가 뻣뻣해지고 잡아도 멈추지 않으며 눈동자가 고정되거나 한쪽으로 돌아가고 숨쉬기가 어려워 얼굴이 파래진다. 간질이 있는 영유아에 대해 사전에 인지하고 있지 않으면 놀라고 당황할 수 있으므로 영유아의 개인건강 정보에 대해 미리 파악하도록 한다. 간질 환자의 70~80%는 약물로 경련이 예방될 수 있으므로 다른 이상이 없다면 대부분의 영유아는 일상생활을 하는데 큰 어려움이 없다.

⑨ 눈질환

영유아에게 가장 흔한 눈의 이상은 가까운 곳에 있는 물체는 잘 보아도 먼 곳에 있는 물체는 선명하게 보지 못하는 근시로 대부분 2세가 지나서야 발견된다. 원시는 일반적으로 노화에 의해 발생되지만 영유아의 경우에도 발생될 수 있다. 즉 안구의 앞뒤 길이가 평균보다 짧아서 가까운 물체를 보는 데 어려움을 느끼는 상태로 책을 볼 때 눈이 자주 아프다고 하거나 두통을 호소하는 경우 원시일 수 있다. 유아원시를 적절한 시기에 치료하지 않으면 시력발달에 지장을 초래한다. 난시인 경우에는 가까운 곳이나 먼 곳의 시야가 모두 흐릿하게 보인다. 약시는 한쪽 눈이 잘 안

보이거나 한쪽 눈을 다쳐서 다른 쪽 눈만 사용하게 될 때 자주 일어나는 문제로 사용하지 않는 눈이 더 약해지는 질환이다. 대개 3세 정도에 발견되며 6세 정도에는 시력이 회복되나 그 후에도 지속된다면 사용하지 않는 눈의 시력은 영원히 잃어버릴 수도 있다. 어린 영유아의 경우 시력검사가 용의치 않으므로 세심히 관찰하여 조기 발견 및 치료가 이루어질 수 있도록 해야 한다.

⑩ 아토피피부염

영유아기에 주로 나타나는 피부질환으로는 아토피성 피부염을 들 수 있다. 아토피성 피부염은 환경적인 요인과 유전적인 요인, 실내에서 애완동물을 키우는 등 원인 물질에 노출되어 발생하는 질환이다. 영유아 10명 중 1명 비율로 생기는 가장 흔한 질환인 아토피성 피부염은 피부가 건조하고 거칠며, 잘 트고 닭살이 돋은 것 같은 살결을 보인다. 아토피성 피부염이 있는 영유아는 생후 6개월 정도에는 간지러운 붉은 반점과 미세한 물집이 양볼, 이마, 머리에 나타나고, 팔과 몸통 부위로 번진다. 4~10세 사이에는 가려움을 동반한 비듬이 덮인 반점이 얼굴과 몸통에 나타나며, 처음 보였던 아토피성 피부염보다는 진물이 적고 보다 건조하며 피부가 더 두터워지는 경향이 있다. 아토피성 피부염 환자 10명 중 6~7명은 2세 정도에 증세가 완전히 없어지지만, 나머지는 계속 남아 만성화된다.

영유아의 아토피 증상을 완화하려면 긁지 않게 해야 하는데 가려움이 심하면 긁게 되므로 약을 먹여 가려움을 막아 주고 손톱을 짧게 해 주거나 면장갑을 끼워 줌으로써 상처가 덧나지 않도록 한다. 다양한 음식물이 아토피성 피부염을 일으키고 악화시킬 수 있으며 우유, 밀가루 음식, 땅콩, 생선, 계란 등이 대표적 원인으로 알려져 있다, 그러나 영유아의 경우 심하게 음식물을 제한하면 성장에 문제가 생길 수 있으므로 의심되는 음식이 있으면 검사를 하고 의사와 상의해야 한다. 아토피 증상을 가진 영유아의 경우는 목욕 시 주의해야 하며, 목욕 후 피부가 마르기 전에 아토피용 로션, 크림, 오일 등을 매일 3회 이상 발라주어 피부가 건조해지지 않도록 한다.

3) 감염성 질병에 대한 예방 및 관리

(1) 일상적인 예방 및 소독

감염성 질병은 일상생활에서 관리를 통해 예방할 수 있다. 감염성 질병은 항상 발병되는 것은 아니며 우리 몸의 상태나 침입한 병원균의 양에 따라 발병의 여부나 정도가 다르다. 특히 우리의 몸이 병균에 대해 저항할 수 있는 힘, 즉 면역력이 어느 정도인가에 따라 그 질병을 예방할 수 있기도 하고 발병 정도를 줄일 수 있다. 따라서 영유아가 일상생활에서 충분한 영양을 섭취하고, 적절한 양의 수면과 휴식을 취하며, 정서적으로 안정되고, 청결한 환경에서 생활할 수 있도록 관심과 지도가 요구된다.

또한 바람직한 위생습관을 실천하는 것으로 어느 정도 예방이 가능하다. 즉, 교사는 위생교육의 일환으로 식사 후 양치질하기, 놀이 전 · 후나 화장실 사용 후 손씻기 등을 습관화시킴으로써 감염성 질병을 예방할 수 있도록 지도해야 한다. 뿐만 아니라 적절한 운동과 정기적인 건강진단을 통해 성장과 발육이 정상적으로 이루어지는지를 살펴보고, 이상이 있는 경우 적절한 격리 등으로 감염성 질병을 예방해야 한다. 또한 초중등교육법 제2조 및 고등교육법 제2조 규정에 의한 학교와 영유아보육법에 의한 어린이집, 유아교육법에 의한 유치원(50명 이상의 영유아를 수용하는 유치원 및 어린이집)은 감염병의 예방 및 관리에 관한 법률에 따라 4~9월까지는 2개월에 1회 이상, 10~3월까지는 3개월에 1회 이상 소독을 시행해야 한다.

(2) 감염성 질병에 대한 예방접종

사람이나 동물의 몸에 독소 등의 항원이 공격할 때 저항하는 능력을 면역력이라 한다. 면역력은 질병을 예방하거나 발병 정도를 줄일 수 있으며 자연적으로 생기기도 하지만, 의도적으로 면역력을 갖도록 조치해야 한다. 신생아의 경우, 어머니로부터 면역체를 받아 태어나거나 모유수유를 통해 면역 능력을 갖게 된다. 하지만 이러한 면역 능력은 일시적인 것이기 때문에 영유아가 면역 능력을 갖출 수 있도록 예방접종을 해야 한다. 영유아기에 발병되는 감염성 질병들은 1차 예방접종 및 추가

접종을 통해 어느 정도 예방이 가능하기 때문에 적절한 시기에 필요한 예방접종을 해주는 것이 중요하다. 예방접종의 일차적인 책임은 부모에게 있지만, 영유아 교사도 관심을 가져야 한다. 즉, 감염성 질병이 유행할 때는 부모에게 감염병에 대한 예방접종을 확인하고 질병을 조기에 발견하여 그에 대한 신속한 대응을 위해 함께 노력해야 한다.

우리나라 영유아에게 필수적인 예방접종에는 비씨지(BCG)백신, B형 간염 백신, 디프테리아 · 파상풍 · 백일해 개량 혼합 백신(DTaP 백신), 폴리오 백신(소아마비 백신), 홍역 · 볼거리 · 풍진 혼합백신(MMR 백신), 일본뇌염 백신 등이 있다.

〈표 4-2〉 소아 예방접종표

연령	종류	연령	종류
0~1주	B형 간염	12~36개월	일본 뇌염
0~4주	BCG	18개월	DTaP
1개월	B형 간염	4~6세	DTaP, 폴리오, MMF
2개월	B형 간염, DTaP, 폴리오, Hib	6세	일본뇌염
4개월	DTaP, 폴리오, Hib	10~12세	성인용 Tb
6개월	B형 간염, DTaP, 폴리오, Hib	12세	일본뇌염
12~15개월	MMR, 수두, Hib		

출처: 보건복지부(2015).

(3) 감염성 질병의 조기 발견과 대응

예방적 대응이 곤란한 감염성 질병에 노출된 경우 조기에 발견하고 격리시킴으로써 그 감염성 질병이 확산되는 것을 방지해야 한다. 영유아를 주의 깊게 관찰하여 감염성 질병의 발병 여부를 빨리 파악해야 하고, 이를 부모에게 통지하여 적절한 전문적 치료를 받도록 하고 완치 후 등원하도록 유도한다.

감염성 질병은 가장 심하게 앓고 있을 때보다 회복되는 시기에 감염률이 가장 높다. 회복기에 접어들면 감염성 질병이 다 나은 것처럼 보이지만, 이 시기에 건강한 영유아에게 감염이 되기 쉽다. 휴원을 요하는 질병은 표 4-3과 같으며 교사는 이러한 정보를 부모에게 충분히 주지시켜 발병 시 일정기간 동안 영유아가 기관에 오지 않도록 철저히 관리해야 한다.

〈표 4-3〉 휴원을 요하는 질병

병명	초기증상	잠복기간	격리기간
농가진	얼굴이나 수족에 쌀알 크기의 발진, 수포가 생긴다.	2~5일	염증기 지나 환부 치료를 하고부터
뇌막염	고열, 두통, 구토, 전신에 보라색 반점, 의식의 혼동이 온다.	14~21일	증상이 사라질 때까지
백일해	열이 없고 밤에 기침이 심하다.	7~14일	특유의 기침이 사라질 때까지
수두	발열, 발진, 물집이 생긴다.	10~21일	딱지가 떨어질 때까지
수족구병	38℃ 정도의 고열, 1~2일에 입속, 손바닥, 발바닥에 수포가 생긴다.	3~6일	주요 증상이 없어질 때까지
유행성 결막염	눈이 붓고 흰자위가 충혈되며 눈곱이 많이 생긴다.	7일	급성 기염 증상이 없어질 때까지
유행성 이하선염	열이 나고 귀밑이 부어 오른다.	7~21일	귀 밑 부기가 다 빠질 때까지
장티푸스	두통, 헛소리, 혀의 백태, 장출혈이 발생한다.	1~3주	완치될 때까지
전염성 설사	설사의 횟수가 많고, 변이 물 같고, 열과 감기 증상을 동반한다.	2~4일	주요 증상이 없어질 때까지
전염성 홍반	열은 별로 없으나 때로는 37℃의 열이 나고, 얼굴과 뺨에 발진이 생긴다.	7~14일	급성 증상이 없어질 때까지
콜레라	열, 구토, 하얀 물설사, 탈수 증세가 있다.	6시간~5일	완치될 때까지
풍진	가벼운 감기 증상과 같고, 발열과 발진이 일어난다.	10~21일	증상이 없어질 때까지
홍역	발열, 재채기, 결막염, 발진이 일어난다.	9~13일	발진이 없어질 때까지

신종플루	발열, 콧물, 인후통, 기침 등의 증상이 발생한다.	1~7일	주요 증상이 사라질 때까지
이상의 질환은 전염성이 강한 질병이므로 각별한 주의가 요구되며 이외 의사의 진단에 의해 전염성이 있다고 판명된 질병은 휴원을 요하며 의사의 완치 소견서가 있을 시 등원하도록 한다.			

출처: 중앙육아종합지원센터(2015).

4) 아픈 영유아의 간호

영유아가 아픈 경우 가정에서 간호하는 것이 바람직하다. 그러나 부모의 직장생활이나 가정 사정에 의해, 질병의 감염성 여부에 따라 영유아교육기관에서 생활해야 되는 경우가 있다. 또한 호전되던 질병이 갑자기 상태가 나빠지는 경우도 있기 때문에, 교사는 아픈 영유아를 적절히 돌보고 간호할 수 있어야 한다.

(1) 아픈 영유아 돌보기

① 휴식 제공하기

아픈 영유아의 회복을 위해 가장 필요한 것은 휴식이므로 영유아가 충분히 쉬고 잠을 잘 수 있도록 해야 한다. 즉, 질병의 종류와 증상의 정도에 따라, 영유아를 누워서 쉬게 하거나 조용한 활동을 하면서 쉴 수 있도록 한다.

② 체온 측정하기

아픈 영유아를 돌볼 때에는 주의 깊게 관찰하여야 하며 질병의 정도를 알려주는 정확한 신호인 체온을 측정하는 일이 기본적으로 요구된다. 체온계의 종류는 수은 체온계, 이마 체온계, 귀 체온계, 비접촉식 체온계 등 여러 가지 유형이 있으며, 체온계를 선택할 때는 사용이 용이하고 체온을 정확하게 측정하는지를 고려해야 한다. 체온계는 여러 사람이 사용하므로 소독을 깨끗이 하는 등 위생에 신경을 써야 한다. 1회용 체온계 커버를 사용하는 것이 가장 좋지만, 1회용 사용이 여의치 않을 때에는 사용 후 알코올로 깨끗이 닦아 소독한 후 체온계용 보관통에 넣어 보관한다.

③ 약 먹이기

영유아교육기관의 교사는 반드시 전문의의 처방이나 부모의 서면으로 된 투약의뢰서에 따라 투약한다. 투약 시 간호사나 교사는 정확한 복용량을 투약한 후, 날짜와 시간, 부대 상황 등을 투약일지에 기록해야 한다. 이러한 기록은 정리 · 보관하며 부모에게 원아수첩이나 알림장 또는 투약보고서 등 문서로 알린다.

투 약 의 뢰 서

* 투약을 의뢰합니다.

- 반 명 :
- 아 동 명 :
- 증 상 :
- 약의 종류 : (보관 장소 : 실온 · 냉장)
- 투약 용량 :
- 투약 시간 :

년 월 일 요일 의뢰자 (인)

※ 투약으로 인한 책임은 의뢰자가 집니다.

투 약 보 고 서

본 어린이집의 _______에 대해 의뢰하신 내용대로 투약하였음을 보고합니다.

년 월 일 요일 담당교사(인)

- 특이사항 :

어린이집

출처: 보건복지부(2015). 발췌 후 수정.

투약 시 주의할 점은 다음과 같다(정미라 외, 2013).

- 의뢰받은 약은 보관 방법에 따라 실온 또는 냉장 보관하고 영유아의 이름을 정확히 기입한다.
- 영유아에게 투약하기 전에 반드시 부전과 지시를 읽는다.
- 지시된 시간에 정확한 용량을 측정하여 투여한다. 특히 시럽인 경우 용량을 초과하여 먹일 가능성이 있으므로 주의한다.
- 똑바로 눕혀서 투약하면 기도로 들어갈 우려가 있으므로, 앉혀서 투약한다.
- 액체약은 흔들어서 투약하고, 정제약은 녹이거나 가루로 만들어서 설탕물이나 꿀물에 타서 먹인다.
- 연고를 바를 때에는 작은 주걱을 사용하여 바른다.
- 복용하지 않았거나 남은 약은 부모에게 되돌려 준다.

④ 병원에 데리고 가기

영유아가 아프면 병원에 데리고 가는 것이 가장 좋지만, 언제 병원에 데리고 가야 할지 그 시기를 결정하는 것이 어려울 수 있다. 시급한 경우가 아니라면 부모에게 연락하여 병원에 데리고 갈 수 있도록 조치하여야 하나, 시급한 경우 원장이나 원감이 병원에 데리고 가는 것이 일반적이다. 이때, 운전자 이외의 성인이 동승해야 한다.

즉시 병원에 데리고 가야 할 때는 다음과 같다(임미혜 외, 2013; 정미라 외, 2013).

- 고열이 나거나 온몸을 떨며 한기를 느낄 때(고열은 겨드랑이에서 잰 체온이 0~3개월인 영아가 38도, 6개월 이상인 영유아는 39도 이상인 경우를 의미함)
- 의식을 잃었을 때
- 신체의 한 부분에 갑자기 힘이 빠지거나, 마비 또는 경련이 일어날 때
- 팔이나 다리를 통제할 수 없을 만큼 흔들 때
- 눈, 코, 귀 등에서 통증을 느끼거나 분비물이 나올 때
- 두통, 뻣뻣한 목, 열을 동반하면서 눈이 극도로 빛에 민감한 반응을 보일 때
- 손톱이나 입술이 새파래지면서 호흡이 곤란해지거나 비정상적인 숨을 가쁘게 쉴 때

- 심하고 지속적인 기침을 하면서 피가 섞이거나 변색된 가래가 나올 때
- 구토를 계속 하거나 피를 토할 때
- 집중적이고 비정상적인 복통을 호소하거나 복부가 부어오르거나 비정상적으로 커질 때
- 점액이나 피가 섞인 설사를 할 때
- 소변보는 횟수가 줄어들거나 소변볼 때 불편함을 호소하고 열을 동반하면서 통증을 호소할 때
- 성기에서 분비물이 나올 때
- 관절이 부어오르거나 빨갛게 되거나 통증이 있다고 호소할 때
- 베이거나 까진 상처에서 고름이 나오거나 주위에 열이 나며 빨갛게 되어 부어오를 때
- 갑자기 발진이 돋거나 여러 개의 부스럼이나 물집이 몸 전체에 걸쳐 생길 때

(2) 증상에 따른 간호하기

① 열이 날 때

- 해열제를 임의로 투약해서는 안 된다.
- 영유아의 체온이 정상체온보다 1~2도 정도 높은 미열이 일시적으로 발생하는 경우 부모에게 즉시 연락할 필요는 없다. 하지만 건강한 다른 영유아와 함께 활동하는 것은 무리가 되거나 심각한 문제를 일으킬 수 있으므로 다른 장소에서 조용한 활동을 하게 하거나 안정을 시키는 것이 좋다.
- 며칠 동안 지속적으로 미열이 나는 경우 그 원인이 규명되도록 반드시 부모에게 알려 정확한 진단과 치료를 받도록 한다.
- 겨드랑이에서 잰 체온이 39도 이상으로 고열이 나는 경우는 바로 의사의 진료를 받도록 한다.
- 병원에 가는 동안 영유아를 안정시키고 물, 사과 주스, 전해실 음료수 등 맑은 음료수를 조금씩 자주 준다. 우유나 오렌지 주스 등 불투명한 음료는 피한다.

- 영유아의 옷을 벗기고 속옷 정도만 입혀 얼음주머니, 얼음 베개 등을 베어 주거나 미지근한 물수건으로 몸을 닦아 주어 체온을 내려 준다.
- 방 안의 공기를 너무 덥지 않게 하고 자주 환기해 준다.
- 몇 도의 열이 얼마나 지속되었는지, 다른 증상을 동반하지 않았는지 등 관찰 · 기록한 내용을 부모나 의사에게 전달한다.

② 설사할 때

- 지사제를 임의로 투약해서는 안 된다.
- 한두 번 정도 설사한 후 열이 나거나 구토하는 등의 다른 증상 없이 식욕을 되찾고 잘 놀면 부모에게 연락하거나 병원으로 당장 데리고 갈 필요는 없다. 영유아에게 소금을 조금 탄 보리차, 이온음료 등을 주면서 영유아를 관찰하고 보통 때처럼 활동에 참여시킨다.
- 설사의 횟수가 잦으며 피곤해하고, 창백해 보이며, 열이 나거나 구토를 하거나 복통을 호소하는 등의 다른 증상이 함께 나타나면 곧바로 부모에게 연락하거나 병원으로 데리고 간다. 이때에는 설사의 횟수와 소변본 횟수를 기록하여 부모나 의사에게 알린다.
- 설사가 심하면 탈수증을 유발하므로 부모를 기다리는 동안 또는 병원에 가는 동안 물이나 희석된 맑은 음료수를 약 15분 간격으로 마시게 해준다.

③ 토할 때

- 단순히 구토만 멈추게 하는 구토 이완제를 임의로 투약해서는 절대 안 된다.
- 일반적으로 구토를 하면 의사에게 데리고 가는 것이 바람직하다. 그러나 음식을 많이 먹은 후 또는 급하게 먹은 후 한두 번 정도 토하면서 다른 증상이 나타나지 않으면 2~3시간 동안 아무것도 먹이지 않으면서 관찰해 본다. 관찰하는 동안 계속 토하면서 열이 나는 등의 다른 증상이 나타나면 곧바로 부모에게 알려 병원에 데리고 가도록 한다.

④ 감기가 들었을 때

- 감기약을 임의로 투약해서는 안 된다.
- 실내 · 외 온도차를 5도 정도로 유지시켜 준다. 겨울철이라면 빨래를 널거나 깨끗하게 청소된 가습기를 틀어 적정 습도를 조절해 준다.
- 1~2시간마다 공기를 환기시켜 준다.
- 몸을 따뜻하게 해 주며 무리하지 않도록 해 준다. 특히 기침을 많이 하는 영유아를 쉬게 할 때에는 머리 부분을 높이 고이고 눕혀서 호흡이 쉬워지도록 도와준다.
- 따뜻한 레몬차나 보리차 등 마실 것을 많이 주고 코 푸는 것을 도와준다. 코를 푼 다음에는 교사나 영유아 모두 손을 씻어야 한다.

2. 영유아 신체건강 지도

영유아기는 건강에 관련된 자조기술을 습득하고 자신의 신체를 긍정적으로 인식함으로써 건강습관을 형성하는 최적기로 이 시기의 신체건강 지도는 매우 중요하다고 할 수 있다. 건강한 생활습관에 대한 기본적인 책임은 영유아의 부모에게 있으나 최근에 사회적 양육의 비중이 높아짐에 따라 영유아교육기관의 책임도 커지고 있다. 특히 가정과 영유아교육기관의 일관성 있는 지도가 필요하므로, 부모교육, 알림장, 홈페이지 등을 통해 소통하는 것이 중요하다. 영유아의 손씻기, 이닦기, 배변, 수면 및 휴식 등의 건강습관을 위한 지도를 살펴보면 다음과 같다.

1) 손씻기

모든 질병의 80%가 손을 통해 전파된다고 할 정도로 손은 감염병의 주요 전달체이다. 더욱이 영아는 손과 입으로 사물을 탐색하는 경향이 있고, 유아기는 아직 눈에 보

이지 않는 병원체에 대한 인식이 형성되지 않은 시기이므로 영유아기에 손씻기 지도는 더욱 중요하다. 일상생활 속에서 자연스러운 손씻기 지도를 위해 교사와 부모가 역할 모델이 되어야 하며, 화장실에 다녀온 후 및 급간식 전후 등 일정한 시간과 상황에서 규칙적으로 손씻기를 하도록 지도함으로써 습관화 되도록 해야 한다.

(1) 손을 씻어야 하는 상황

영유아와 교사가 손을 씻어야 하는 상황을 정리해 보면 다음과 같다(보건복지부, 2013).

① 영유아가 손을 씻어야 하는 상황

- 음식을 먹기 전
- 대소변 이후
- 실외활동 후
- 동물을 만진 후
- 손이 더러워 보일 때
- 피, 토사물, 코 흘린 것 등 신체 분비물을 만진 후

② 교사가 손을 씻어야 하는 상황

- 영유아교육기관 도착 후
- 음식물을 다루거나 먹고, 마실 때
- 영유아에게 음식을 먹일 때
- 투약을 할 때
- 변기 사용, 기저귀 갈아 줌, 유아의 변기 사용을 도와준 후
- 영유아의 체액(콧물, 침, 상처분비물, 피, 고름, 토사물 등)을 만진 후
- 실외활동 후
- 쓰레기통 사용 후
- 동물을 만진 후

• 손에 낀 일회용 장갑이나 고무장갑을 벗은 후
• 손이 더러워 보일 때

(2) 손씻기 방법

영유아에게 위생적인 손씻기를 지도하려면, 우선 정확한 손 씻는 방법을 직접 시범을 보이면서 가르쳐야 한다. 손씻기 단계가 정확하게 묘사된 그림 자료를 세면대 벽면 영유아가 잘 볼 수 있는 높이에 붙여 놓고, 손을 씻을 때마다 자연스럽게 확인하도록 한다. 바른 손씻기 방법은 그림 4-1과 같다.

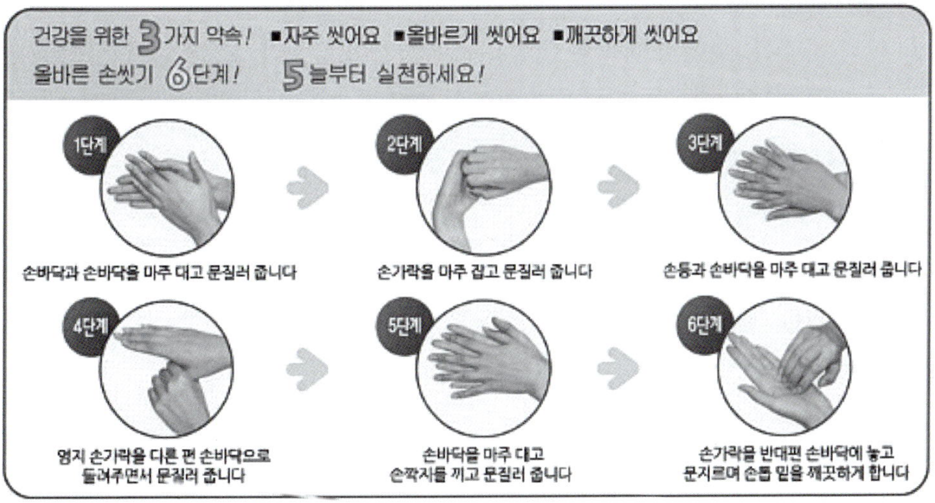

[그림 4-1] 올바른 손씻기

출처: 질병관리본부(2015).

2) 이닦기

치아관리는 유치가 나기 전인 영아기부터 이루어져야 한다. 흔히 유치는 소홀히 관리해도 된다고 생각하지만, 영유아기에 치아관리를 소홀히 하면 영구치에도 심각한 영향을 줄 수 있고 건강한 치아를 유지할 수 없으므로 이닦기 지도는 매우 중요하다. 이닦기는 급 · 간식 후, 잠자기 전에 이루어지며 잠자기 전의 이닦기는 가정과 연계된 지도가 요구된다.

(1) 이닦기 방법

㉠ 영유아의 경우 잇몸이 약해 너무 강한 칫솔모는 상처를 낼 수 있기 때문에 부드러운 칫솔모를 선택한다.

㉡ 잇몸은 치아에 비해 약하기 때문에 잇몸을 닦을 때는 마사지하듯 닦는다.

㉢ 어금니 바깥쪽: 위에서 아래로 칫솔을 회전시키며 닦는다.

㉣ 어금니 안쪽: 위에서 아래로 칫솔을 회전시키며 닦는다.

㉤ 앞니 바깥쪽: 위에서 아래로 칫솔을 회전시키며 닦는다.

㉥ 앞니 안쪽: 칫솔을 세워 위에서 아래로 회전시키며 닦는다.

㉦ 어금니 씹는 면: 윗면을 직각으로 세워 앞뒤로 닦는다.

㉧ 혀 닦기: 혀를 내밀고 혀 면을 골고루 닦고 뺨 안쪽도 닦는다.

■ 올바른 양치(회전법사용 양치순서)

올바른 양치법은 하루에 세 번 이상, 식후 3분 이내에, 한 번에 3분 이상

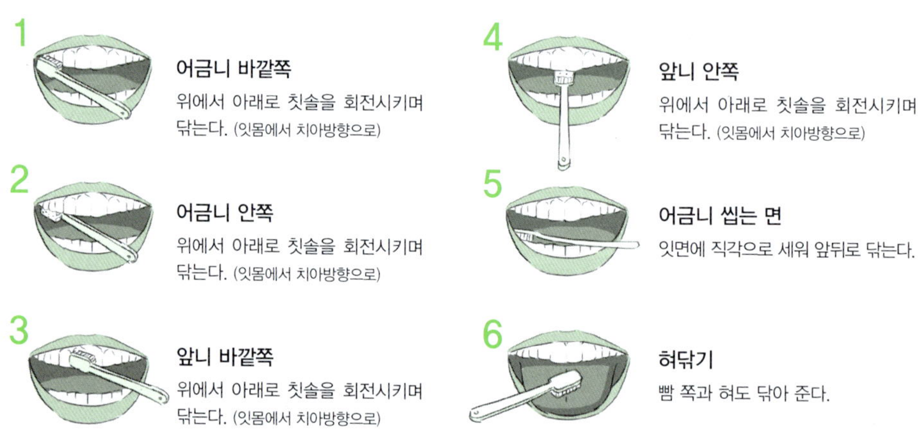

[그림 4-2] 바른 이닦기

(2) 유치 관리

영아의 경우에는 스스로 이닦기를 할 수 없으므로 관리를 해 주어야 한다. 6개월 이하의 영아는 수유 후, 젖이 역류되었거나 토했을 때 소독된 거즈에 물을 묻혀 깨끗이 닦아 준다. 입안을 깨끗이 하여 개운한 느낌을 영아가 느끼게 해 줌으로써 스스로 구강관리를 할 수 있는 습관을 기르는 토대를 만들어 준다.

치아가 나오기 시작하면 손가락 칫솔에 유아용 구강청결 젤을 발라 이를 닦아주고 깨끗한 물을 적신 거즈로 잘 닦아준다. 우유 속에는 당분이 들어 있기 때문에 잠들 때 젖병을 빨면 앞니에 충치가 생길 수 있다. 이를 우유병우식증이라고 하는데, 주로 야간 수유, 젖병을 물고 자는 경우 그리고 유치를 청결하게 하지 않고 방치하는 경우에 발생한다. 그러므로 가급적 야간 수유를 피하고 젖병을 오래 물고 있지 않도록 하며, 수유 후 치아를 청결하게 해 주어야 한다.

(3) 정기적인 치아검사

유치가 완성되는 30개월부터는 6개월마다 정기적으로 치과검진을 받도록 부모에게 권장한다. 첫 방문 때는 치과의사를 만나고 기구를 보고 의자에 앉아보는 정도로 하는 것이 좋다. 영유아교육기관에서 치과검진과 관련된 놀이나 역할극 등의 활동은 치과에 대한 친근감을 갖게 할 수 있다. 또한 부모나 형제가 모범적으로 치료받는 과정을 보여 주는 것도 효과적이다.

3) 배변

배변습관 지도는 유아가 적절한 위치에 배설하고, 뒷정리를 할 수 있는 것 등을 포함한다.

(1) 배변습관의 중요성

배변습관은 신체적 측면에서뿐 아니라 영유아기 이후의 성격 발달에 영향을 미치므로 매우 중요하다. 프로이드에 의하면 항문에 쾌감이 집중되는 2~3세는 항문기에 해당되며 이 시기의 발달과업은 배변훈련을 잘 해내는 것이다. 만약 배변훈련이 성숙수준에 맞지 않거나 지나치게 강압적이면 이후 성격형성에 부정적 영향을 미칠 수 있으므로 개별영아의 발달을 고려한 적절한 배변훈련은 중요하다.

배변을 언제, 어떻게 하는지 영유아의 건강상태를 보여 주는 신호이다. 특히 영아의 변은 건강을 나타내는 신호로서 지속적으로 설사를 하거나 변비가 있다면 이는 건강에 이상이 있음을 나타낸다.

(2) 배변습관 지도

교사는 영유아가 편안하게 배변할 수 있는 물리적, 심리적 환경을 마련해 준다. 배변은 영유아교육기관 적응 정도를 파악하는 데 활용될 수 있다. 즉, 교육기관이 친근한 공간이 되면 편안한 마음으로 배변할 수 있지만 불안감이 있는 영유아는 배변을 하지 않으려고 한다.

나이 든 유아의 경우, 교사는 배변 습관의 중요성에 대해 정확하게 설명해 준다. 그림책과 같은 매체를 활용하여 흥미롭게 배변습관의 중요성을 알게 하며, 배변에 대한 혐오감을 갖지 않도록 지도한다.

4) 수면과 휴식

(1) 수면

각 영유아마다 성장속도와 활동량, 신체건강 상태가 다르므로 휴식과 낮잠의 요구가 일정하지 않지만, 영유아교육기관에서는 어느 정도 계획성 있게 낮잠시간을 운영해야 한다. 1~2세 영아는 오전 · 오후로 나누어 낮잠을 자게 할 수 있으며, 3세 이후의 유아는 1~2시간 정도의 낮잠시간을 계획한다. 낮잠을 자지 않으려는 영유아에게는 친구들의 낮잠을 방해하지 않는 조용한 놀이를 하도록 지도한다.

한편 밤잠은 대개 가정에서 이루어지지만, 야간보육 등에서는 밤잠에 대한 지도도 요구된다. 영아가 밤에 깨면 돌봐주는 성인은 등을 쓰다듬어 주고 안아주고, 업어주고, 젖을 물리거나, 우유병, 노리개 젖꼭지 등을 물려주는 방법을 이용하여 다시 재우려고 시도 한다. 그러나 이러한 방법은 자칫 자극이 없을 때는 잠에 들지 못하게 되어 수면습관을 악화시키는 결과를 야기할 수 있다. 따라서 처음에는 다소 늦게 자더라도 강하지 않은 자극을 주어 영아가 스스로 잘 수 있게 하는 것이 바람직하다.

영유아교육기관에서의 효과적인 수면지도 방법은 다음과 같다(김일옥, 김경애, 김영애, 김종석, 김호년, 손현숙, 2013).

㉠ 영유아가 잠을 자는 공간은 커튼이나 블라인드로 빛을 차단하고, 쾌적하고 청결하며 조용한 환경과 개별적인 침구가 준비되도록 한다.

㉡ 일과 중 잠자는 시간을 정해두어 바른 수면습관을 형성하도록 한다.

㉢ 잠을 자는 동안 반드시 1명 이상의 교사가 영유아의 곁을 지켜보고 잠자는 동안에 발생하는 문제에 대처해야 한다. 특히 1년 미만의 영아는 얼굴이 천장을 보도록 똑바로 눕히고 자주 관찰해야 한다.

㉣ 영유아가 자다 깨서 울면 왜 우는지를 살피고 그에 적절한 해결 방법을 모색해야 한다.

- 배가 고프거나 너무 많이 먹었을 경우
- 피로한 경우
- 덥거나 추운 경우
- 기저귀가 젖었을 경우
- 신체가 아픈 경우
- 너무 많이 입히거나 덮어준 경우
- 불안하거나 분리 공포가 생기거나 이러한 꿈을 꾼 경우

㉤ 잠자는 영유아 곁에 인형이나 쿠션을 놓아두는 것은 질식의 위험이 있으므로 놓지 않도록 한다.

㉥ 잠을 자고 난 뒤 자리를 정리하고 침구는 햇볕에 말린다. 땀을 많이 흘렸거나 침으로 오염된 침구는 세탁한다.

ⓢ 유아기에 흔한 수면장애(이갈기, 야경증, 몽유증 등)를 관찰하고 부모에게 보고하여 그 원인을 찾도록 노력한다.

(2) 휴식

영유아는 스스로 휴식하기보다 자신의 피로함을 잊고 계속 활동하는 특성이 있다. 그러므로 일과 속에 규칙적인 휴식시간을 계획함으로써 적절히 피로를 해소할 수 있도록 지도해야 한다. 또한 전날 충분한 수면을 취하지 못하여 피로증상을 보이는 영유아는 더욱 충분한 휴식시간을 갖도록 해 주어야 한다.

3. 영유아의 정신건강 관리 및 지도

1) 영유아기 정신건강의 중요성

현대사회의 급격한 변화에 대한 사회적 적응의 요구는 신체적 건강뿐 아니라 정신적 건강 문제에 대한 관심을 극대화시키고 있다. 정신건강은 개인의 문제인 동시에 사회적인 문제이며 행복하고 안전한 삶을 영위하기 위해 중요하게 다루어져야 한다. 정신질환 중 정신분열병의 발병률은 인구의 1%, 즉 100명 중 한 명으로 추산되고 있으며 조울증, 우울증, 여러 불안장애 등을 포함하면 정신건강에 문제가 있는 사람이 적지 않다. 정신건강은 단지 성인만의 문제가 아니다. 맞벌이가정, 한부모가정, 조손가정, 다문화가정 등이 증가하면서 애정결핍을 느끼거나 적절한 보호를 받지 못하는 영유아가 증가하고 있다. 이로 인해 반응성 애착장애나 자폐증, ADHD 등 영유아에게 다양한 정신적 · 정서적 문제가 발생하고 있다.

영유아의 정신건강 문제를 적절하게 치료하지 않으면 성장하면서 학업 중단, 가정불화, 약물중독, 폭력, 인터넷 중독, 자살 등의 결과로 심각한 사회문제를 초래할 수 있으므로(박지연, 정민정, 2009), 조기 개입을 통한 영유아 정신건강 문제의 예방이 이루어져야 한다.

영유아의 정신건강은 개인의 생물학적 특성과 영유아를 둘러싼 심리적 · 사회경제적 · 제도적 환경에 의해 좌우되므로, 부모와 사회가 관심을 가지고 적절한 지원을 제공해 주어야 하며 특히 영유아의 정신건강에 대한 교사의 관리 및 지도 노력이 매우 중요하다.

2) 정신건강의 개념

정신건강은 본래 정신질환의 유무를 지칭하기 위한 정신병리학적 개념에서 출발하였으나, 현재는 정상적인 개인의 정신 상태를 나타내는 보편적인 용어로 사용되고 있다. 이처럼 '정신건강(mental health)'은 '정신위생(mental hygiene)'이라는 용어와 유사한 의미로 사용되고 있다. 미국정신의학회에서는 "정신위생은 정신적 질환을 예방하고 초기에 치료를 통하여 정신질환을 감소시키며, 정신의 건강을 유지하고 증진시키는 방법"으로 정의하고 있다. 즉, 정신건강이란 일상생활을 언제나 독립적 · 자주적으로 처리해 나갈 수 있고 스트레스에 대한 통제력을 갖추고 있으며, 원만한 개인생활과 사회생활을 할 수 있는 상태라고 할 수 있다(교육학대백과사전, 1998). 정신건강은 건전한 개인생활의 유지와 원만한 대인관계 그리고 성숙한 사회생활에 기초가 되는 개념으로, 모든 사람의 정신적 건강을 향상시키기 위해 생물학적, 의학적, 교육적, 사회적인 측면에서 협력하여 긍정적인 인간관계를 형성함은 물론 사회에 잘 적응할 수 있도록 하는 분야이다. 즉, 정신건강이란 정신장애의 예방과 치료 및 정신적 건강을 유지 · 증진하기 위한 이론이나 실천적 방법을 총칭한다.

정신적으로 건강한 사람은 주변 환경에 잘 적응하며, 다른 사람과 원만한 관계를 유지할 수 있고, 어려운 문제나 갈등상황에 직면했을 때 적극적으로 스스로의 능력을 충분히 발휘하여 문제를 잘 해결해 나갈 수 있다(류경화, 정명순, 지주영, 2008).

3) 영유아 정신건강에 영향을 미치는 요인

영유아의 정신건강을 위협하는 요인들은 많이 있다. 이러한 요인의 영향은 각각 별개로 일어나기보다는 서로 밀접한 관련을 가지고 있으나 편의상 영유아의 정신건강에 영향을 미치는 요인을 정서적 · 행동적 · 사회적인 측면으로 구분하여 살펴보면 다음과 같다.

(1) 정서적 요인

영유아는 자신의 정서를 바르게 표현할 수 없을 뿐만 아니라 적절히 조절하는 능력이 부족하므로 정신건강상의 문제가 발생할 수 있다. 정서는 신체적, 표현적, 인지적, 인성적 요소를 포함하는 보다 포괄적인 개념(박성연, 2006)으로, 자신을 둘러싼 가족 내외적인 인간관계 및 주변 환경의 영향을 받으면서 발달된다. 따라서 영유아가 자신에게 영향을 미치는 다양한 인간관계 및 일상에서 직면하게 되는 다양한 상황 안에서 욕구충족을 위해 적절하게 자신의 정서를 표출하고 조절하는 것이 매우 중요하며, 이것이 정신건강과 밀접한 관련을 갖게 된다.

영유아는 낯선 사람이나 새로운 상황에서 이유 없이 공포감을 느끼기도 하고 편안해질 수 없는 경우도 많다. 때로는 특별한 이유 없이 지속적인 불안감이나 공포감을 갖고 걱정을 하기도 한다. 또한 자신의 정서적 상태를 인식하거나 적절히 표현하는 기술과 능력이 부족하므로 주변 상황이나 환경에 적절치 않고 주변 사람이 수용할 수 없는 방법으로 정서를 표현하는 경우도 있다. 즉, 영유아는 정신적 갈등이나 긴장을 적절히 표현하지 못하면 정신적 건강에 문제가 생길 수 있다.

(2) 행동적 요인

영유아의 행동은 발달적 · 사회적 상황 속에서 이해되어야 한다. 즉, 영유아의 바람직한 행동은 발달이 진행됨에 따라 다르게 규정될 수 있다. 예를 들어 영아기에 대소변을 가리지 못하는 것은 자연스러운 것이지만 학령기에도 이러한 행동이 지속된다면 문제행동으로 규정된다.

또한 문화권에 따라 같은 행동이 다르게 받아들여지기도 한다. 예를 들어, 서구문화권에서는 자신의 생각이나 주장을 표현하는 것이 보편적인 행동이지만 동양 문화권에서는 연장자의 말에 자신의 생각이나 주장을 하는 것이 자칫 불손한 행동으로 여겨질 수 있다. 이처럼 영유아가 연령이나 문화에 적절치 못한 행동을 하는 경우 대인관계나 사회적 생활과 관련지어 정신건강에 문제가 생길 수 있다.

(3) 사회적 요인

사람은 다양한 종류의 사회적 관계를 맺으면서 생활하고, 사회적 관계에 따라 각자의 역할도 달라진다. 원만한 사회적 유대관계를 형성하는 영유아는 다양한 종류의 사회적 역할을 학습하고 자아 존중감을 형성한다. 그러나 다른 사람과의 관계에서 정서적 만족을 느끼지 못하는 영유아는 위축되고 부모나 또래, 교사의 수용적이고 개방적 태도에 대해서도 거의 반응하지 않는 등 정신건강상 문제를 갖게 될 수 있다. 또한 친구를 사귈 수 없는 유아는 소속감을 느낄 수 없으며, 이후에 원만한 또래 관계를 형성하는데 어려움을 겪을 수 있다.

4) 영유아기의 정신건강과 관련된 문제

신체적 상해와는 달리 정신건강과 관련된 문제를 조기에 발견하고 대처하는 일은 쉽지 않다. 그러나 영유아의 정신건강상의 문제는 조기에 적절한 진단과 치료가 이루어지면 정상적인 상태로 회복될 수 있다. 반면에 영유아의 정신건강상의 문제가 적절히 치유되지 못하면, 이후에 더욱 심각한 행동적 또는 정서적 문제로 확산될 수 있다.

영아기와 유아기를 구분하여 정신건강문제를 나누기는 어렵다. 정신건강에 연관되는 문제는 단기간에 나타나서 갑자기 없어지는 것이 아니기 때문이다. 즉, 정신건강에 관련된 문제는 연령에 따라 각각의 단계에서 해결되는 것이 아니라 점진적으로 나타나므로 이를 해결하기 위해서는 지속적인 관심과 노력이 요구된다. 정

신건강과 관련되는 대표적인 문제 및 이를 위한 지도방법은 다음과 같다(박선환 외, 2008; 박성연, 2006; 이순형 외, 2013).

(1) 분리불안

분리불안은 영유아가 집 또는 애착대상과 분리될 때 경험하는 것으로 발달적으로 볼 때 부적절할 정도로 지나친 불안을 보이는 증상을 의미한다. 애착은 영유아가 갖는 최초의 애착대상인 주양육자와의 관계에서 형성되는 감정으로, 성장 후 모든 대상과 관계를 맺을 때 영향을 미친다. 분리불안을 느끼는 영유아는 애착관계가 형성된 인물이나 환경으로부터 격리될 때 복통, 두통, 구역질, 구토 등의 신체적 이상이나 불편을 호소한다. 이런 분리불안은 자기와 대상의 분리를 감지할 수 있는 생후 6~12개월에 나타나, 18개월 이후에 절정기에 이르고, 36개월 이후부터는 애착대상에 대한 심리적 · 정신적 표상이 생기기 때문에 서서히 사라진다.

분리불안에 따른 불안감을 해소시켜 주기 위해서 부모나 교사는 영유아가 느끼는 감정을 충분히 이야기하도록 허용하고 그들의 감정을 수용해 준다. 또한 긍정적인 자기표현을 통하여 자신감을 갖도록 도와준다.

(2) 반응성 애착장애

반응성 애착장애는 일반적으로 정상적으로 태어났으나 어머니가 자녀에게 적극적인 관계 형성을 시도하지 않아 심하게 손상되고 발달적으로 부적절한 사회적 관계를 보이는 자폐증과 유사한 상태가 된 것을 말한다. 안락함, 자극, 애정 등 영유아의 기본적인 감정적 욕구와 신체적 욕구를 지속적으로 방치하는 경우, 양육자가 반복적으로 바뀜으로써 안정된 애착을 형성하지 못하는 경우에 나타난다. 이는 조기에 발견하여 적절한 지지적 환경이 주어지고 어머니와 자녀가 함께 치료받으면 정상적 회복이 가능하지만, 그렇지 못할 경우 지속적 경과를 보인다.

반응성 애착장애 영유아는 사회적 놀이가 저해되어 대인관계에서 안정된 관계를 맺지 못하는 경향이 있으므로 교사는 정서 상태 및 능력에 맞는 놀이를 적극적으로 시도하고 사회적 상호관계나 정서적 유대관계를 최대한 확장할 수 있도록 도와준다.

(3) 주의력 결핍 및 과잉행동장애

주의력 결핍 및 과잉행동장애(이하 ADHD로 지칭)는 과잉운동, 집중력 결핍, 충동성 등의 증상이 나타나며, 원인은 현재까지 정확히 규명되지는 않았지만 현대의학에서는 신경생물학적 요인과 심리 · 정서적 요인이 상호 작용하여 발생하는 것으로 보고 있다. ADHD는 치료는 가능하지만 만성경과를 갖기 때문에 오랜 시간이 걸리며 상황에 따라 증상의 변화가 있을 수 있다. 유병률은 일반 아동의 3~5% 정도이며 남아가 여아보다 3배 정도 많이 나타난다. ADHD 유아는 주의집중력과 과제를 끝까지 완성하는 능력이 요구되는 활동수행에 큰 어려움을 겪게 된다. 또 과제나 일상생활에 필요한 것을 자주 잊어버리고, 다른 사람의 말에 귀를 기울이지 못하며, 대화에 전념하지 못하고 집단 활동 시 규칙을 잘 따르지 않는다. 쉽게 분노하며 지배적 태도, 완고함, 나태, 과도하고 빈번한 욕구충족의 주장, 불쾌감 등의 특징 때문에 또래로부터 따돌림을 당하기 쉽다. 특히 ADHD를 방치하면 유아기에 대인관계 형성 등에 어려움이 생길 수 있고, 나이가 들면서 주의산만과 충동성이 남는 경우가 많아 학습에 부정적인 영향을 미칠 수 있다.

ADHD 유아는 반항적이고 공격적인 행동을 보이거나 규율을 잘 지키지 않는 등 문제행동을 지속적으로 보이기 때문에 ADHD 유아의 부모는 건강한 유아의 부모에 비해 자녀양육과 관련된 스트레스 수준이 높다. 따라서 무기력감과 짜증을 보이기 쉽고, 자신의 기분에 따라 일관적이지 않은 양육태도를 보이며 반항적인 자녀를 통제하기 위해 더욱 강압적으로 대처하는 양육태도를 보인다. 그러므로 유아의 ADHD 치료와 더불어 부모의 우울증상에 대한 적극적인 조기 진단 및 치료가 필요하다.

교사는 부모와 상의하여 영유아에 대한 이해와 치료, 교육에 협조해 줄 것을 당부할 필요가 있다. 교사는 유아의 증세가 심각하지 않을 때는 교실환경이나 주위환경을 차분하게 정리해 주고, 야단치거나 지시하고 체벌하기보다는 가능한 칭찬을 많이 해주어야 한다. 부모는 일관된 양육태도와 따뜻한 관심을 갖고 영유아의 말에 귀를 기울이고 선택권을 주며 스킨십을 자주 시도하고, 작은 변화에도 칭찬을 해줌으로써 자신감을 키워 주어야 한다.

(4) 공격성

공격성은 다른 사람 또는 동물에게 상처를 입히는 행동, 친구에게 욕을 하고 때리며 괴롭히는 행동, 장난감이나 물건을 손상시키거나 파괴하는 행동 등의 모든 부정적인 행동을 의미한다. 공격성은 부모나 매스컴의 공격적 행동에 대한 관찰학습, 부모나 교사 혹은 또래의 관심을 끌기 위한 수단으로 나타난다. 또한 자신의 욕구가 좌절되거나 분노를 느끼는 경우 적절한 해소방법을 알지 못해서 공격적인 행동으로 표출되기도 한다. 특히 영유아는 언어발달이 미흡하여 자신의 감정을 언어보다 신체적인 공격성으로 더 많이 나타낸다. 이러한 공격적 행동은 또래로부터 부정적인 피드백을 받고 이에 대해 다시 공격적인 행동을 나타내는 악순환이 진행된다.

공격적 행동은 예방이 중요하며 영유아의 공격성은 적절한 지도시기를 놓치면 성인이 되어서도 자신의 정서나 행동을 통제하지 못하여 사회생활에 문제가 생길 확률이 높다. 그러므로 교사는 충분한 관찰을 통해 영유아 공격성의 원인을 파악하여 적절한 지도를 해야 한다. 영유아 공격성의 지도방법으로는 첫째, 어떤 상황에서도 공격적 행동은 용납될 수 없음을 인식시킨다. 둘째, 일시적 격리나 타임아웃을 사용하여 영유아가 흥분하지 않고 감정을 다스릴 때까지 기다려 준다. 셋째, 공격적 행동을 관심끌기 위한 수단으로 이용할 때는 무시하고 바람직한 행동을 했을 때 더 많은 관심과 칭찬을 제공한다. 넷째, TV나 인터넷 등 모방으로 나타나는 공격성은 TV나 인터넷 등 사용을 효율적으로 운영하여 원인을 제거한다. 다섯째, 공격적 행동은 사회적으로 인정받을 수 있는 방법(예: 공 던지기, 쿠션 두드리기)으로 해소하도록 지도한다.

(5) 위축행동

위축행동은 사회적 상호작용을 두려워해서 또래와 놀기를 거부하고 회피하며, 새로운 상황을 두려워하기 때문에 행동을 억제하는 경향을 보이는 것으로 위축행동을 보이는 영유아는 과도하게 불안해하며 심한 우울감, 자기비하를 경험하게 된다. 위축행동의 주 원인은 영유아의 두려움이나 낮은 자존감, 심한 수줍음, 부모의 지나친 기대 수준 등이다. 즉, 다른 사람에게 비난받고 거절되는 것에 대한 두려움, 사회적 상황에서 적절하게 반응할 수 없는 것에 대한 두려움, 친교에 대한 두려움 등이 위축행동의 원인이 된다. 따라서 자신의 역할을 성공적으로 수행하는 기회를 제공해 주고 영유아의 수준에 맞는 적절한 기대를 통해 자신감을 고취시켜 준다. 또한 영유아가 다양한 역할을 경험하도록 역할놀이의 기회를 제공하거나 영유아의 위축행동에 적극적으로 반응하고 격려해 준다.

(6) 고립

고립은 다른 사람과 어울려 사귀거나 도움을 받지 못하여 외톨이가 되는 것을 말한다. 영유아기는 사회적 관계의 기초를 형성하는 중요한 시기이므로 또래와의 관계형성을 원하지 않거나 관계를 형성하지 못하는 경우 그 원인을 파악하여 적절한 지도가 요구된다. 영유아가 고립되는 원인은 주로 기질이나 성격이 내성적이고 혼자 노는 것을 좋아하여 친구를 사귀고 싶은 욕구가 없는 경우, 성인과의 지나친 밀착으로 또래관계 형성경험이 없는 경우, 체구나 외모가 매력적이지 않아 배척당하는 경우, 사고발달이 늦어 참여 못하는 경우 등을 들 수 있다. 고립된 영유아를 지도하는 방법은 다음과 같다. 먼저 주의 깊게 관찰하여 놀이상황 및 상호작용 특성을 분석한 뒤 또래와 즐겁게 할 수 있는 놀이를 제공하여 또래와의 관계에서 재미를 느끼게 해준다. 둘째, 친구들과 놀 때 필요한 사회적 기술을 가르친다. 셋째, 배척당하는 영유아가 자신감을 가질 수 있도록 도와주고 다른 영유아에게 배척당하는 영유아의 장점을 부각시켜 준다. 또한 또래와 잘 어울려 노는 경우에는 칭찬과 격려를 해준다.

(7) 선택적 함구증

선택적 함구증은 어떤 상황에서는 말을 잘함에도 불구하고 말을 해야 하는 특정한 사회적 상황(예: 영유아교육기관, 놀이 친구와 함께 있을 때)에서 지속적으로 말을 하지 못하는 경우를 의미하며 이러한 증상이 적어도 1개월 이상 지속되고 교육적 성취나 사회적 의사소통을 저해할 때 선택적 함구증이라 한다.

원인으로는 먼저, 관계 맺기의 어려움을 들 수 있다. 즉, 소극적인 기질을 가지고 있거나 심한 낯가림으로 인해 다른 사람과 관계 맺기를 힘들어 하는 경우에 나타난다. 둘째, 영유아교육기관에 대한 부정적 경험으로 인해 나타난다. 처음 영유아교육기관에서 생활을 하게 되었을 때의 싫었던 경험으로 인해 교육기관에 와서는 말을 하지 않는 경우이다. 셋째, 한쪽 부모를 갑자기 잃었거나 부모의 이혼 등으로 충격을 받았을 때 나타난다. 특징으로는 심한 부끄러움과 사회적으로 어려운 상황에 대한 두려움, 위축, 매달림, 강박적 특징, 거절, 분노발작, 반항 등이 나타나며 불안장애, 정신지체, 입원, 극심한 심리·사회적 스트레스와 관련되기도 한다.

선택적 함구증인 영유아는 또래에게 놀림을 당하거나 집단 따돌림을 당하는 경우도 많으므로 빠른 시간 내에 해결되도록 도와야 한다. 선택적 함구증을 지도하는 방법으로는 먼저, 지금 당장 말을 하지 않아도 좋으니 언제라도 말하고 싶을 때 말해도 좋다는 태도로 대하며 영유아가 답을 하지 않더라도 고개를 끄덕여 주는 등의 반응을 보여 편안함을 느낄 수 있도록 해준다. 둘째, 다른 사람과 상호작용하는 데 필요한 기술을 습득할 기회를 주어 새로운 환경에서 다른 사람과 사회적 관계를 맺을 수 있도록 해준다. 셋째, 어떤 충격으로 입을 열지 않을 때는 부모로부터 정보를 얻어 원인을 파악하는 것이 도움이 된다.

(8) 배설장애

배설장애는 크게 대변을 가리지 못하는 유분증과 소변을 가리지 못하는 유뇨증이 있다.

① 유분증

적절치 않은 곳(옷 또는 방)에 반복적으로 대변을 보는 것으로 대부분 불수의적이지만 때로는 의도적이기도 하다. 유분증은 최소한 4세는 되어야 하고 적어도 3개월

동안 매달 1회 이상 발생해야 하며, 약복용이나 의학적 질환에 의한 것이 아니어야 한다. 유분증이 있는 유아는 수줍음 많고 난처한 일이 일어날 수 있는 상황(예: 캠프, 교육기관)을 피하려 한다. 증상의 정도는 유아의 자존심, 또래의 놀림, 돌보는 사람의 분노와 처벌, 거부 등에 의해 영향을 받는다. 5세 유아의 약 1% 정도가 유분증이 있으며, 여아보다 남아에게서 흔하게 나타난다. 유분증은 몇 년 동안 간헐적으로 악화되면서 지속될 수도 있으나 만성화되는 경우는 거의 없다.

② 유뇨증

유뇨증은 5세 이후에도 계속해서 밤과 낮에 소변을 가리지 못하는 것으로 1주일에 2번, 3개월 이상 지속되는 것을 말한다. 유뇨증은 유아의 사회활동 제한, 자존심에 미치는 영향, 친구에 의한 배척 정도, 부모의 분노, 처벌, 거부 등에 의해 정도의 차이를 보인다. 유발 원인으로는 지연된 또는 느슨한 대소변 가리기 훈련, 심리사회적 스트레스, 요 농축능력의 장애, 자발적 배뇨를 할 수 없을 정도의 낮은 방광용적 등이 거론되지만 유뇨증 영유아의 약 75%가 직계가족이 같은 장애를 갖는 것으로 보고되고 있다. 또한 5세의 경우 남아는 5%, 여아는 3% 정도로 남아에게서 많이 나타나며 신경계통이 성숙되면서 자연히 나아진다.

유뇨증은 1차성과 2차성으로 나뉜다. 1차성 유뇨증은 대소변 가리기가 이루어진 후부터 줄곧 증상을 보이고, 2차성 유뇨증은 5~8세부터 증상이 나타난다. 2차성은 동생의 출생, 전학, 또는 생활에서의 큰 변화에서 오는 지나친 정서적인 부담으로 인해 퇴행현상을 일으킴으로써 일어나는 수가 많다. 예를 들어, 동생이 태어난 경우 자기도 모르게 무의식적으로 실수를 하게 되는 경우가 있는데, 이때 부모는 야단을 치기보다는 동생에게 애정을 빼앗겼다고 생각한 유아의 마음을 읽어 주고 보다 많은 사랑을 느끼도록 해 주어야 한다. 유뇨증이 심한 경우는 약물치료와 함께 유아의 불안을 다스릴 수 있도록 전문가의 지료를 받는 것이 좋다.

5) 영유아 정신건강 지도의 일반적 내용 및 방법

정신건강상의 문제가 없는 영유아의 경우에도 기본적으로 지도되어야 할 내용들이 있다. 영유아의 정신건강은 영유아의 양육환경과 많은 관련이 있다. 양육자가 영유아에게 따뜻하고, 반응적이며, 관심을 보이는 태도는 영유아의 애착형성에 영향을 미치며 영유아 정신건강을 위해 매우 중요하다. 한편 영유아교육기관에서의 하루 일과가 자주 바뀌거나 양육자가 다른 사람으로 교체된 경우 영유아는 정서적 혼란을 느끼게 되고 불안감을 갖게 된다. 따라서 영유아의 정신건강의 기초가 되는 양육자에 대한 신뢰감과 정서적 안정감을 유지하기 위해서는 주양육자가 자주 바뀌지 않아야 하며 하루일과의 일관성 있는 운영이 필수적이다. 영유아의 정신건강을 증진시키기 위해 일반적으로 지도해야 할 내용 및 방법을 간단히 살펴보면 다음과 같다(정미라 외, 2013).

(1) 긍정적 자아개념 형성

자신에 대한 긍정적인 인식은 정신건강을 유지하고 증진시키기 위해 매우 중요한 요소이다. 핸드릭과 스미스(Hendric & Smith, 1995)는 영유아 정신건강의 목적은 영유아로 하여금 긍정적인 자아개념을 갖고 자신의 감정을 바르게 인식하며 표현하는 것이라고 강조한바 있다. 영유아의 요구는 그들의 성장 발달 과정에 따라 끊임없이 변화하며, 영유아에 대한 부모나 교사, 사회의 기대도 함께 변하기 때문에 영유아기에 긍정적인 자아개념을 형성하는 일은 쉬운 것이 아니다. 자신감이나 존중감이 형성된 영유아는 다른 사람이 자신을 인정하고 수용한다고 느끼므로 긍정적인 자아개념을 형성하게 된다. 또한 안정되고 지지적인 가정이나 교육환경에서 생활하고 긍정적인 자아개념을 형성한 영유아가 그렇지 못한 영유아보다 생활의 다양한 스트레스에 더욱 잘 대처할 수 있다.

따라서 교사는 영유아가 자신의 능력에 대해 긍정적으로 인식하고 성공의 경험을 가질 수 있도록 적절한 도움과 격려를 제공해 주어야 한다.

(2) 정서 인식과 조절 및 표현능력 증진

자신의 정서를 인식하고 조절하며 다양한 정서를 적절하게 표출하는 것은 영유아의 정신건강을 증진시키기 위해 필요하다.

그러나 영유아는 언어적 의사소통 능력이 제한되어 있을 뿐만 아니라 다양한 종류의 감정을 구분할 수 있는 능력도 부족하므로 자신의 정서를 올바르게 인식하고 표현하는 데 어려움을 느낀다. 예를 들어, 아끼는 장난감을 잃어버렸을 때의 상실감이나 자전거를 타기 위해 오랫동안 기다리면서 느끼는 불편함 등을 적절히 인식하고 표현하지 못한다. 이때는 영유아가 자신의 느낌을 적절히 표현하거나 조절할 수 있는 방법을 알려주는 것이 좋다. 영유아가 자전거를 탈 수 있는 차례를 기다리다가 견디지 못해 자전거를 타고 있는 아이를 밀어버렸을 때에도 단순히 "다른 사람을 미는 것은 잘못한 일이야. 네가 나빴어."라고 말하기보다 "너무 오랫동안 기다려서 화가 났구나. 선생님이라도 참기 힘들었을 거야. 하지만 화가 난다고 다른 사람을 밀거나 때리면 그 친구도 다시 널 때리게 되지. 네가 너무 오랫동안 기다려서 힘들다는 것을 친구에게 말로 표현하면 좋겠구나." 등과 같이 영유아의 느낌이나 행동에 공감해 주면서 그것을 표현할 수 있는 바람직한 방법을 구체적으로 제시해 주도록 한다. 영유아가 적절한 방법으로 정서를 표현할 수 있도록 지도하는 것은 쉬운 일이 아니다. 예를 들어 영유아에게 너무 성숙한 모습의 행동을 기대하고 요구하는 것은 그들의 발달수준이나 기질을 고려하지 않는 것이므로, 영유아로 하여금 자신감을 잃게 할 수도 있다. 반면 성인이 영유아의 기분이나 느낌에 관심을 기져 줄 때 영유아는 자신이 겪는 어려움이나 문제를 의논하게 되며, 이러한 과정에서 유아는 생활 속에서 겪는 다양한 종류의 문제를 적절히 해결해 나갈 수 있게 된다. 특히 정서조절 능력은 선천적으로 가지고 태어나는 능력이 아니므로 적절한 시기에 학습할 수 있도록 도와야 한다. 자신의 정서를 인식하고 다른 사람에게 표현하는 과정을 통해 영유아는 정서를 조절할 수 있게 된다.

(3) 합리적 행동 증진

영유아가 자신의 요구뿐 아니라 다른 사람의 권리를 존중하면서 합리적인 행동을 하도록 격려하는 것은 영유아의 정신건강을 유지하고 증진시키기 위해 중요하다고 할 수 있다. 이를 위해서는 다른 사람도 권리가 있으며, 이런 권리를 존중해 주는 것을 배워야 한다. 따라서 교실에서 함부로 뛰어다니거나 다른 영유아의 활동을 방해하는 영유아에게 무조건적인 행동의 제재보다 왜 그 행동이 문제가 되는지 다른 사람에 대한 권리 침해의 측면에서 설명해 주고 분명한 행동 규칙을 제시해 주도록 한다.

(4) 사회적 유대관계 증진

다른 사람과 원만한 사회적 유대관계를 형성하는 것은 영유아의 정신건강을 유지하고 증진시키기 위해 매우 중요하다. 영유아가 사회적 예절이나 관습을 익히고 다른 사람과 협동하고 나눌 수 있는 사회적 기술을 형성하도록 돕는 구체적 방법은 다음과 같다.

- 다른 영유아와 함께 놀 수 있는 기회를 제공한다.
- 집단 활동에 참여하도록 한다.
- 다른 사람을 배려하도록 한다.
- 사회적 예절이나 기술을 지도해야 한다.
- 다른 사람과 긍정적 상호작용을 갖도록 격려한다.
- 원으로 모여 앉는 활동시간을 충분히 계획한다.

이처럼 영유아의 정서와 행동, 사회적 유대관계가 바람직하게 이루어질 수 있도록 지도할 때 정신건강이 유지, 증진될 수 있다. 한편, 영유아의 정신건강을 위해서는 영유아에 대한 지도뿐 아니라 부모교육이 필수적으로 요구된다. 즉, 가정에서의 지도법과 부모의 스트레스를 감소시킬 수 있는 방법을 알려주고 상호 소통하며, 부모 스스로 사회적 유대 관계의 바람직한 모습을 보여 줄 수 있도록 제안, 유도해야 한다.

참고문헌

김영심, 강영욱, 조남숙, 한국선, 이숙희, 김진아, 김현옥 (2013). 영유아건강교육. 창지사.

김일옥, 김경애, 김영애, 김종석, 김호년, 손현숙 (2013). 아동건강교육. 양서원.

김혜경 (2012). 영유아건강교육. 공동체.

김혜금, 송영주, 임양미, 김현자, 김진숙 (2014). 정신건강론. 정민사.

류경화, 정명순, 지주영 (2008). 영유아건강교육의 이론 및 실제. 동문사.

문혁준, 권희경, 김명애, 김상희, 김정희, 김혜금, 김혜연, 안효진, 이경옥, 이윤경, 이희선 (2013). 아동건강교육. 창지사.

박선환, 박숙희, 이주희, 정미경, 김혜숙 (2008). 정신건강론. 양서원.

박성연 (2006). 아동발달. 교문사.

박지연, 정민정 (2009). 보육교사의 영유아 정신건강에 대한 인식 조사 연구, 14(4), 237-260

보건복지부 (2013). 어린이집 평가인증 안내. 보건복지부.

보건복지부 (2020). 어린이집용 대응 지침 Ⅱ판. 보건복지부.

보육사업안내(2015). 보건복지부.

서울대교육연구소 (1998). 교육학대백과사전. 하우동설.

이순형, 이성옥, 민하영, 이영미, 한유진, 장영은, 최나야, 김지현, 김진경, 정현심 (2013). 영유아 건강교육. 학지사.

이희선 (2013). 아동건강교육. 창지사.

임미혜, 채혜선, 이순자, 안경일, 심은희 (2013). 아동건상교육. 양서원.

정미라, 배소연, 이영미 (2013). 영유아를 위한 건강 및 영양교육. 양서원.

조경자, 이현숙 (2010). 유아건강교육. 학지사.

조양자, 서용선, 정승교, 조영임 (1998). 아동건강교육. 형설출판사.

주영은, 성영화, 이숙자 (2012). 아동건강교육. 공동체.

중앙육아종합지원센타 (2015). 휴원을 요하는 병.

질병관리본부 (2014). 법정감염병 목록.

질병관리본부 (2015). 올바른 손씻기 6단계.

채경선, 김주아 (2014). 아동정신건강론. 창지사.

최덕경, 박연옥, 박주현, 전영록, 안우상, 박서춘, 장갑수 (2014). 정신건강론. 창지사.

Hendric, C. & Smith, C. J. (1995). Transforming Health Curriculum, in S. Bredekamp & T. Rosegrant(Ed.), *Reaching Potentials: Transforming early Childhood and Assessment*. vol 2. NAEYC.

MEMO

1. 생활안전 관리 및 지도
2. 교통안전 관리 및 지도
3. 아동 성폭력 및 아동학대 안전 관리 및 지도
4. 약물 및 미디어 안전 관리 및 지도
5. 재난안전 관리 및 지도
6. 직업안전교육
7. 응급처치

영유아기는 운동능력이 점차 발달함에 따라 행동반경이 확장되나 안전에 대한 인식이나 대처능력은 부족하다. 특히 영유아교육기관에 머무는 시간이 많아짐에 따라 안전 관리 및 지도에 대한 관심이 증가하고 있다.

이 장에서는 교육부(2016)에서 발표한 학교 안전교육 7대 표준안 개정내용과 아동복지법 제31조에 제시된 안전교육 내용을 바탕으로, 생활안전, 교통안전, 아동학대 및 성폭력 안전, 약물 및 미디어 안전, 재난안전, 직업안전에 대한 관리 및 지도를 살펴보고자 한다. 또한 영유아교육기관에서의 응급상황에 따른 대처방법에 대해 살펴보고자 한다.

CHAPTER

5

영유아의 안전 관리 및 지도

1. 생활안전 관리 및 지도

1) 영유아교육기관 내 안전 관리 및 지도

영유아기는 주변 사물이나 현상에 대한 호기심이 왕성해지고 활동적인 놀이에 적극적으로 참여하는 시기라는 점을 고려할 때 영유아교육기관의 실내·외 시설의 안전 관리 및 지도는 필수적이라 할 수 있다.

(1) 실내시설의 안전 관리 및 지도

① 현관

현관은 영유아가 등·하원 시나 실외놀이 시에 집단으로 드나드는 곳으로 충분한 공간이 확보되어야 한다. 바닥은 미끄럽지 않은 타일이나 미끄럼 방지매트 등을 사용하며, 문은 유아가 사용할 수 있도록 너무 무겁지 않아야 하고 문틈에 손 끼임 방지장치를 부착하는 등 사고를 예방하는 설비가 되어 있어야 한다. 또한 현관문은 성인과 영유아의 눈높이를 고려하여 드나드는 사람이 서로 볼 수 있게 투시가 가능하도록 제작하는 것이 좋다. 교사는 영유아가 집단으로 오가면서 현관에서 부딪치고 넘어지는 사고가 발생하지 않도록 세심히 지도한다.

② 창문과 베란다

창문은 영유아가 서서 밖을 내다볼 수 있는 높이에 설치해야 하며, 창문이 영유아의 손이 닿는 위치에 있다면 위에서부터 열리는 방식이 바람직하다. 추락사고에 대비하여 창문 모두 보호난간을 설치해야 하며, 창문 밑이나 베란다 근처에는 영유아가 딛고 올라서지 못하도록 의자 등의 기구를 두지 않는다. 또한 창문에 잠금장치를 하여 영유아가 혼자서 창문을 열 수 없도록 하며, 방충망을 사용하여 해충류의 접근으로부터 영유아를 보호하도록 한다.

③ 활동실

활동실은 영유아가 하루 중 가장 많은 시간을 보내는 곳이므로 특히 안전 관리 및 지도가 요구되는 공간이다. 바닥은 미끄럼 방지 처리가 되어 있어야 하고 영유아가 넘어져도 다치지 않는 완충효과가 있는 바닥재와 벽면재를 설치하여야 한다. 모든 가구의 모서리는 둥글고 표면이 매끄럽게 처리된 것을 사용하거나 보호대를 설치하고, 콘센트와 전선은 영유아의 손이 닿지 않도록 안전덮개나 안전장치를 한다. 특히 영아의 경우 삼킬 수 있는 놀잇감이나 활동자료, 즉 직경 3.5cm 이하의 작은 물건이나 놀잇감(블록이나 구슬, 솜공 등)을 비치해서는 안 되며, 크기가 작은 자연물(콩, 팥, 은행, 도토리 등)은 쉽게 열 수 없는 통 안에 보관하여 입이나 코, 귀에 넣지 않도록 지도한다.

④ 계단과 복도

영유아가 이용하는 계단은 특히 안전에 유의하여야 한다. 바닥은 미끄럽지 않은 재질로 설치하며 영유아의 신장에 맞는 난간을 양쪽에 설치해야 한다. 난간살은 영유아의 머리가 빠지지 않을 정도의 간격으로 설치하고, 시야가 확보될 수 있도록 햇빛이나 밝은 조명으로 채광을 유지한다. 계단과 복도에는 비상시에 통행이 용이하도록 물건이나 가구 등을 보관해서는 안 되며 영유아가 장난치거나 뛰어다니지 않도록 지도한다.

⑤ 화장실

화장실은 영유아가 이용하기에 편리하도록 활동실과 인접한 공간에 위치하는 것이 바람직하다. 일반적으로 변기는 유아 5~7명당 1개가 필요하며, 8~15명까지는 적어도 2개 이상 준비되어 있어야 한다. 세면대는 영유아의 신장을 고려하여 설치해야 하며, 바닥은 물에 젖어도 미끄러지지 않도록 미끄럼방지 타일 또는 미끄럼방지 장치를 하고 물기가 없도록 관리한다. 또한 온수는 44~46도 이하를 유지하도록 온도 조절장치나 온수 밸브 잠금장치를 설치한다. 영아의 경우 혼자 화장실에 들어가지 않도록 하고 유아끼리 물장난을 하지 않도록 지도한다. 화장실 문은 문고리를 없게 하여 영유아가 화장실에 갇히는 일이 없도록 하며 손 끼임 방지장치를 한다.

교사가 쉽게 감독할 수 있을 정도의 높이로 문이나 칸막이를 설치한다. 또한 세제류는 마실 위험이 있으므로 영유아의 손에 닿지 않는 안전한 곳에 보관해야 한다.

(2) 실외시설의 안전 관리 및 지도

실외시설은 주로 놀이기구들이 중심이 되는데, 놀이기구 사용 시에는 영유아의 활동이 활발히 일어나고 흥분하기 쉬우므로 안전 관리 및 지도가 더욱 중요하다. 기본적으로 영아와 유아가 함께 사용하는 실외공간의 경우 영아용 공간을 구분하고, 놀이기구 역시 구분하여 안전사고 위험을 줄여 주어야 한다.

① 그네

그네는 영아용과 유아용으로 구분하여 설치하고 다른 놀이기구와 274cm 이상 떨어져 설치하며, 벽이나 울타리, 보도 등의 영역과 244cm 이상 떨어지도록 해야 한다(이기숙, 장영희, 정미라, 윤선화, 2011). 그넷줄이 단단히 매어 있는지, 꼬여 있지 않은지, 그네가 훼손되어 있지 않은지 등에 대해 지속적으로 관리해야 한다. 또한 바닥에 모래가 충분히 덮여 있는지 살핀다. 교사는 영유아에게 그네가 완전히 멈춘 후에 타고 내리며, 다른 사람이 타고 있을 때 앞뒤로 지나가지 않도록 지도한다.

② 미끄럼틀

8세 이하 영유아에게는 미끄럼틀의 전체 높이가 1.8m 이하인 것이 안전하며, 미끄러지는 활주면의 양 옆에는 측면 보호대를 설치한다. 미끄럼틀의 활주판이 스테인리스인 경우, 여름철에는 복사열로 인해 뜨거워질 수 있으므로 표면 온도를 확인하고 이용한다. 교사는 영유아가 미끄럼판으로 올라가지 않고 반드시 계단을 이용하도록 하며, 다른 사람을 밀거나 잡아당기지 않도록 지도한다. 또한 엎드려서 거꾸로 타거나 서서 타지 않도록 하며 미끄럼틀에서 내려온 뒤에는 다른 사람이 내려오다 부딪히지 않도록 빨리 자리를 피하도록 지도한다.

③ 오르기 기구

오르기 기구로는 암벽타기, 정글짐 등이 있다. 정글짐은 육면체, 둥근 지붕, 원형이나 탑 모양 등이 있으며 소재는 나무판, 통나무, 그물망, 타이어 등 다양하다. 오르기 시설물의 끈이 끊어져 발이 빠지는 곳은 없는지, 나무가 파손되거나 페인트가 벗겨진 곳은 없는지 세심히 살핀다. 교사는 오르기 기구를 이용할 때 가로대를 양손으로 잡고 올라가며 내려올 때는 아래를 잘 살피도록 하고 위에 있는 사람의 발을 잡거나 기구를 흔들지 않도록 지도한다.

④ 시소

시소는 무게 중심이 정확하게 잡히고 흔들림이 없도록 안전하게 설치하는 것이 중요하다. 시소가 설치된 곳 바닥 및 주변에 충격흡수 처리가 되어 있는지, 모서리의 안전 처리가 되어 있고 조임쇠가 단단히 조여 있는지 살핀다. 교사는 영유아가 시소의 반동으로 떨어지지 않도록 손잡이를 꼭 잡고 타도록 하며, 시소 밑에 발을 두어 다치지 않도록 지도한다.

놀이터 안전수칙

- 안전관리자의 지시에 따른다.
- 움직이는 놀이기구에서 일어서거나 손잡이를 놓으면 추락할 수 있다.
- 안전선 밖에서 자기 차례를 기다리고, 차례가 오면 질서를 지켜 올라탄다.
- 손, 머리 등을 놀이기구 밖으로 내밀면 충돌사고가 일어날 수 있다.
- 움직이는 기구에 발이나 신체 일부, 옷자락 등이 끼지 않도록 조심한다.
- 놀이동산에서 뒤로 걷거나 뛰게 되면 다른 사람과 충돌하거나 넘어져 다칠 수 있다.
- 너무 찬 음식이나 음료수를 많이 먹으면 배탈이 날 수 있다.

출처: https://www.mois.go.kr(행정안전부 어린이)

⑤ 물놀이 시설

물놀이 영역은 물기가 빨리 마르는 단단한 재질의 바닥이 좋으며, 반드시 배수가 용이한 곳에 설치한다. 물놀이용 간이 수영장은 높이가 70cm를 넘지 않도록 하며, 폭신한 재질의 매트를 깔아 영유아의 머리가 바닥에 부딪혀도 다치지 않도록 한다. 또한 물놀이통 주변에는 미끄럼 방지를 위해 고무 매트를 깔도록 한다. 물놀이는 강한 태양광선을 피해야 하고 햇빛이 강한 장소에서 물놀이를 할 경우 그늘막을 설치하거나 영유아가 쉴 수 있는 그늘진 공간을 마련하여 휴식을 취할 수 있도록 하며, 눈병이나 수인성 전염병이 돌 때는 물놀이를 중단한다. 교사는 놀이를 촉진시킬 수 있는 다양한 놀이 보조물을 넣어 주며, 물놀이를 할 때 친구에게 물을 뿌리거나 위험한 장난을 하지 않도록 하며 더러운 물이나 비눗물을 입에 넣지 않도록 지도한다. 물놀이하기 전에는 반드시 준비운동을 하고, 물에 처음 들어가기 전에 손발부터 적신 후 들어가도록 하며 질식의 위험이 있으므로 껌을 씹거나 음식을 먹으면서 물놀이를 하지 않도록 지도한다.

⑥ 모래놀이 시설

모래놀이 시설은 곰팡이 등의 세균이 번식하는 것을 막기 위해 맨 아래 바닥에는 자갈과 벽돌을 깔고 그 위에 모래를 넣어서 배수가 잘되도록 설치한다. 모래놀이 영역 근처에 수도를 설치하여 다양한 놀이활동을 확장할 수 있도록 하며, 수시로 채로 쳐서 유리 조각이나 돌멩이 등의 위험물질을 골라낸다. 모래놀이 도구는 플라스틱 제품으로 준비하며 수시로 점검하여 깨진 용구는 즉시 교체하고 놀이 도구 정리함을 마련한다. 모래가 부족해지면 첨가해 주고, 한 학기에 한 번 정도는 모래를 깨끗이 세척한다. 교사는 영유아가 모래를 입에 넣거나 사람을 향해 던지지 않도록 하며 모래가 눈에 들어갔을 경우 비비지 않고 도움을 요청하도록 지도한다.

유치원 안전점검(수시) 체크리스트

구분	점검 사항	그렇다	아니다	비고
일반사항	안전관리를 위한 명문화된 지침이 눈에 띄는 곳에 비치되어 있는가?			
	파손된 용품이나 시설물은 없는가?			
	계단과 통로에 불필요한 시설물이나 피난에 방해가 되는 적치물이 없는가?			
	적절한 환기를 하고 있는가?			
	안전장치(안전덮개, 모서리보호대, 손끼임 방지장치 등)는 잘 부착되어 있는가?			
교실	실내온도는 18도 이상 28도 이하를 유지하고 있는가?			
	창문 주변에는 딛고 올라설만한 물건이 비치되어 있는가?			
비품 및 놀잇감	날카로운 물건(칼, 송곳, 가위 등)은 잠금장치가 있는 곳에 보관하고 있는가?			
	모든 비품은 날카롭거나 부서진 곳은 없는가?			
	모든 놀잇감에는 날카로운 부분이나 모서리, 가시, 갈라진 곳, 삼킬 우려가 있는 작은 부속품이 없는가?			
	비품 및 놀잇감은 유아가 꺼내고 수납하기 알맞은 높이에 있으며 크거나 무거운 비품 및 놀잇감은 교구장 아래에 위치해 있는가?			
가구	책상, 정리장 등 가구들은 바닥과 벽에 안전하게 배치되어 있는가?			
	가구의 볼트, 너트, 못 등이 튼튼하게 고정되어 있는가?			
현관 및 계단	방문한 사람의 신원을 확인한 후 출입시키고 있는가?			
	바닥은 미끄럽지 않고 미끄럼 방지장치가 파손된 곳은 없는가?			
	계단에 부착된 게시물은 잘 고정되어 있는가?			
	계단에 부착된 논슬립은 잘 고정되어 있는가?			
화장실	바닥이 항상 건조한 상태로 유지되어 있으며 미끄럽지 않은가?			
	락스, 세제 및 변기를 청소하는 솔 등은 유아의 손이 닿지 않는 곳에 관리하고 있는가?			
놀이터	실외 놀이시설물은 바닥에 안전하게 고정되어 있는가?			
	놀이시설물은 녹슬거나 금이 가거나 페인트칠이 벗겨진 곳이 없는가?			
	놀이기구가 연결된 부분에 볼트나 나사가 풀러져 있는 곳은 없는가?			
	놀이기구의 베어링은 윤활유 주입이 잘되고 있는가?			
	놀이터 바닥은 망가지거나 파진 곳, 이물질이 없는가?			
	실외 놀이시설물(놀이기구, 울타리, 의자, 표시판)은 파손되거나 고장난 곳은 없는가?			

출처: 교육부(2015). 2015 유치원 시설안전관리 매뉴얼.

2) 실종 · 유괴 관리 및 지도

영유아기는 호기심이 많고 신체활동이 활발해지는 시기이므로 실외활동이 증가함에 따라 실종 사고가 발생할 우려가 크다. 영유아는 성인이 잠시 방심한 사이에 시야를 벗어나는 경우가 많으므로 각별한 주의가 요구된다. 특히, 요즘 영유아는 가정 이외의 외부환경에 노출되는 경우가 많아 다양한 상황에서 유괴가 발생하고 있다. 또한 영유아교육기관에서의 현장학습 실시가 확대되면서 실종 및 유괴의 위험에 노출될 가능성이 크므로 이에 대한 관리 및 지도가 더 중요해지고 있다.

(1) 실종 및 유괴의 정의

실종아동법 제2조에 의하면 "실종 아동 등"이라 함은 실종신고 당시 14세 미만의 아동 및 장애인 복지법 제2조의 장애인 중 정신지체인 · 발달장애인 · 정신장애인으로 약취 · 유인 · 유기 · 사고 또는 가출하거나 길을 잃는 등의 사유로 인하여 보호자로부터 이탈된 아동 등을 말한다. 영유아의 경우 자의에 의한 실종보다는 유괴에 의한 실종의 위험이 크다. 유괴란 아동을 밤새 붙잡아 둔다거나 살해한다거나 몸값을 요구하거나 아동을 영구적으로 데리고 있는 것 등을 의미한다(Boureaux & Lord, 2000).

(2) 실종의 예방과 대처

실종예방을 위해 가장 중요한 것은 지속적이고 반복적인 교육이므로 생활 속의 다양한 상황에서 교육이 이루어질 수 있도록 한다. 실종에 대비하여 지문 등 사전등록제를 이용한다. 지문 등 사전등록제는 사전에 안전 Dream 사이트, 경찰서 지구대, 파출소에 유아의 지문, 사진, 보호자 인적사항 등 정보를 경찰 실종자 관리 시스템에 등록하고, 실종 시 등록된 자료를 활용해 신속하게 찾아주는 제도이다.

미아가 되는 상황은 순식간에 일어날 수 있고, 길을 잃고 당황하면 평소 기억하고 있는 것도 생각나지 않을 수 있으므로 미아예방 3단계 구호를 반복해서 연습하도록 지도가 필요하다.

[그림 5-1] 미아 예방 3단계 구호

출처: https://m.post.naver.com/incheontogi (인천시 공식 포스트, 2018). 미아방지 3단계 예방수칙.

(3) 유괴 유인의 유형

영유아를 대상으로 한 유괴는 대부분 협박이나 폭행을 사용하지 않고, 의도를 쉽게 알아차리지 못하도록 부드러운 목소리를 사용하는 방법으로 나타난다. 유괴 유인의 유형은 다음과 같다.

- 호기심 유발형: 과자나 선물을 사 주거나 돈을 주는 등 호기심을 유발할 만한 상황을 제시하며 같이 가자고 한다. 예를 들어 "아저씨 차에 타요버스가 있는데 보러 갈래?"라고 유인하면, "부모님께 먼저 허락을 받아야 해요."라고 자신의 의사를 분명하게 말하며 거절한다.
- 지인 사칭형: 부모가 병원에 입원했다고 거짓말하거나 부모님의 친구, 친척이라며 같이 가자고 하면 상대방이 아는 사람이라도 절대로 따라 가지 않는다.
- 동정심 유발형: 물건을 들어달라고 하거나 길을 잘 모른다고 같이 가서 알려달라고 하면 "다른 어른에게 부탁하세요."라고 말하도록 지도한다.
- 강제 유괴형: 한적한 골목으로 유인하는 방법으로 강제로 가자고 하거나 데려간다. 이러한 경우에는 "안 돼요, 싫어요, 도와주세요."라고 소리친 뒤 사람들이 많은 곳으로 뛰어가 도움을 요청하도록 지도한다.

(4) 유괴 유인의 예방과 대처

영유아 유괴의 경우 대부분 자기보호 능력이 부족한 영유아의 특성을 악용하여 발생하는 것으로 영유아가 주로 생활하는 일상적인 공간에서 가장 활발하게 활동하는 오후시간에 많이 발생한다. 따라서 영유아에게 유괴에 대한 예방교육을 실시하여 유인받는 상황에 처할 때 올바른 판단을 할 수 있도록 한다.

실종예방지침에 따르면 미아예방 지침은 '멈추기 – 생각하기 – 도와주세요' 등의 3단계로 이루어진다. 영유아가 일단 길을 잃거나 부모와 헤어지면 제자리에 서서 부모를 기다리게 한 후, 자신의 이름과 부모님 이름, 부모님의 연락처 그리고 주소 등을 기억하며 기다리도록 한다. 마지막으로 주변 사람들이나 주변 상가에 들어가 도움을 요청하도록 교육한다.

특히 왜 유괴사고가 발생하는지, 그에 따르는 위험은 무엇인지에 대해 이해되도록 지도해야 한다. 유괴 예방을 위한 지도 시에는 인형극이나 역할극을 통한 사실 재연, 유사한 상황에서의 시뮬레이션 등 구체적이고 실제적인 참여활동의 형태로 실시하는 것이 효과적이다.

낯선 사람에 대한 막연한 두려움을 가르치지 않도록 유의하며 영유아가 지켜야 할 안전수칙을 평소에 반복적으로 지도하는 것이 중요하다. 영유아의 유괴나 실종 사건이 발생했을 때는 부모에게 연락을 취하고 국번없이 112(경찰청 실종아동찾기센터)로 신고한다.

〈표 5-1〉 유괴 예방 3단계 구호

1단계 안 돼요!	가족의 허락 없이는 타인을 따라 가지 않는다는 의사표현하기!
2단계 싫어요!	가족 외의 타인을 따라 가지 않겠다는 거부의 의사표현하기!
3단계 도와주세요!	강제로 데리고 가려고 할 경우 주위 사람들에게 나의 위험한 상황을 알리기 위하여 큰 소리로 '도와주세요!'라고 도움 요청하기!

출처: 어린이집안전공제회(2020). 2020 어린이집보육교직원 안전교육–아동학대 예방교육–

만약 유괴를 당했을 시 대처 방법은 다음과 같다(초록우산 어린이재단 실종예방전문기관).

- 격리된 공간에 유괴범과 단둘이 있을 때는 울음을 참고 고분고분할 것
- 고개를 숙이고, 유괴범의 얼굴을 가급적 보지 말 것
- 음식을 주면 먹기 싫더라도 꼭 먹을 것
- 묻는 말에 대답을 잘하고 대화에 적극적으로 참여할 것

생활안전교육 시간 및 교육내용

구분	교육부령 제213호 학교안전법 시행규칙	아동복지법 제 31조, 아동복지법 시행령 제 28조 1항
시간	학기당 2회 이상 (13시간)	3개월에 1회 이상 (연간 10시간 이상)
교육내용	• 교실, 가정, 등하굣길에서 안전하게 생활하기 • 안전한 장소를 알고 안전하게 놀이하기 • 놀이기구나 놀잇감, 도구의 바른 사용법을 알고 안전하게 사용하기 • 실종 · 유괴 · 미아 상황 알고 도움 요청하기 • 몸에 좋은 음식, 나쁜 음식 알기	• 길을 잃을 수 있는 상황 이해하기 • 미아 및 유괴 발생시 대처방법 • 유괴범에 대한 개념 • 유인 · 유괴 행동에 대한 이해 및 유괴 예방법

2. 교통안전 관리 및 지도

1) 교통안전 관리 및 지도의 중요성

도로교통공단(2019)에 의하면, 2014년부터 2018년까지 어린이 사상자의 연령대는 7~12세 사망자가 가장 많았고, 어린이사고를 발생시킨 가해자의 법규위반사항으로는 안전운전의무불이행(53.9%)이 가장 많았으며 다음으로 신호위반, 보행자 보호의무 위반 순이다. 영유아기는 복잡한 교통 상황이나 환경을 적절히 통합할 수 있는 능력이 부족하며 속도와 거리, 시간에 대한 개념의 이해가 부족하여 위급한 상황을 판단할 수 있는 능력이 부족하기 때문에 어느 시기보다 교통사고의 위험에 노출되기 쉽다. 따라서 영유아를 위한 교통안전교육의 관리 및 지도는 특히 중요하다.

2) 교통사고 유형

13세 미만 아동에게 발생하는 교통사고의 70% 이상이 보행 중에 발생한다. 영유아의 교통사고 유형을 살펴보면 다음과 같다.

① 영유아의 교통사고 유형

- 무단횡단사고
- 신호등이 없는 횡단보도 사고
- 버스의 바로 앞 · 뒤 횡단사고
- 차 뒤 밑에서 놀다가 나는 사고
- 보호장구 미장착으로 일어난 사고
- 신호등이 있는 횡단보도 사고
- 주 · 정차된 차량 사이 횡단사고
- 갑자기 뛰어나오다가 발생한 사고
- 큰 치가 회전하다가 나는 사고

출처: http://safetyroad.tistory.com.

3) 교통안전 관리 및 지도의 내용과 방법

교통안전지도의 내용으로는 교통수단에 대한 이해, 표지판이나 신호등에 관련된 교통규칙에 대한 이해, 교통사고의 위험성 이해, 교통수단을 안전하게 이용하는 방법, 안전한 보행 및 도로횡단 방법 등을 다룬다. 통학차량을 이용하거나 견학 및 소풍 등 직접적 경험을 통해 반복적으로 실천해 볼 수 있도록 지도한다. 즉, 이야기 나누기나 동화, 동극, 구성놀이나 책읽기 등 학급 내에서 이루어지는 교육활동 외에도 어린이 교통공원을 방문하는 등 현장체험 및 실습을 통해 지도하며 일상생활 속에서 반복적으로 지도한다. 또한 영유아교육기관에서는 다음과 같은 기준에 의해 교통안전교육을 실시해야 한다.

교통사고가 발생했을 경우에 운전자는 즉시 경찰서에 신고할 의무가 있으며, 영유아의 상해 정도와 건강상태를 파악하여 응급처치 또는 119로 구조요청을 한다. 또한 영유아교육기관에서 운행하는 차량의 교통사고 발생 시에는 사고발생 3시간 이내에 경찰서에 신고해야 하며 그 이후의 신고는 지연신고로 규정되어 행정처분을 받는다.

민식이법

민식이법은 2019년 9월 충남 아산의 어린이 보호구역(스쿨존)에서 차량에 치어 사망한 김민식 군(당시 9세)의 이름을 따서 붙인 법률안으로, 어린이보호구역(스쿨존)내 신호등 및 과속단속 카메라 설치 의무화, 어린이보호구역 내 교통사고 사망 사고발생 시 3년 이상 징역 부과 등 어린이 교통안전을 강화하는 내용을 담은 법이다.

발췌: 에듀윌 시사상식.

교통안전교육 시간 및 교육내용

구분	교육부령 제213호 학교안전법 시행규칙	아동복지법 제31조, 아동복지법 시행령 제28조 1항
시간	학기당 3회 이상 (10시간)	2개월에 1회 이상 (연간 10시간 이상)
교육내용	• 표지판 및 신호등의 의미 등 교통안전 규칙 알고 지키기 • 안전한 도로 횡단법 알기 • 어른과 손잡고 걷기 • 교통수단(자전거, 통학버스 등) 안전하게 이용하기	• 차도, 보도 및 신호등의 의미 알기 • 안전한 도로 횡단법 • 안전한 통학버스 이용법 • 날씨와 보행안전 • 어른과 손잡고 걷기

3. 아동 성폭력 및 아동학대 안전 관리 및 지도

1) 아동 성폭력(Child sexual violence) 관리 및 지도

(1) 아동 성폭력의 정의

아동 성폭력(child sexual violence)이란 광의의 의미로는 미성년자인 20세 미만의 아동과 청소년에 대한 강간, 추행 등의 성폭력을 의미하고, 협의의 의미로는 13세 미만의 아동에 대한 성적인 행위라고 할 수 있다. 특히 13세 미만의 아동과 성적인 접촉을 할 경우 아동의 동의 여부와 관계없이 무조건 강간이나 강제추행으로 처벌하도록 규정되어 있다(형법 제 305조).

(2) 아동 성폭력의 유형

아동 성폭력의 유형은 성희롱(sexual harassment), 성추행(sexual assault), 성폭행(sexual violence)으로 구분된다(교육인적자원부, 2001).

- 성희롱: 음란한 말, 성기노출 등 직접적으로 아동의 몸에는 해가 없지만 정신적인 고통을 주는 경우를 말한다.
- 성추행: 아동의 성기 만지기, 가해자의 성기를 만지게 하기, 아동의 성기 등 소중한 곳을 접촉하기, 집적거리기 등 신체적인 것을 말한다.
- 성폭행: 강간과 강간미수를 말한다.

(3) 영유아 성폭력 예방 및 대처

우리나라의 13세 미만 아동을 대상으로 벌어지는 성범죄 건수는 1년에 1000건 정도로 성폭력 예방 교육 수요가 급증하고 있다(2015. 4. 28일자 조선일보). 2018년 한국성폭력상담소 상담통계에 따르면, 영유아 성폭력의 경우 친 · 인척에 의한 피해가

13건(61.9%)으로 가장 높게 나타났으며 전체적으로 아는 사람에 의한 피해가 전체 21건 중 20건으로 95.2%를 차지하였다.

성폭력 예방교육의 내용을 살펴보면 다음과 같다(어린이집 안전공제회, 2020).

- 동에게 자신뿐 아니라 다른 사람의 몸도 소중하다는 것을 알게 하기
- 접촉에도 기분 좋은 접촉과 기분 나쁜 접촉이 있다는 것을 알려주고, 좋지 않은 말을 하거나 나쁜 사진이나 그림, 동영상 등을 보여주는 사람이 있으면 이를 부모나 선생님에게 알리기
- 만약 누군가 자신의 몸을 만져서 혼란을 느낀다면 교사나 부모에게 언제라도 이야기하라고 알려주고, 반대로 아동 스스로도 다른 친구의 신체 부위를 함부로 만지지 않도록 알려주기
- 그림이나 사진자료, 인형 등을 통해 신체 구조와 차이, 역할에 대하여 설명하기
- 어른이 어떤 요구를 하더라도 때로는 자기주장을 하거나 거절할 수도 있음을 알려주기
- 가족이나 친지 또는 아는 사람이라도 이상한 행동을 요구할 때에는 단호하게 거절하도록 하기

또한 '성범죄자 알림 e'를 통해 성범죄자들에 대한 정보를 확인해 본다. 무엇보다 성폭력 예방교육을 통해 유아 스스로 성과 성폭력을 충분히 이해하고 자기 대응능력을 키우는 것이 중요함을 인식할 수 있도록 한다.

영유아의 성폭력 사고 발생 시 교사는 신속하고 민감하게 대처할 수 있어야 한다. 이를 위해 교사는 평소 영유아를 관심 있게 살펴보고 많은 대화를 나눔으로써 친밀한 관계를 유지하며, 사고 발생 시 영유아가 직접적으로 도움을 청하지 못할 경우에도 적절한 도움을 줄 수 있어야 한다. 또한 교사는 영유아로 하여금 낯선 사람이 다가올 때, "도와주세요"라고 외치며 도움을 요청하도록 지도하고 유아에게 성폭력이 발생했을 때, "네 잘못이 아니야. 이렇게 말해줘서 고맙다."라고 이야기해 준다. 교사는 성폭력 피해를 입은 영유아를 세심히 관찰하고, 발견 즉시 여성긴급전화 1366과 원스톱(ONE-STOP) 지원센터 등 성폭력 전문 상담기관에 의뢰하는 등

신속히 대처한다.

아동 성폭력 발생 시 대처 방법(어린이집 안전공제회, 2020)

- 너무 놀라거나 당황스러움을 표현하지 않기
- 야단치지 않기
- 감정적으로 동요하지 않기
- 이야기를 들어주고 공감하기
- 피해자의 입장에서 문제에 접근하기
- 너무 자세하게 캐묻지 않기
- 가능한 증거를 보존하기

유아 대상 성폭력 예방교육 자료

• 유아 및 교사 · 학부모 대상 유아 대상 성폭력 예방교육용 자료안내

연번	교육대상	형태(분량)	제목	URL
1	유아	교재 (152쪽)	동화로 배우는 성인권	http://bitly.kr/ iHtbSRq86
2	유아	PPT (34쪽)	똑똑똑! 물어봐야해	http://bitly.kr/ uhxWb4Spf
3	유아	동영상 (02:42)	어린이를 위한 '동의' (Consent for Kids)	http://bitly.kr/ il54piUyn
4	유아	동영상 (05:18)	나쁜 비밀이 있어요	http://bitly.kr/ bhNYMeP5f
5	교사/ 학부모	동영상 (04:05)	위험한 아동 길들이기 그루밍(Grooming)	http://bitly.kr/ jGjKbW87b
6	교사/ 학부모	동영상 (29:32)	유치원 및 어린이집 관리자 대상 성폭력 예방교육	http://bitly. kr/4F2fSobVh

*출처: https://shp.mogef.go.kr.(예방교육통합관리 교육자료실)

2) 아동학대 관리(Child maltreatment) 및 지도

(1) 아동학대의 정의

아동복지법(제3조 7항)에 의하면, 아동학대(child maltreatment)란 보호자를 포함한 성인이 아동의 건강 또는 복지를 해치거나 정상적 발달을 저해할 수 있는 신체적 · 정신적 · 성적 폭력이나 가혹행위를 하는 것과 아동의 보호자가 아동을 유기하거나 방임하는 것을 말한다.

중앙아동보호전문기관(2019)의 「2018 아동학대 주요통계」에 의하면, 아동학대 신고접수 건수는 총 36,416건으로 해마다 꾸준히 늘어났으며 아동학대 사례로 진단된 결과 역시 2014년에 1만 건을 넘어선 이후로 해마다 증가하는 추세이다.

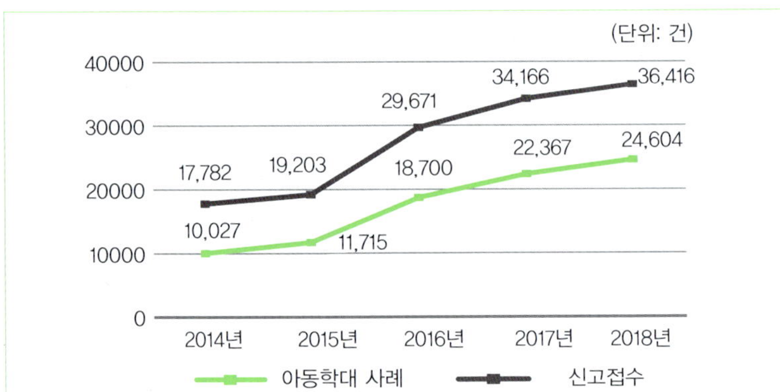

[그림 5-2] 아동학대 신고접수 및 발생 건수

또한 2018년 아동학대사례 24,604건 중 부모가 18,919건(76.9%)으로 가장 높았으며, 대리양육자 3,906건(15.9%), 친인척 1,114건(4.5%) 순이었다. 대리양육자 중에서는 초 · 중 · 고교 직원이 2,060(8.4%)으로 가장 높았으며, 어린이집 보육교직원은 818건(3.3%)으로 나타났다.

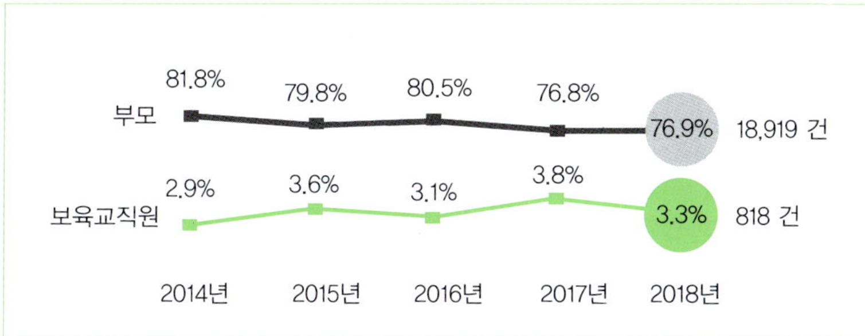

[그림 5-3] 연도별 아동학대 행위자

(2) 아동학대의 유형 및 징후

아동복지법(제3조 제7호)에 의하면, 일반적으로 아동학대에 관련하여 인정되는 범주는 신체적 학대(physical abuse), 정서적 학대(emotional abuse), 성적 학대(sexual abuse), 방임(neglect) 등이 있다. 학대의 유형 및 징후는 다음과 같다.

신체적 학대: 성인이 아동에게 신체적 손상을 입히거나 이를 허용하는 모든 행위

- 사고로 보기에는 미심쩍은 상처(사용된 도구의 모양이 그대로 나타나는 상처, 담뱃불 자국, 뜨거운 물에 잠겨 생긴 화상, 겨드랑이 팔뚝, 허벅지 안쪽 등 다치기 어려운 부위 상처 등)
- 신체적 상처로 자주 병원을 가는 경우
- 부모에 대한 두려움, 집으로 돌아가는 것에 대한 거부감
- 다른 아동이 다가올 때 공포감을 느끼는 행동
- 공격 또는 위축된 극난적 행동

성 학대: 성인의 성적 만족을 위해 아동의 신체에 접촉하는 행위나 아동과의 모든 성적 행동

- 걷거나 앉는 데 어려움
- 입천장의 손상, 성병 감염 및 임신
- 나이에 맞지 않는 성적 행동
- 타인, 동물, 장난감을 대상으로 하는 성적 상호관계
- 부모에 대한 두려움, 집으로 돌아가는 것에 대한 거부감

정서적 학대: 성인이 아동에게 하는 언어적 · 정서적 위협, 감금 · 억제 · 기타 가학적인 행위

- 과도한 수면 부족 증세
- 스트레스로 인한 원형 탈모
- 특정 물건을 계속 빨고 있거나 물어뜯음
- 폭력성향, 히스테리, 강박, 공포, 극단행동, 과잉행동, 자살시도 등 비정상적인 반응

방임: 아동의 양육과 보호를 소홀히 하여 정상적인 발달을 저해하는 모든 행위

- 기아, 영양실조, 적절하지 못한 영양상태
- 계절에 맞지 않는 옷, 청결하지 못한 외모
- 음식 구걸, 도둑질
- 지속적 피로 · 불안정 호소, 수업 중 과도한 수면

(3) 아동학대의 예방 및 대처

학대를 예방하기 위해서는 영유아에게 스스로 자신을 지켜내는 최소한의 권리를 인식시키는 것이 매우 중요하다. 영유아에게 학대가 무엇인지 가르쳐 주고, 학대가 발생했을 때는 반드시 교사나 부모에게 알리도록 지도한다. 또한 성인이 심하게 때리거나 소리를 지를 때는 이에 대한 거부의사를 표현할 수 있도록 교육함으로써 부당한 처벌에 대해 스스로를 보호하고 지킬 수 있는 힘을 키워 주는 것이 필요하다. 최근 영유아교육기관에서 교사에 의한 아동학대 사례가 발생됨으로써 사회적 물의를 일으킨 바 있다. 교사 스스로 아동학대의 가해자가 될 수도 있음에 주의하여야 한다.

교사는 평소에 영유아를 세심히 관찰하고 애정과 신뢰에 의한 친밀한 관계를 유지함으로써 학대 발생 시 신속히 인식하여 대처할 수 있어야 한다. 영유아의 학대가 의심되거나 발견했을 시에는 즉시 112에 신고하거나 아이지킴콜 112앱으로 신고하면 된다. 영유아교사는 아동학대 신고의무자로서, 아동학대를 신고하지 않은 경우 500만 원 이하의 과태료가 부과된다(아동복지법 제25조 제2항). 또한 「아동학대범죄의 처벌 등에 관한 특례법」에 의하면, 아동학대범죄의 신속한 처리를 위해 가해자에게

피해아동으로부터의 퇴거 및 격리, 100m 이내 접근 금지, 전기통신을 이용한 접근 금지, 친권 또는 후견권 제한 및 정지, 경찰소, 구치소 유치 등 임시조치 및 보호처분을 규정하고 있는데, 이를 따르지 않을 경우 2년 이하의 징역 또는 2천만 원 이하의 구류 또는 벌금을 부과받게 된다.

아동학대 조기 발견 및 무단결석 관리 · 대응 매뉴얼

☞ 아동학대 인지 또는 의심 시 즉시 수사기관(112)에 신고합니다.

가. 아동학대 신고의무자의 신고절차

학대의심징후 (상흔, 증언 등) 발견
(아동학대 징후리스트 또는 아동학대 신고의자용 점검표 활용)
➡
응급상황 시 아동의 안전 및 신병 확보
(예:긴박한 상황인 경우 아동을 병원에 데려간 이후에 신고)
➡
아동학대 신고 (112)
➡
현장조사 및 사례개입 협조
➡
사후지원 및 서비스 협조

나. 아동학대 신고 시 주의사항

- 보호자에게 신고내용을 알리는 등의 행위로 아동학대 증거가 은폐되지 않도록 함
- 가능한 한 증거 사진 등을 확보함
- 아동이 불안에 빠지지 않도록 큰 일이 난 것처럼 하지 않고 일상적으로 대함
- 성학대의 경우 증거 확보를 위해 씻기거나 옷을 갈아입히지 않음
- 진술의 오염이 있을 수 있으므로 학대에 대해 계속 캐묻거나 유도 질문을 하지 않음
- 신고 후에 신고자나 피해아동의 정보가 외부에 노출되지 않도록 주의
- 신고 후에 아동보호전문기관 또는 수사기관과 지속적인 협력 유지

출처: 교육부, 보건복지부(2016). 유치원 · 어린이집 아동학대 조기발견 및 관리 · 대응 매뉴얼(교직원용).

아동학대 신고의무자용 점검표

- 아동학대 체크 리스트는 아동학대 신고의무자가 직무 중에 학대로 의심되는 아동을 조기 발견하기 위해 활용.
- 1개 문항 이상 "예" 라고 체크된 경우, 아동학대를 의심해 볼 수 있는 상황. 아동학대가 "의심"되면 아동학대 신고전화 112로 반드시 신고.

※ 아동학대를 의심할 수 있는지 여부에 대해서는 아동보호전문기관과 상담.

연번	체크항목	체크란(√)	
		예 □	아니오 □
1	사고로 보이기에는 미심쩍은 멍이나 상처가 발생한다.		
2	상처 및 상흔에 대한 아동 혹은 보호자의 설명이 불명확하다.		
3	보호자가 아동이 매를 맞고 자라야 한다는 생각을 갖고 있거나 체벌을 사용한다.		
4	아동이 보호자에게 언어적, 정서적 위협을 당한다.		
5	아동이 보호자에게 감금, 억제, 기타 가학적인 행위를 당한다.		
6	기아, 영양실조, 적절하지 못한 영양섭취를 보인다.		
7	계절에 맞지 않는 옷, 청결하지 못한 외모를 보인다.		
8	불결한 환경이나 위험한 상태로부터 아동을 보호하지 않고 방치한다.		
9	성학대로 의심될 성 질환이 있거나 임신 등의 신체적 흔적이 있다.		
10	나이에 맞지 않는 성적 행동 및 해박하고 조숙한 성지식을 보인다.		
11	자주 결석하거나 결석에 대한 사유가 불명확하다.		
12	필요한 의료적 처치 혹은 필요한 아동에게 예방접종을 실시하지 않는다.		
13	보호자에 대한 거부감과 두려움을 보이고, 집(보호기관)으로 돌아가는 것에 대해 두려워한다.		
14	아동이 매우 공격적이거나 위축된 모습 등의 극단적인 행동을 한다.		
15	"아동학대 체크리스트" 1-14번에 해당되지는 않지만 그 외의 학대로 의심되는 경우 (학대 의심 사항:)		

교육부, 보건복지부(2016). 유치원 · 어린이집 아동학대 조기발견 및 관리 · 대응 매뉴얼.

성폭력 · 아동학대 예방교육 기간 및 교육내용

구분	교육부령 제213호 학교안전법 시행규칙	아동복지법 제31조, 아동복지법 시행령 제28조 1항)
시간	학기당 2회 이상 (8시간)	6개월에 1회 이상 (연간 8시간 이상)
교육내용	• 내 몸의 소중함과 정확한 명칭 알기, • 좋은 느낌과 싫은 느낌 알기, • 성폭력 예방 및 대처방법 알기, • 나와 내 주변사람(가족, 친구 등)의 소중함을 알고 사이좋게 지내기, • 아동학대 신고 및 대처방법 알기	• 내 몸의 소중함 • 내 몸의 정확한 명칭 • 좋은 느낌과 싫은 느낌 • 성폭력 예방법과 대처법

4. 약물 및 미디어 안전 관리 및 지도

1) 약물 오 · 남용(drug misuse · drug abuse) 안전 관리 및 지도

(1) 약물 오 · 남용의 정의

약물 오용이란 의학적 치료를 위해 적절하지 않은 약을 사용하는 것으로 예를 들면, 알레르기로 인한 결막염에서 감염에 의한 증상으로 오진하여 항생제를 사용하는 경우를 말한다. 약물 남용은 쓰지 않아도 되는 약물을 부적절하고 불법적으로 사용하는 것으로 예를 들면, 바이러스 감염에 의한 단순한 감기의 경우, 세균감염이 함께 발생하지 않는 한 세균에 대한 항생제 투여가 필요하지 않으나 항생제를 투여하는 경우를 의미한다.

2) 약물 오 · 남용 사고의 유형

약물 오 · 남용(drug misuse · drug abuse)은 1세 이후 영유아에게 많이 발생하는데, 이는 영아가 걷기 시작하면서 손에 잡히는 대로 입에 넣고 빠는 발달적 특징 때문이다. 영유아에게 발생하는 약물 오 · 남용 안전사고는 의약품에 의한 사고, 가정용 화학약품에 의한 사고, 중금속에 의한 사고 등 3가지로 구분할 수 있다.

- 의약품에 의한 사고: 영유아의 경우 약물 오 · 남용이 발생하기 쉬운 의약품으로는 진통제, 해열제, 성인용 수면제, 철분제 등이 있다. 타이레놀 중독은 유아에게 흔히 나타나며, 과다섭취 시 간기능 장애나 식이장애를 가져올 우려가 크다. 유아용 아스피린은 맛이 새콤하여 유아가 과다 복용할 수 있는데 한 번에 많은 양을 먹으면 급성중독 증상이 나타날 수 있다. 성인용 수면제 경우 한 알도 독극물에 해당하는 위험의 소지가 있으므로 바닥에 떨어뜨리지 않도록 주의한다. 철분은 평소에 영유아의 건강증진을 위해 섭취하게 되는데, 과량 복용 시 철분중

독을 일으킬 수 있다.

- 가정용 화학약품에 의한 사고: 영유아에게 약물 오 · 남용의 위험이 있는 가정용 화학약품은 세제, 표백제, 건전지, 화장품, 매니큐어, 향수, 모기 살충제 등이다. 이러한 약품은 섭취 시 영유아에게 치명적일 수 있으나 방치하는 경향이 있어서 위험성이 크다. 특히, 가정용 표백제는 식도, 위, 장에 심한 화상을 입게 되고 심한 경우는 장기에 천공이 올 수도 있다.
- 중금속에 의한 사고: 완구나 유모차, 놀이기구 등 페인트가 칠해진 물건을 영유아가 입으로 빨거나 페인트 가루를 삼킬 경우 납중독에 걸릴 수 있다. 특히, 납은 아주 느리게 배설되며 적은 양은 땀으로 배설되고 나머지는 주로 뼈에 저장되는데, 만성적으로 납을 섭취하게 되면 뇌 손상을 초래할 수 있다.

(3) 약물 오·남용 사고의 예방 및 대처방법

① 의약품에 의한 사고

의약품은 안전한 용기에 넣어 영유아의 손에 닿지 않는 곳에 보관하고 유효기간이 지났거나 용도가 분명하지 않은 경우 폐기하도록 한다. 또한 영유아가 약을 먹을 때는 반드시 성인의 지도가 필요하며 확인되지 않은 약을 먹었을 경우 손가락을 입에 넣어 혀의 평면을 아래로 눌러 토하게 한다. 약물 사고가 발생하면 빨리 119로 연락하고 신속하게 전문가의 도움을 받아야 한다.

② 가정용 화학약품에 의한 사고

가정용 화학약품은 내용을 알아볼 수 있도록 상표가 있는 원래 용기에 보관하며 영유아의 손이 닿지 않는 곳에 보관한다. 영유아가 접촉하기 쉬운 잔디밭이나 나무에는 살충제를 뿌리지 않는 것이 좋으며, 풀은 제초제를 쓰기보다는 직접 뽑도록 한다. 또한 빈 에어졸 용기는 열이 가해지면 폭발할 위험이 있으므로 구멍을 뚫어서 해당 분리수거함에 버리도록 한다.

③ 중금속에 의한 사고

영유아를 위한 놀이기구와 놀잇감 등은 납성분이 없는 페인트를 칠한 것을 사용하며, 통조림 식품은 개봉한 후 바로 유리나 플라스틱 용기에 옮겨 담도록 한다. 또한 철분과 칼슘의 양이 낮아지면 납의 흡수가 증가하여 납중독의 가능성이 높아지므로 이들 영양소가 부족한 영유아는 평소 칼슘과 철분이 함유된 식품을 많이 먹도록 지도한다.

(4) 흡연

담배는 단순히 해로운 물질이 아니라, 건강한 신체상을 변화시켜서 건강한 미래와 건강한 가족형성에 큰 영향을 미칠 수 있다. 유아들의 경우, 간접흡연의 폐해가 주된 원인으로 부모에 대한 금연교육으로 확대될 수 있도록 지도한다. 간접흡연의 경우 공동주택에서 베란다 및 화장실을 통한 민원이 급증하는 추세이므로, 금연이 지역사회를 중심으로 확대되어 가야 할 필요성을 강조하여 지도하도록 한다.

■ 간접흡연 시 어린이에서의 건강위험

- 만 3세까지 폐렴과 기관지염에 걸릴 위험 57% 증가
- 중이염에 걸릴 위험 38% 증가, 중이에 물이 차는 삼출성 중이염은 48% 증가
- 천식환자의 20%에서 천식을 악화시킴
- 저체중아 출생위험 20~50% 증가
- 자연유산이나 사산이 될 위험 1.53배
- 평균 출생체중이 20~40mg 덜 나감.
- 임신 중 산모의 흡연이나 출산 후 부모의 흡연은 영아돌연사 증후군에 걸릴 위험 2배 증가시킴.

2) 미디어 예방

미국소아과학회의 영유아 연령별 미디어 이용지침(2016)에 따르면 18~24개월 이하 영아는 모든 영상미디어를 이용하지 않으며, 18개월~5세 영유아는 하루 1시간

이내로 사용시간을 제한하고, 아이의 연령에 적합한 고품질의 콘텐츠를 함께 시청하면서 대화하고 모르는 내용은 설명해 주도록 지도한다.

(1) 인터넷(컴퓨터) 게임 중독 예방

인터넷을 통한 게임이 대중화되면서 인터넷 게임 중독은 대표적인 인터넷 중독의 하위 유형으로 인터넷 중독의 유형 중 가장 많은 비율을 차지한다(조춘범, 2008).

옳고 그름의 판단능력이 미숙한 만 5세 이하 미취학 유아의 경우 무분별한 악성 디지털 콘텐츠에 노출되거나 게임 등에 중독될 가능성이 취학 아동에 비해 높다. 게임연령층이 갈수록 낮아지고 게임 시작시기가 빨라지고 있어 유아들의 인터넷 게임 중독의 위험에 노출되고 있다(조준오, 2014).

(2) 스마트폰 중독 예방

스마트폰 중독은 스마트폰을 지나치게 사용하다가 스마트폰을 하지 못하게 되면 마음이 불안해지고 계속 스마트폰만을 하고 싶어지는 상황이 되어 다른 일에 집중하지 못하는 상태를 말한다. 스마트폰 중독의 종류에는 모바일 게임 중독, 모바일 메신저 중독, 모바일 성인콘텐츠 중독, 모바일 검색 중독, 앱 중독 등이 있다.

또한 스마트폰 과의존 위험에 이용으로 한국정보화진흥원(2019)의 스마트폰 과의존 실대조사 결과에 따르면, 최근 3년(2016~2018) 동안 유아(3~5세) 스마트폰 과의존 고위험군이 다른 연령대에 비해 가장 높은 폭으로 증가하고 있는 것으로 나타났다. 스마트폰 과의존은 과도한 스마트폰 이용으로 스마트폰에 대한 현저성이 증가하고 이용조절력이 감소해 문제적 결과를 경험하는 상태를 의미한다.

스마트폰 과의존 유아들의 공통적인 행동특성을 살펴보면, 발달영역별 성장이 전반적으로 지체되어 있다. 아이가 일정한 시간 동안 한 곳에서 움직이지 않은 채 스마트폰을 계속 이용하는 경우 영유아기 신체발달에 중요한 감각 체험과 경험을 토한 학습의 기회가 제한된다. 또한 다른 사람들의 감정에 공감할 수 있는 능력과 자신의 감정에 대한 표현방법을 배울 수 있는 기회도 제한받게 되어 사람과의 관계를

맺는 데 어려움을 갖게 된다.

아동의 스마트폰 과의존 위험군 비율이 상승하는 이유는 스마트폰을 이용하는 것이 일상화된 사회 환경과 다양한 영유아용 모바일 콘텐츠를 쉽게 이용할 수 있다는 점이 주원인으로 나타났다. 이외에도 부모의 스마트폰 사용습관이나 맞벌이 가정과 같은 양육환경도 영유아의 스마트폰 과의존에 영향을 미친다.

스마트폰을 비롯한 디지털기기의 강한 자극에 자주 노출되면 아이의 뇌 구조가 변할 수 있다. 유아의 일과 중 바깥 놀이보다 TV나 전자매체를 이용한 놀이시간이 많을수록 공격적 행동이나 자기통제 문제행동도 증가하는 경향이 있는 것으로 보고되고 있다(한국정보화진흥원, 2019).

유아용 스마트폰 과의존 척도

요인	항목	전혀 그렇지 않다	그렇지 않다	그렇다	매우 그렇다
조절실패 (역문항)	1. 스마트폰 이용에 대한 부모의 지도를 잘 따른다.	①	②	③	④
	2. 정해진 이용 시간에 맞춰 스마트폰 이용을 잘 마무리한다.	①	②	③	④
	3. 이용 중인 스마트폰을 빼앗지 않아도 스스로 그만둔다.	①	②	③	④
현저성	4. 항상 스마트폰을 가지고 놀고 싶어한다.	①	②	③	④
	5. 다른 어떤 것보다 스마트폰을 갖고 노는 것을 좋아한다.	①	②	③	④
	6. 하루에도 수시로 스마트폰을 이용하려 한다.	①	②	③	④
문제적 결과	7. 스마트폰 이용 때문에 아이와 자주 싸운다.	①	②	③	④
	8. 스마트폰을 하느라 다른 놀이나 학습에 지장이 있다.	①	②	③	④
	9. 스마트폰 이용으로 인해 시력이나 자세가 안 좋아진다.	①	②	③	④

* 기준점수(36점 최고점) : 1)~3)번 문항 역채점(1점→4점부터, 4점→1점으로 변환)
- 고위험군(28점 이상) : 스마트폰 과의존 경향성이 매우 높으므로 관련 기관의 전문적인 지원과 도움이 필요하다.
- 잠재적 위험군(27~24점): 아이의 스마트폰 사용 행동을 적절히 조절하지 않을 경우, 스마트폰에 과의존될 위험성이 있다. 아이의 스마트폰 사용을 관리하고, 계획적으로 사용할 수 있도록 도와준다.
- 일반사용자(23점 이하): 스마트폰을 적절히 이용하고 있지만, 앞으로도 지속적인 관심과 지도가 필요하다.

영유아 스마트폰 과의존을 예방하기 위해서는 가능한 스마트폰 사용을 제한하고, 스마트폰을 사용할 때에는 보호자의 지도와 보호자-영유아 간 상호작용이 필수이다. 상호작용의 핵심은 대화를 중심으로 아이가 시청내용을 이해할 수 있도록 도와주는 것이다. 교사는 유아들이 스마트폰을 건강하게 사용하는 습관을 형성하기 위해 가정이나 유치원에서 지킬 수 있는 약속을 만들도록 지도한다.

약물 및 사이버 중독 예방 교육시간 및 교육내용

구분	교육부령 제213호 학교안전법 시행규칙	아동복지법 제31조, 아동복지법 시행령 제28조
시간	학기당 2회 이상 (10시간)	3개월에 1회 이상 (연간 10시간 이상)
교육내용	• 올바른 약물 사용법 알기 • 생활주변의 해로운 약물 · 화학제품 만지거나 먹지 않기 • TV, 인터넷, 통신기기(스마트폰 등) 등의 중독 위해성을 알고 바르게 사용하기	• 몸에 해로운 약물 위험성 알기 • 생활주변의 해로운 약물, 화학제품 그림으로 구별하기 • 모르면 먼저 어른에게 물어보기 • 가정용 화학제품 만지거나 먹지 않기 • 어린이 약도 함부로 많이 먹지 않기

5. 재난안전 관리 및 지도

1) 화재안전 관리 및 지도

(1) 화재안전 관리 및 지도의 중요성

화재는 대표적인 인적 재난의 하나로, 화재 취급 시의 부주의와 안전에 대한 인식 부족으로 발생한다. 이에 화재사고 예방과 화재 발생 시 대처방법에 대한 화재안전 관리 및 지도는 매우 중요하다. 이때 재난안전교육이 유아들에게 무서운 경험이 되지 않도록 유의한다.

(2) 화재 유형별 원인과 예방법

일반적으로 화재의 유형에는 전기 화재, 유류 화재, 가스 화재, 불장난 화재, 담뱃불 화재, 방화(放火) 등으로 구분할 수 있다. 이 중 영유아교육기관에서 발생 가능성이 높은 화재 유형에는 전기 화재, 가스 화재가 있다.

- 전기 화재: 전기 화재는 합선에 의한 화재가 가장 많으며 발화 원인으로는 배선 불량, 전기기구 과열, 전기기구의 절연 불량 등이 있다. 따라서 전기 화재를 방지하기 위해서는 안전인증을 받은 전기기구를 사용해야 하고, 항상 플러그와 콘센트, 스위치를 점검해야 하며, 하나의 전원에 다수의 가전제품을 연결하여 사용하지 않도록 한다. 또한 사용하지 않는 콘센트는 안전덮개로 덮어 영유아가 쇠젓가락을 꽂는다거나 전기가 통하는 물건을 넣는 등의 장난을 하지 않도록 지도한다.
- 가스 화재: 가스 화재는 대부분 취급부주의에 의해 발생하는 것으로 안전수칙을 준수하는 것이 무엇보다 중요하다. 가스 화재를 방지하기 위해서는 사용 전 가스가 새고 있는지 냄새로 확인하도록 하며, 가스 누출 자동차단기 및 가스 경보

기를 정기적으로 점검하여야 한다. 또한 영유아가 가스레인지에 가까이 가지 않도록 안전문 등의 설비를 통해 물리적 경계를 확실히 하며, 주의시킨다.

(3) 화재 대처방법

화재 상황에 따라 교사는 적절한 대처방법을 알고 수행할 수 있어야 한다. 여기에서는 먼저 소화기를 사용하는 방법을 알아보고, 대피방법에 대해 알아보고자 한다.

① 소화기 사용방법

소화기는 일반 소화기와 투척용 소화기로 구분된다. 영유아교육기관은 활동실과 복도에 반드시 소화기를 구비해 두어야 하며, 작은 힘으로도 쉽게 초기 화재를 진압할 수 있도록 만든 투척용 소화기를 소화기 수량의 절반 이상 비치해 둔다. 또한 점검표를 부착하여 관리하며, 물건이나 가구 등으로 소화기를 가리지 않도록 유의한다.

[그림 5-4] 일반 소화기 사용방법

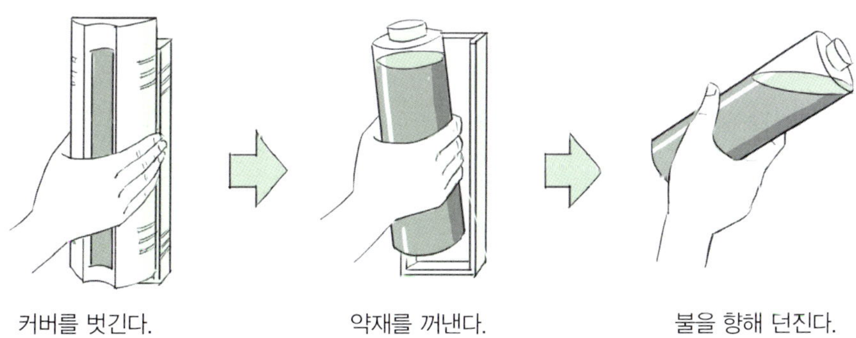

[그림 5-5] 투척용 소화기 사용방법

② 화재시 대피방법

화재 시 교사는 신속하고 안전하게 영유아를 대피시켜야 한다. 이를 위해 평소에 영유아에게 영유아교육기관 내 비상구를 익혀 두도록 지도해야 한다. 화재가 발생했을 때는 "불이야!"라고 큰 소리로 주위 사람에게 알리고 신속하게 대피할 수 있도록 한다. 대피 시에는 비상구와 계단을 이용하며 반드시 문을 닫고 대피하도록 한다. 다음의 대피방법에 대해 영유아에게 숙지시키며, 충분한 실습을 통해 실행능력을 키워주는 것이 중요하다.

가. 실내에서 대피하는 방법

- 건물 안에 갇혔을 때는 눈에 띄는 수건 등을 흔들거나 소리를 질러 사람들에게 구조를 요청한다.
- 안전하고 신속하게 이동한다.
- 보이지 않는 곳에 숨지 않는다.
- 유도등이나 비상구의 위치를 보고 움직인다.
- 엘리베이터는 위험하므로 계단이나 비상사다리를 이용한다.
- 안전한 대피로를 찾아 이동하여 건물 밖의 안전한 장소에 집결한다.

나. 연기가 있는 곳에서 대피하는 방법

- 화재 시 연기는 위에서 내려오고, 깨끗한 공기는 바닥면으로부터 30~60cm 사이에 있다.
- 수건 등을 물에 적셔서 입과 코를 막는다.
- 연기가 적은 바닥에서 무릎으로 기어서 대피한다.
- 가능한 아래층으로 대피하지만 위층으로 올라가야 하는 경우에는 옥상처럼 연 기가 적은 곳으로 간다.
- 밖으로 대피하기 어려운 경우, 담요나 옷을 이용해 문틈으로 연기가 들어오는 것을 막는다.
- 문 밖으로 대피하기 전 손잡이에 두 손가락을 살짝 대어 문 밖에 불이 있는지 확인하고 나간다.

• 연기가 거의 없는 출입구 가까이에서는 기어가지 않고 서서 재빨리 걸어간다.

영유아교육기관은 연간소방계획을 수립하고 이에 따른 소방 대피훈련은 월 1회 이상 실시해야 하며 대피훈련 후에는 반드시 대피훈련 일지를 기록하고 결과를 점검한다.

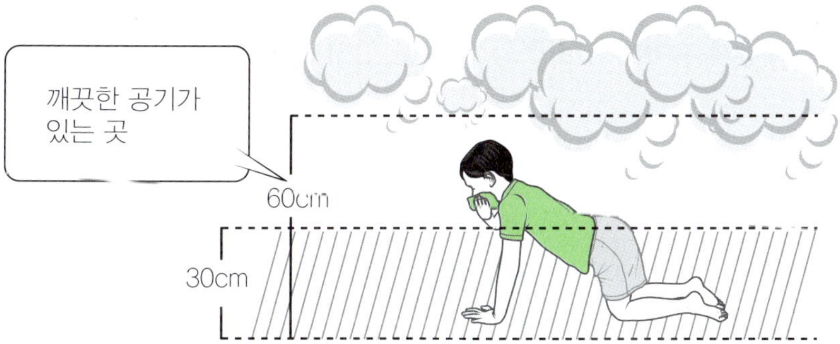

[그림 5-6] 화재 시 대피 방법

2) 자연재난 안전 관리 및 지도

교육부(2016)의 유치원 7대 안전교육 표준안 교사용 지도안에 제시된 내용을 토대로 재난안전 관리 및 지도를 살펴보면 다음과 같다.

(1) 홍수

홍수란 강의 물이 불어 범람하는 현상을 말한다. 전 세계적으로 가장 많은 재난을 일으키는 자연재해로 전체 자연재난의 90% 이상을 차지하는 매우 심각한 재해이다. 주로 폭우로 인하여 발생하며 집중호우로 인한 강물의 범람, 산사태, 침수 등은 인명 및 재산 피해가 크다. 교사는 뉴스와 연계하여 홍수에 대한 역할놀이가 자연스럽게 이루어지도록 하며 홍수 발생 시 대피방법에 대해 구체적으로 지도한다.

■ 홍수대피요령

- 갑작스러운 홍수가 발생하였을 경우 높은 곳으로 빨리 대피한다.
- TV와 라디오를 통해 기상 정보를 확인한다.

- 어린이는 집 밖으로 나가지 않는다.
- 연못, 구덩이 등에 관한 안전표지판을 잘 살펴보아야 한다.
- 흐르는 물에 들어가지 않는다.

(2) 태풍

태풍은 커다랗게 회전하면서 부는 바람을 말하며 많은 비와 강한 바람을 동반한다.

■ 실내외 태풍대비요령
- 문 · 창문을 닫고 집 안에서 머무른다.
- TV와 라디오를 통해 기상 정보를 확인한다.
- 해안지역에서는 바닷가로 가지 않는다.
- 유리 창문이 파손되는 것을 방지하기 위해 젖은 신문지, 비닐 또는 테이프를 창문에 붙인다.
- 날아갈 수 있는 모든 물건을 안으로 들여 놓는다.
- 나무 밑으로 피하지 않는다.
- 강풍이 지나간 후 땅바닥에 떨어진 전깃줄에 접근하거나 만지지 않는다.

(3) 지진

지진이란 지구내부의 활동과 판구조 운동으로 인해 지구내부, 특히 지각에 장시간 축적된 에너지가 순간적으로 방출되면서 그 에너지의 일부가 지진파의 형태로 사방으로 전파되어 지표면까지 도달하여 지반이 흔들리는 자연현상이다. 지진 대피훈련을 꾸준히 실시하여 유아들이 지진 발생 시 당황하지 않고 안전하게 대피할 수 있도록 한다.

■ 지진 발생 시 대처 방법
- TV와 라디오를 통해 기상 정보를 확인한다.
- 당황하지 말고 사용 중인 전기제품 등은 확실히 끄도록 한다.

– 문이 뒤틀려 열리지 않게 될 수 있으므로 문은 미리 열어두도록 한다.
– 머리를 감싸서 보호하고 재빨리 책상이나 식탁, 침대 밑으로 몸을 숨긴다.

(4) 대설, 한파, 폭염

대설, 한파, 폭염 특보 발행 시 유아의 건강을 위해 외출을 삼가도록 지도한다. 또한 대처 방법에 대한 안내문을 발송하여 가정에서도 재난안전교육을 하도록 한다.

■ 대설, 한파 특보 시 대비요령
– 외출을 삼간다.
– TV와 라디오를 통해 기상 정보를 확인한다.
– 외출 후 손발을 씻고 반드시 독감 예방접종을 한다.
– 손가락, 발가락, 귀 등 동상을 조심해야 한다.
– 외출 시, 따뜻하게 옷을 입는다. 모자, 장갑, 마스크 및 목도리를 착용한다.
– 무리한 운동 및 야외활동을 자제한다.

■ 폭염 특보 시 대처 방법
– TV와 라디오를 통해 기상 정보를 확인한다.
– 야외활동을 자체하고 외출 시 옷차림은 가볍게 한다.
– 정전에 대비 손전등, 비상 식음료, 부채 등을 미리 확인해 둔다.
– 물을 많이 마시도록 한다.
– 폭염주의보 발령 시 낮 12시~오후 4시 사이에는 야외활동을 금한다.

(5) 황사

황사는 주로 중국 북부나 몽골의 건조 · 황토지대에서 바람에 날려 올라간 미세한 모래 먼지가 대기 중에 퍼져서 하늘을 덮었다가 서서히 강하하는 현상 또는 강하하는 흙먼지로 3~5월에 많이 발생한다. 황사를 제대로 대처하지 않으면 건강에 좋지 않은 영향을 줄 수 있음을 유아가 이해할 수 있도록 지도한다.

■ 황사 발생 시 대비 요령

– TV와 라디오를 통해 기상 정보를 확인한다.

– 황사가 실내로 들어오지 못하도록 창문을 닫는다.

– 황사는 알레르기성 결막염, 비염, 기관지 천식 등을 유발하므로 어린이는 가능한 한 외출을 삼간다.

– 외출 시에는 긴소매의 옷을 입고 마스크, 보호용 안경 등을 착용한다.

– 귀가하면 손발을 깨끗이 씻는다.

– 채소나 과일은 더욱 깨끗이 씻는다.

(6) 미세먼지

미세먼지란 대기 중에 떠다니거나 흩날려 내려오는 10㎛ 이하의 입자상 물질로서, 최근 대기오염에 대한 불안도가 높아지면서 환경에 대한 관심이 증가하고 있다. 특히 영유아의 경우, 성인에 비해 면역력이 약하고, 자신의 체중에 비해 많은 공기를 흡입하기 때문에 공지 중의 오염 물질이 성인보다 더 많이 축적된다(백용규, 김수영,2010). 또한 Graham(2004)에 의하면 성인의 체중당 흡입공기량은 150ml/min · kg인 반면, 영유아는 400ml/min · kg으로 영유아의 흡입공기량이 일반 성인의 2배 이상이므로 미세먼지의 관리 및 지도가 중요하다.

환경부는 2019년 2월 15일부터 '미세먼지 저감 및 관리에 관한 특별법(미세먼지법)'을 시행하여 고농도 미세먼지 발생 시 전국 시 · 도에서는 자동차 운행제한, 배출시설 가동률 조정, 휴교 · 휴업, 시차 출 · 퇴근 등 비상저감조치를 시행하고 있다. 최근 유아교육기관에서 영유아들이 머무는 시간이 길어짐에 따라 위생적이고 안전한 환경에 대한 요구가 많아 그에 따른 환경관리가 필요하다.

미세먼지는 입자가 미세하여 코 점막을 통해 걸러지지 않고 흡입 시 폐포(뇌)까지 직접 침투, 천식 · 폐질환 유병률 및 조기사망률이 증가된다. 세계보건기구(WHO) 산하 국제암연구소(IARC)는 2013년 10월에 미세먼지를 인간에게 암을 일으키는 것으로 확인된 1군 발암물질(예:석면, 벤젠, 미세먼시)로 분류한 바 있다.

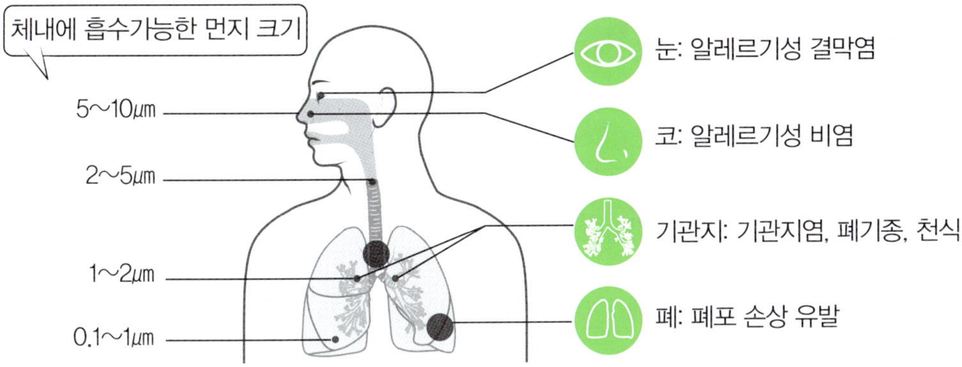

[그림 5-7] 미세먼지로 인해 발생할 수 있는 각종 질병

출처: 교육부, 2019. 고농도 미세먼지 대응실무매뉴얼.

다음은 고농도 미세먼지 발생 시 대응요령이다(보건복지부, 2019; 어린이집안전공제회 안심보육연구소, 2017).

고농도 미세먼지 발생 시 대응요령

- 어린이집 미세먼저 농도 확인 및 대응매뉴얼 이행
  - 미세먼지 농도확인 방법: 스마트폰 어플 '우리동네 대기정보', 에어 코리아홈페이지 (www.airkorea.ac.kr) 등
- 행동요령 교육 및 실천
  - 외출자제, 외출 시 보건용 마스크 착용, 도로변 이동 자제, 깨끗이 씻기 등
- 실외활동 자제, 바깥공기 유입차단(창문 닫고 공기청정기 활용)
- 실내 공기 질 관리하기(실내 물청소 등)

재난 안전교육 시간 및 교육내용

구분	교육부령 제213호 학교안전법 시행규칙	아동복지법 제31조 및 아동복지법 시행령 제28조
시간	학기당 2회 이상 (6시간)	6개월에 1회 이상(연간 6시간 이상)
교육내용	• 화재의 원인과 에방법 알기 • 화재 발생 시 유의사항 및 대처법 알기 • 각종 자연재해 및 사고 적절하게 대처하는 방법 알기 • 각종 재난 유형별 대비 훈련 실시	• 화재의 원인과 예방법 • 뜨거운 물건 이해하기 • 옷에 불이 붙었을 때 대처법 • 화재 시 대처법

6. 직업안전교육

1) 직업 안전사고의 사례

유아는 직업안전교육을 통해 일터에서 일어나는 안전사고에 관심을 가지고 일터 안전의 중요성을 인식한다. 교육부(2016)의 유치원 7대 안전교육 표준안 교사용 지도안에 제시된 내용을 토대로 직업안전사고 사례와 직업안전지도에 대해 살펴보면 다음과 같다.

(1) 골절

나무 파쇄작업장에서 폐목을 재생하기 위해 전기톱으로 자르다 톱날에 튀어 오른 나무 조각이 어깨 쇄골을 타격하여 골절되는 부상을 입은 사례이다. 이 경우, 보안경, 장갑, 안전모 등의 보호구를 착용하고 무리한 작업을 금지한다.

(2) 떨어짐

미술학원에서 벽에 환경미화용 그림을 붙이기 위해 사다리 위로 올라갔으나 균형을 못 잡고 떨어져 부상을 당한 사례이다. 이 경우, 2인 1조로 작업을 하며 전도방지용 사다리를 사용한다.

(3) 감전

지하주차장 변전실에서 이물질을 제거하기 위해 손을 뻗는 순간 감전 사고가 발생하여 부상을 당한 사례이다. 이 경우, 절연장갑 등 보호구 착용을 하고 이물질 제거 시 진공청소기를 사용한다.

(4) 화상

식당 주방에서 기름을 두른 프라이팬에 부침개 재료를 올린 후 부침개를 뒤집다가 기름이 얼굴 및 눈 쪽으로 튀어 화상을 당한 사례이다. 이 경우, 프라이팬에 물기가 들어가지 않도록 주의하고 조리 시 적정한 안전거리를 유지한다.

(5) 화학물질 접촉

외부 세척 원료인 염산을 다른 용기에 따르면서 염산액이 오늘쪽 손등에 묻어 피부손상을 입은 사례이다. 이 경우, 내산성 보호구를 착용하고 보관용기에 경고표지를 부착한다.

2) 직업안전의 지도

유아에게 누리과정 교사용 지도서(유치원/어린이집과 친구)의 '유치원/어린이집에서 함께 지내는 사람들이에요' 활동과 연계하여 직업안전 지도를 실시하도록 한다. 유치원/어린이집에서 일하시는 어른들은 영유아교육기관이 그분들의 일터이며, 영유아의 안전하고 건강한 생활을 위해 애쓰고 계시는 분들이라는 것을 인식하도록 하는데 중점을 둔다. 따라서 우리 모두 영유아교육기관에서의 안전사고를 예방하며 즐겁게 생활하도록 노력해야 함을 지도한다. 영유아교육기관에서의 위험한 곳과 안전한 곳을 알아보고, 위험한 곳에 대해 안전 약속을 함께 정해보고 이를 지키는 태도를 습관화할 수 있도록 지도한다. 또한 주변 장소(병원, 마트, 공공기관 등)로 현장체험학습을 통해 현장 안전시설을 찾아보고 그 각각의 의미를 이해하도록 하고, 비상사태 시 안전하게 대피하는 방법에 대해서도 연계하여 지도한다.

직업 안전교육 시간 및 교육내용

구분	교육부령 제213호 학교안전법 시행규칙
시간	학기당 1회 이상 (2시간)
교육내용	• 일터 안전의 중요성 및 안전을 위해 지켜야 할 일 알기 • 일터 안전시설 현장 체험하기

7. 응급처치

1) 응급처치의 필요성

응급처치란 응급한 상황이 발생하여 전문가가 도착하거나 병원에 가기 전까지의 일시적인 처치방법으로(보건복지부, 2014), 이를 얼마나 신속히 잘했느냐는 위급한 상황에 처한 영유아의 생사와 장애 및 회복 정도에 중요한 영향을 미친다. 따라서 신속한 응급처치를 위해 교사의 역할분담이 이루어져야 하며 기관에서 최소한 한 명 이상의 교사가 응급처치를 할 수 있는 훈련을 받도록 해야 한다. 정확한 응급처치 방법에 대한 교육과 지속적인 훈련이 이루어지지 않은 상태에서 시행하는 응급처치는 위급한 영유아의 상태를 더욱 악화시킬 수 있으므로 응급처치 교육과 훈련의 반복적 실시가 요구된다.

응급상황 시 대처방법

- 당황하지 않고 사고의 원인을 파악하여 필요한 조치를 취한다.
  - 안전사고가 발생하면 교사가 당황하지 않는 것이 무엇보다 중요하다. 교사가 당황하게 되면 사고를 당한 영유아나 나머지 영유아들이 함께 당황해 하거나 더 불안해 할 수 있다.
  - 사고를 파악할 때에는 누가 어떻게 다쳤는지, 그 현장에 남아 있는 위험이나 또 다른 사고의 위험은 없는지 판단한다.
- 다친 영유아의 부상 정도를 파악하여 적절한 대처법을 실시한다.
- 119나 응급실에 구조를 요청한다.
- 부모에게 연락한다.
- 남은 영유아를 안심시킨다.
- 사고보고서를 작성한다.
  - 어린이집의 장은 영유아에게 질병 · 사고 또는 재해 등으로 인하여 위급상태가 발생한 경우 즉시 응급의료기관에 이송한다.

※ 어린이집의 장이 법 제31조에 따른 건강검진을 실시하지 않거나 응급조치를 하지 않은 경우 법 제56조에 따라 과태료가 부과된다.

출처: 어린이집공제회(2019). 2019 어린이집 보육교직원 안전교육.

2) 응급상황별 처치방법

일반적으로 응급상황에서 교사는 당황하지 말고 응급상황에 처한 영유아뿐 아니라 주변의 영유아를 안심시키고 상황에 따른 적절한 응급처치를 실시하여야 한다. 영유아교육기관에서 자주 발생하는 일반적인 응급상황별 처치방법은 다음과 같다(성미영, 민미희, 정현심, 2013; 이기숙 외, 2008, 2011; 전남련 외, 2012).

(1) 화상을 입었을 때

2019년 12월 31일 질병관리본부 보도자료에 의하면 2014년부터 2018년까지 5년간의 화상사고를 분석한 결과, 다른 연령대에 비해 4세 이하 유아에서 발생빈도가 높게 나타났으며 실외보다는 실내에서 9배 이상 많이 발생했고, 주로 집에서 발생한 것으로 나타났다.

화상이 발생했을 때는 직접적으로 얼음 혹은 얼음물을 환부에 대는 것은 잘못된 상식이므로 올바른 응급처치를 하는 것이 무엇보다 중요하다.

- 열에 의한 화상
  - 흐르는 차가운 물에 15분 정도 식힌다. 유아가 심하게 떨거나 저체온이 의심될 경우는 멈추도록 한다.
  - 상처부위를 소독한 거즈로 덮는다.
- 전기에 의한 화상
  - 전류를 차단한다. 단, 전기와 접촉된 사람을 직접 만지지 않는다(고무장갑, 막대기 등을 이용).
  - 열에 의한 화상치료와 동일한 방법으로 처치한다.
  - 체온을 유지시키고 가까운 병원으로 간다.
- 화학약품에 의한 화상
  - 가루형태인 경우 가루를 털어내고, 액체형태인 경우는 생리식염수로 씻어낸다.
  - 화학약품이 눈에 들어간 경우에는 응급처치를 받을 때까지 계속 물로 씻는다.

상처에는 크림, 연고, 로션 등을 바르지 않고, 될 수 있으면 소독된 거즈나 손수건

등으로 넓게 덮어 주거나 감아준다. 또한 화상부위에 간장을 바르거나, 감자를 붙이는 경우 등의 민간요법은 2차 감염을 일으키거나 창상감염을 일으켜 패혈증과 같은 심각한 합병증을 초래할 수 있다. 화상의 크기가 전체 표면적의 10% 이상이거나 통증이 심하면 즉시 병원에 가서 치료를 받도록 한다.

유아 화상 사고 예방을 위한 안전수칙

▶ 뜨거운 물건은 아이의 손이 닿지 않는 곳에 둔다.
- 뜨거운 주전자와 작동 중인 전기밥솥은 증기에 델 수 있으므로 손이 닿지 않는 곳에 둔다.
- 유아가 식탁보를 잡아당겨 식탁 위에 있던 음식이 쏟아질 수 있으므로 식탁보를 사용하지 않는다.
- 요리할 때는 유아가 가까이 있지 않도록 한다.
- 프라이팬 손잡이는 안쪽으로 돌려놓는다.
- 다림질은 유아가 잠든 후에 한다.
- 정수기의 온수는 잠금장치를 해 둔다.

▶ 유아를 목욕시키기 전에는 물의 온도를 확인한다.
▶ 유아를 안고 뜨거운 음식이나 차를 마시지 않는다.
▶ 안전장치가 있는 전열 기구를 사용한다.
▶ 화상을 입었을 때 응급처치 법을 익혀둔다.
▶ 뜨거운 음식은 식은 후에 먹도록 지도한다.
▶ 난로나 전열기 주변에 오래 있지 않는다.

발췌: 보건복지부 질병관리본부 2019. 12월 31일 보도자료

(2) 치아가 빠졌거나 부러졌을 때

영유아의 치아가 빠졌을 경우에는 소독된 거즈를 이용하여 빠진 곳을 꼭 눌러주거나 깨물도록 해서 지혈을 시킨다. 빠졌거나 부러진 치아는 차가운 우유나 식염수에 담가 부상당한 후 30분 이내에 치과에 가지고 가서 원래 있던 자리에 넣어주면

대체로 잘 붙는다. 사고에 의해 영구치가 빠졌을 때는 치과에서 이식하는 것이 가장 좋은 방법이다.

(3) 탈구 및 골절상을 입었을 때

탈구는 뼈가 본래의 자리에서 빠져나온 상태로, 탈구된 부위가 부어오르고 심한 통증을 동반한다. 영유아의 탈구 시에는 상처 부위를 움직이지 않고 부목을 대고 냉찜질을 해 주며 병원으로 데리고 가야 한다. 부목을 대는 방법은 그림 5-8과 같다.

뼈에 금이 가거나 부러지는 골절의 경우에는 다친 곳에 넓게 부목을 대어 빨리 병원으로 데리고 간다. 영유아의 골절 시에는 몸을 따뜻하게 보온해 주고 심한 경우 수술이 필요할 수도 있으므로 음식물을 먹이지 않도록 한다.

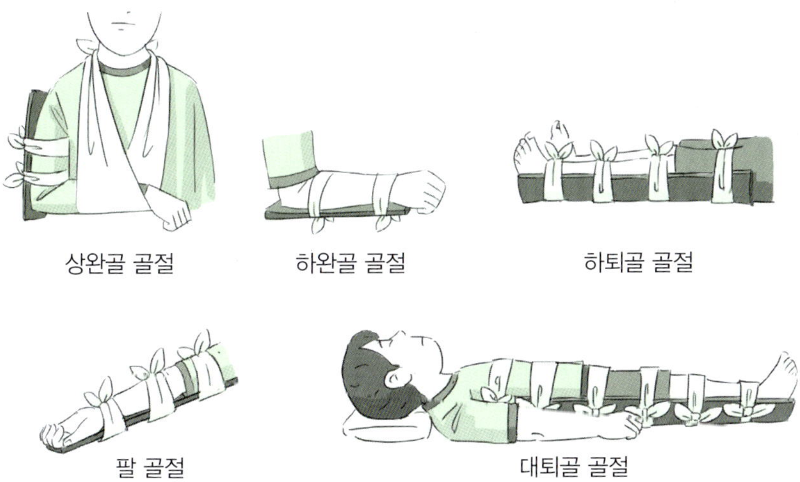

[그림 5-8] 탈구 및 골절 시 부목 대는 방법

부목을 대고 삼각건을 이용할 때는 그림 5-9와 같이 반드시 맞매듭으로 매듭을 지어서 풀기에 편하도록 한다.

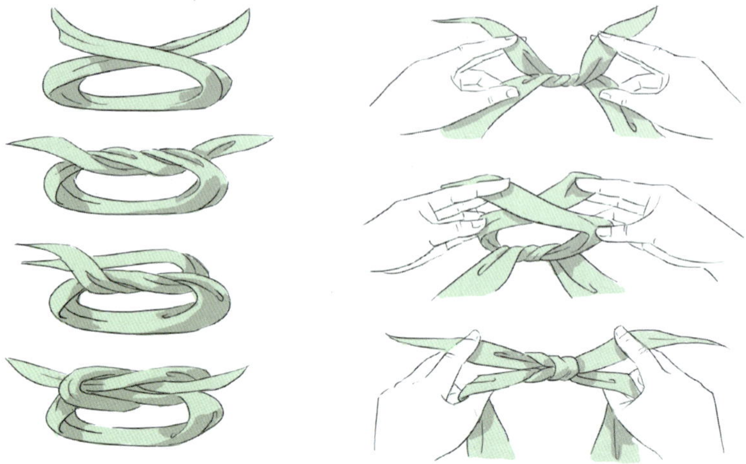

[그림 5-9] 삼각건 사용법

(4) 머리를 다쳤을 때

머리를 부딪친 후 일상생활을 하는데 지장이 없다면 크게 걱정할 필요는 없으나, 머리에 출혈이 있을 경우에는 청결한 거즈를 상처부위에 씌워 조금 세게 압박하여 지혈하고 소독하며, 혹이 생겼다면 차가운 타월을 이용하여 상처부위를 찜질해 준다. 큰 외상이 있거나 심한 두통을 호소하거나 토하고, 몸을 잘 움직이지 못한다면 호흡 여부를 확인한 후에 기도를 열어준다. 필요한 경우 인공호흡을 실시하고 가능한 한 빨리 병원으로 데리고 간다.

- 기도확보: 혀가 기도를 막는 것을 방지하기 위해 한 손으로 이마를, 다른 한 손으로는 턱을 들어 중립 위치를 유지한다.
- 인공호흡: 영아의 경우에 처치자의 입으로 영아의 입과 코를 동시에 막아서 2회 숨을 불어 넣는다. 유아의 경우에는 엄지와 검지로 코를 막고 입을 밀착시켜 인공호흡을 2회 실시한다.

(5) 경련을 일으킬 때

경련은 주로 인플루엔자와 같은 바이러스 감염에 의한 체온상승, 뇌막염, 뇌염, 감정적 변화 등으로 발생하는 질병의 징조이다. 일반적으로 영유아가 경련을 일으킬 때는 먼저 영유아를 바닥에 눕힌다. 이때 몸이 주변 물건에 부딪히지 않도록 하고 경련 중에 혀를 깨물기 쉬우므로 치아 사이에 수건을 말아 끼워 주며, 엉덩이를 높게 해 준다. 열이 심하여 경련을 일으켰을 경우는 찬 물수건으로 몸을 닦아 준다. 일반적으로 영유아가 경련을 멈춘 후 수면을 취하게 되면 경련 중에 있었던 일에 대해 잘 기억하지 못하므로 교사는 경련이 발생한 상황을 부모에게 알려 그 원인을 치료할 수 있도록 한다. 이 외에 특별한 이유 없는 통증이나 근육 경련이 일어날 경우에는 활동량을 줄이고 휴식시간을 갖도록 한다.

(6) 의식을 잃었을 때

영유아가 의식을 잃었을 때는 즉시 병원에 데리고 가며, 병원에 도착하기 전까지는 응급처치가 필요하다. 영유아가 호흡곤란이 오면 먼저 인공호흡을 해 주고, 완전히 의식을 잃지 않도록 계속해서 "괜찮아?" 등의 질문을 하도록 한다. 영유아가 완전히 의식을 잃은 경우에는 머리를 완전히 뒤로 젖히고 턱을 들어 올려 3~5초 동안 호흡 여부를 확인한다.

(7) 이물질이 들어갔을 때

영유아의 눈, 귀, 코, 기도에 이물질이 들어 갔을 때의 일반적인 응급처치 방법은 다음과 같다.

- 눈: 이물질이 들어갔을 경우에는 바늘을 제거한 주사기에 식염수를 넣어 씻어 내거나 면봉 끝으로 살짝 묻혀 꺼낸다. 모래나 좀 더 큰 이물질이 눈에 들어갔을 때는 문지르거나 비비지 않도록 주의한다. 이물질이 빠지지 않을 때는 흐르는 물이나 생리 식염수를 흘려 눈의 안쪽에서 바깥쪽으로 5분 이상 헹구어 낸다.

- 귀: 이물질이 작고 부드러운 경우는 핀셋으로 집어내며, 이물질이 잘 나오지 않을 때는 이비인후과에 데리고 간다. 만일 귀에 곤충이 들어갔을 경우에는 물을 조금 떨어뜨려 곤충을 죽인 다음 빼내고 귀를 씻어낸다.
- 코: 이물질이 들어가지 않은 쪽의 코를 손가락으로 막고, 코를 풀게 하면 이물질이 나오기도 하며, 제거하기 쉬울 때는 핀셋으로 집어낸다. 그러나 깊숙이 들어갔을 경우는 즉시 병원으로 데리고 간다.
- 기도: 호흡을 할 수 있는 여유가 있으면 기침을 해서 이물질을 나오게 할 수 있으나 호흡이 곤란한 경우는 얼굴을 땅을 향해 엎드리게 하고 즉시 병원으로 데리고 간다. 또한 하임리히 구명법(heimlich maneuver)을 사용하며(그림 5-10 참고), 구급차를 기다리는 동안 의식을 잃을 경우는 영유아를 한쪽으로 눕히고 입을 바닥으로 향하게 한다.

12개월 이전 영아의 경우

영아를 한 손에 올린 뒤, 뒤집어서 허벅지 위에 올리고, 반대편 손으로 빠르게 4~5번 정도 양측 날개죽지 사이를 두드린다. 이물질이 입에서 나오지 않는다면, 이번엔 뒤집어서 윗배 쪽을 4~5번 압박한다. 이때 세게 하면 위험할 수 있다.

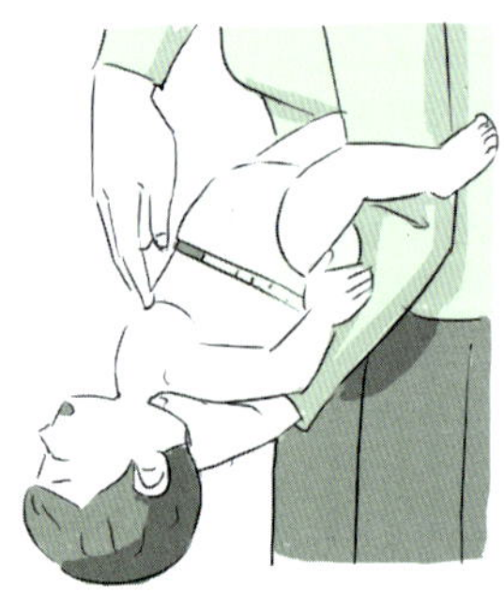

12개월 이상 영유아의 경우

뒤에서 아이를 안고, 명치 부위를 후상방으로 압박한다.

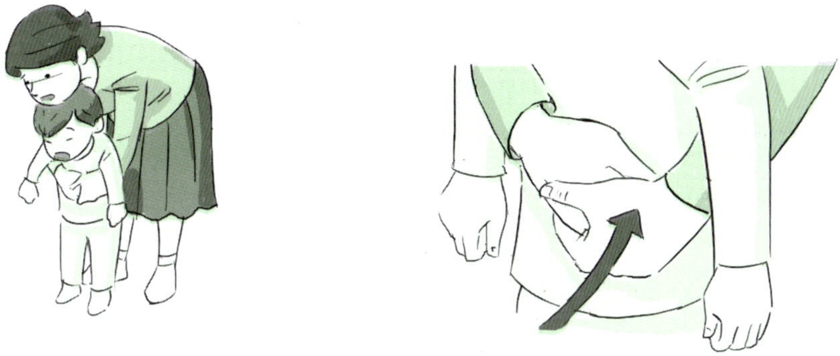

[그림 5-10] 하임리히 구명법

(8) 독극물을 마셨을 때

영유아는 일상생활에서 사용하는 가정용 표백제나 빙초산, 화학약품 등 독극물을 마시는 경우가 종종 발생한다. 특히, 영아는 무엇이든 입으로 가져가려고 하는 특성 때문에 중독사고를 일으킬 수 있다. 일반적으로 독극물을 마셨을 때는 먼저 어떤 종류의 독극물을 먹었는지 살핀 후, 119 구조대나 1339 응급정보센터로 전화해서 추정되는 독극물의 종류를 말하고 응급처치 방법에 대한 도움을 받는 것이 좋다.

만약 영유아가 무엇을 마셨는지 잘 모를 경우, 의식이 있다면 2~3컵의 우유나 물을 마시게 하고 손가락으로 영유아의 목구멍에 집어넣어 토하도록 한 후 병원으로 데리고 간다. 단, 독성물질을 삼켰을 때 무조건 구토를 유도하는 것은 내장 기관의 조직이 손상되는 등의 위험이 있을 수 있으므로 주의가 요구된다.

3) 응급처치 동의서

어린이집에서 영유아가 안전사고를 당한 경우에는 응급처치를 한 후, 학기 초 학부모에게 받았던 응급처치 및 귀가 동의서를 토대로 학부모에게 연락을 하여야 한다. 응급처치 및 귀가 동의서는 각각 다음과 같다.

○○어린이집에서는 영유아보육법 및 동법 시행규칙, 보육사업 안내 등에 따라 아래의 내용에 대하여 보호자의 동의를 받아 진행 여부를 결정하고자 합니다. 구체적인 내용을 확인하고 해당 내용에 동의 여부를 빠짐없이 체크해주시기 바랍니다.

영유아 기본 정보

영유아명	(□ 남 □ 여)	반명	
생년월일		혈액형	
주소			
보호자	성명	관계	연락처

★ 변경사항( )

1. 응급처지 및 귀가동의

구분	내용
응급처치	– 응급상황 발생 시 위의 보호자에게 연락하여 주십시오. – 필요시 119구조대에 연락하여 □ 어린이집 지정 의료기관(중앙가정의학과)이나 □ 보호자 지정 의료기관 ( )으로 수송해 주십시오.
귀가동의	– 위 영유아의 귀가 시 위의 보호자에게 인도하여 주십시오. – 정해진 보호자 외 다른 사람에게 인계할 경우 사전에 반드시 연락을 취하겠습니다. ※○○어린이집에서는 영유아를 성인 보호자에게 인계하는 것이 원칙입니다. 다만, 보호자가 보육아동의 13세(중학생) 이상 형제·자매에게 인계를 희망하는 경우에는 예외적으로 가능하며, 이때 인계 후 발생하는 안전사고 등에 대한 책임은 보호자에게 있습니다. (동의함 □) – 등·하원방법 : □ 보호자 동행 □ 차량(어린이집) – 차량이용 시 등·하원 시간 : 등원(시 분), 하원(시 분) – 부모 외 인계 보호자 :

★변경사항( )

출처: H 어린이집 2020 부모동의 및 조사서 일부.

참고문헌

교육부 (2015). 유치원 시설안전관리 매뉴얼.

______ (2016). 유치원 7대 안전교육 표준안.

______ (2019). 고농도 미세먼지 대응실무매뉴얼.

교육인적자원부 (2001). 성희롱 · 성폭력 예방교육 프로그램. 교육인적자원부.

교육부, 보건복지부 (2016). 유치원 · 어린이집 아동학대 조기발견 및 관리 · 대응 매뉴얼(교직원용).

도로교통공단 (2019). 2019년판 교통사고 통계분석. 도로교통공단 안전본부 교통사고종합분석센터.

백영규, 김수영 (2010). 보육시설의 규모 및 실 유형에 따른 실내공기오염물질 농도변화. 한국건축친환경설비학회 논문집, 4(4), 235-240.

보건복지부 (2014). 보육시설 안전관리매뉴얼.

__________ (2015). 보육사업안내. 보건복지부.

__________ (2019). 보육사업안내. 보건복지부.

성미영, 민미희, 정현심 (2013). 아동안전관리. 서울: 학지사.

어린이집 안전공제회 (2019). 2019 어린이집 보육교직원 안전교육.

__________________ (2020). 2020 어린이집 보육교직원 안전교육_아동학대 예방교육.

어린이집안전공제회 안심보육연구소 (2017). 관계와 귀기울임으로 만들어가는 유아 재난 안전교육프로그램 연구.

이기숙, 장영희, 정미라, 윤선화 (2011). 영유아 안전교육. 양서원.

이기숙, 장영희, 정미라, 배소연, 박희숙 (2008). 영유아를 위한 안전교육과 응급처치. 양서원.

전남련, 김진혜, 권경미, 권순남, 강은숙, 홍은미(2012). 유아 건강, 안전 교육. 정민사.

조준오 (2014). 유아의 정보윤리의식과 인터넷 게임중독 경향성에 영향을 미치는 변인들 간의 구조관계분석. 부산대학교 대학원 박사학위논문.

조춘범(2008). 가족기능이 청소년의 폭력비행에 미치는 영향과 인터넷 게임중독의 매개효과 검증. 연세대학교 대학원 박사학위논문.

중앙아동보호전문기관 (2019). 2018 아동학대 주요통계.

질병관리본부(2019). 2019년 12월 31일자 질병관리본부 보도자료

한국정보화진흥원(2019). 스마트폰 과의존 예방 가이드라인 매뉴얼- 영 · 유아 보호자용.

American Academy of Pediatrics(AAP,2016). Media and Young Minds.

Boureaux, M. C., & Lord, W. D. (2000). Child abduction : An overview of current and historical perspectives. *Child Maltreatment,* 5, 63-71.

Graham, L. M. (2004). All I need is the air that I breath: outdoor air quality and asthma. *Paediatric respiratory reviews, 5*, S59-S64.

https://m.post.naver.com/incheontogi

http://safetyroad.tistory.com.

http://shp.mogef.go.kr

http://www.mois.go.kr

MEMO

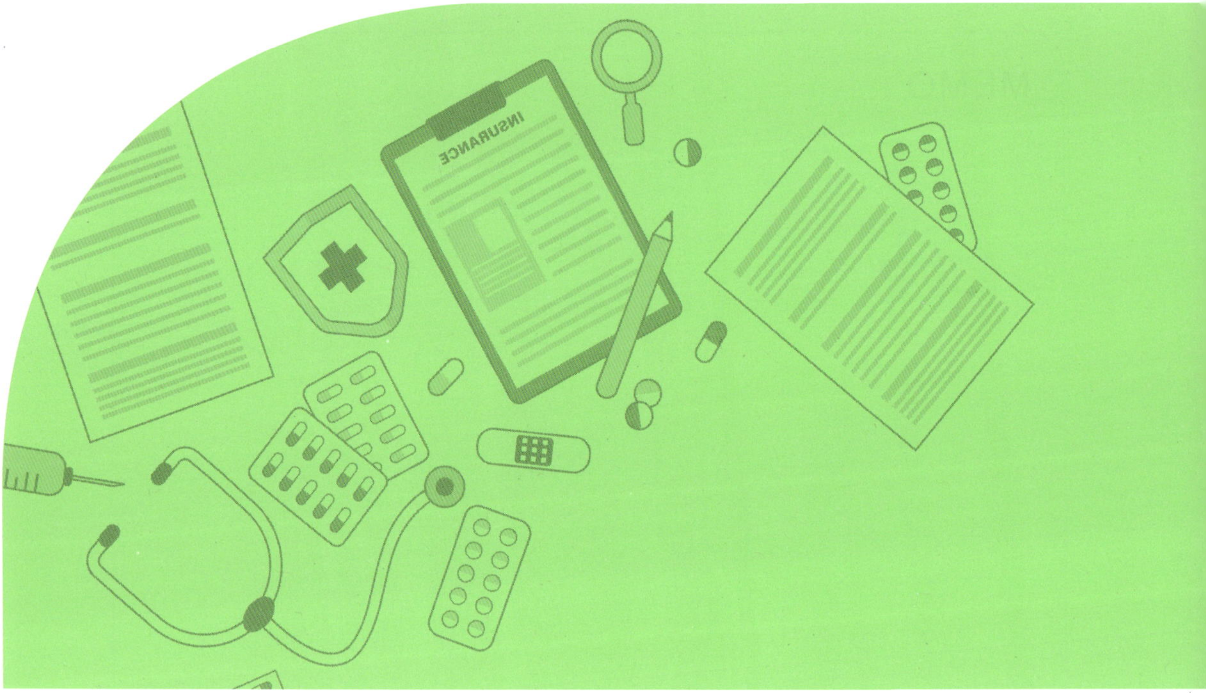

- 유치원과 친구
- 나와 가족
- 우리 동네
- 동물
- 건강과 안전
- 교통기관
- 우리나라/세계 여러 나라
- 환경과 생활
- 봄 · 여름 · 가을 · 겨울
- 생활도구

PART 2

실제편

유치원과 친구

1. 요리 : 영양 꼬치 만들기

2. 새노래부르기 : 친구야, 쉿!

3. 게임 : 내 옷에 불이 붙었어요

4. 이야기 나누기 : 조심조심!
안전하게 지내요

1. 영양 꼬치 만들기

목 표	누리과정 관련 요소
• 요리재료와 요리순서를 안다. • 다양한 재료를 활용하여 꼬치를 만들어 본다. • 요리에 활용한 재료를 골고루 먹어 본다. • 요리 활동에 즐겁게 참여한다.	• 신체운동 · 건강: 건강하게 생활하기 – 몸에 좋은 음식에 관심을 가지고 바른 태도로 즐겁게 먹는다. • 예술경험: 아름다움 찾아보기 – 예술적 요소에 관심 갖고 찾아본다. • 자연탐구: 생활 속에서 탐구하기 – 물체를 세어 수량을 알아본다. • 자연탐구: 생활 속에서 탐구하기 – 주변에서 반복되는 규칙을 찾는다.
(창의 · 인성 관련) • 창의성: 동기적 요소 – 호기심 · 흥미 • 인성: 협력 – 개인적 책임감	

1) 활동자료

• 요리순서도, 요리도구(접시, 꼬치용 막대, 빵칼, 도마, 앞치마, 두건, 위생장갑), 요리재료 (메추리알, 닭가슴살, 오이, 방울토마토, 바나나, 딸기, 떡볶이용 떡, 치즈)

2) 활동방법

(1) 도입

– 꼬치를 먹어본 경험에 대해 이야기 나누며 흥미를 유발한다.

– 활동을 소개한다.

(2) 전개

– 준비된 요리도구와 요리재료를 보며 이에 대해 이야기 나눈다.

– 요리순서도를 보며 영양 꼬치 만들기의 순서에 대해 이야기 나눈다.

– 요리 활동에 필요한 약속을 정한다.

– 요리 활동을 한다.

– 완성된 영양 꼬치를 친구들에게 소개한다.

– 완성한 영양 꼬치를 먹으며 음식 맛에 대해 이야기 나눈다.

(3) 평가 및 마무리

– 활동 후 생각과 느낌에 대해 이야기 나눈다.

요리순서도

* 재료 : 메추리알, 닭가슴살, 오이, 방울토마토, 바나나, 딸기, 떡볶이용 떡, 치즈

* 도구 : 접시, 꼬치용 막대, 빵칼, 도마, 앞치마, 두건, 위생장갑

* 만드는 방법

① 준비된 요리재료 중 꼬치에 꽂고 싶은 재료를 선택하여 접시에 담는다.

② 선택한 재료를 필요한 크기로 자른다.

③ 준비된 재료를 이용하여 꽂고 싶은 순서대로 꼬치에 꽂는다.

④ 맛있게 먹는다.

2. 친구야, 쉿!

목 표	누리과정 관련 요소
• 친구들과 서로 지켜야 할 약속을 안다. • 자신의 생각과 느낌을 말로 표현할 수 있다. • 노래 부르기 활동을 통해 즐거움을 느낀다.	• 의사소통: 듣기와 말하기 - 자신의 경험, 느낌, 생각을 말한다. • 사회관계: 더불어 생활하기 - 친구와의 갈등을 긍정적인 방법으로 해결한다. • 예술경험: 창의적으로 표현하기 - 노래를 즐겨 부른다.
(창의·인성 관련) • 창의성: 인지적 요소 - 문제해결력 • 인성: 질서 - 사회질서	

1) 활동자료

• 노랫말 판, 유아가 서로 화가 난 표정으로 마주보고 있는 그림

2) 활동방법

(1) 도입

– (유아가 서로 화난 표정으로 마주보고 있는 그림 자료를 보여 주며) 그림 속 상황에 대해 이야기 나누며 흥미를 유발한다.

– 활동을 소개한다.

(2) 전개

– (노랫말판을 제시하며) 노래를 불러준다.

– 노랫말에 대하여 이야기 나눈다.

– 노래를 다시 한 번 불러준다.

– 한 가지 소리로 노래를 불러본다.

– 교사–유아, 유아–유아 간에 부분으로 나누어 불러본다.

– 노래 전체를 다함께 불러본다.

(3) 평가 및 마무리

– 활동 후 느낌에 대해 이야기 나눈다.

친구야, 쉿!

양이슬 작사
양이슬 작곡

3. 내 옷에 불이 붙었어요

목 표	누리과정 관련 요소
• 옷에 불이 붙었을 때 대처하는 방법을 안다. • 게임에 적극적으로 참여한다.	• 신체운동 · 건강: 안전하게 생활하기 – 안전사고, 화재, 재난, 학대, 유괴 등에 대처하는 방법을 경험한다. • 의사소통: 듣기와 말하기 – 자신의 경험, 느낌, 생각을 말한다.
(창의 · 인성 관련) • 창의성: 인지적 요소 – 문제해결력	

1) 활동자료

• 이야기 나누기 그림 자료(옷에 불이 붙은 장면, 옷에 불이 붙은 채 뛰지 않고 제자리에 서 있는 장면, 두 손으로 얼굴을 가린 장면, 불이 붙은 옷을 바닥에 대고 누워 있는 장면, 바닥에 누운 채로 좌우로 뒹구는 장면), 게임용 그림 자료(옷의 다양한 위치에 불이 붙은 그림 각 2장씩), 불 그림 2개, 호루라기

2) 활동방법

(1) 도입

– (옷에 불이 붙은 그림 자료를 보며) 옷에 불이 붙으면 어떻게 해야 하는지에 대해 이야기 나누며 흥미를 유발한다.

– 옷에 불이 붙으면 어떻게 해야 하는지에 대해 4단계로 이야기해 준다.

1단계: 제자리에 선다.

2단계: 두 손으로 얼굴을 가린다.

3단계: 불이 붙은 몸 부위를 바닥에 대고 눕는다.

4단계: 좌우로 몸을 뒹군다.

– 오늘의 활동을 소개한다.

(2) 전개

- (활동자료를 보며) 게임방법에 대해 이야기 나눈다.
- 게임의 규칙을 정한다.
- 점수 기준을 제시한다.
- 팀을 나눈 후 인원수를 확인한다.
- 팀 이름을 정한다.
- 시범을 보인다.
- 게임을 한다.
- 게임을 평가한다.

(3) 평가 및 마무리

- 활동 후의 생각과 느낌에 대해 이야기 나눈다.
- 옷에 불이 붙었을 때 대처하는 방법에 대해 다시 한 번 이야기 나눈다.

게임 방법

① 출발선에 선다.
② 출발신호가 울리면 그림 카드가 있는 장소까지 뛰어 간다.
③ 그림 카드를 한 장 뽑아 그림과 같은 신체부위의 옷 위에 불꽃을 붙인다.
④ 제자리에 멈춘다.
⑤ 두 손으로 얼굴을 가린다.
⑥ 불이 붙은 몸 부위를 바닥에 대고 눕는다.
⑦ 몸을 좌우로 뒹굴며 불을 끈다.
⑧ 출발점으로 되돌아온다.

4. 조심조심! 안전하게 지내요

목 표	누리과정 관련 요소
• 유치원(어린이집)에서 안전하게 생활하는 방법에 대해 안다. • 안전한 상황과 위험한 상황을 구별해 본다.	• 신체운동 · 건강: 안전하게 생활하기 – 일상에서 안전하게 놀이하고 생활한다. • 의사소통: 듣기와 말하기 – 자신의 경험, 느낌, 생각을 말한다.
(창의·인성 관련) • 창의성: 인지적 요소 – 문제 해결력 • 인성: 배려 – 친구에 대한 배려	

1) 활동자료

• 울고 있는 유아 그림 자료(실내활동실에서 울고 있는 장면, 실외놀이터에서 울고 있는 장면), 안전한 상황 그림 자료(걸어다니는 장면, 놀잇감을 사이좋게 나누는 장면, 차례로 줄을 서서 미끄럼틀을 타는 장면, 차례를 기다려 그네를 타는 장면), 위험한 상황 그림 자료(뛰어다니는 장면, 놀잇감을 빼앗는 장면, 미끄럼틀에서 거꾸로 내려오는 장면, 그네를 빼앗는 장면)

2) 활동방법

(1) 도입

– (울고 있는 유아 그림을 보며) 그림 속의 상황에 대해 이야기 나누며 흥미를 유발한다.

– 활동을 소개한다.

(2) 전개

– 유치원(어린이집)의 안전과 관련 있는 실내, 실외 사진을 보며 이야기 나눈다.

– (안전한 상황 그림을 보여 주며) 안전한 상황에 대해 이야기 나눈다.

– (위험한 상황 그림을 보여 주며) 위험한 상황에 대해 이야기 나눈다.

– 안전한 생활을 위해 지켜야 할 약속에 대해 이야기 나눈다.

(3) 평가 및 마무리

– 활동 후 알게 된 것에 대해 이야기 나눈다.

출처: 교육과학기술부(2013). 3세 누리과정 교사용 지도서 ①. 유치원/어린이집과 친구. pp.200~202에서 발췌, 수정.

나와 가족

1. 요리 : 식빵으로 얼굴 꾸미기

2. 새노래부르기 : 싹싹 닦아라

3. 이야기 나누기 : 좋은 느낌, 나쁜 느낌

4. 게임 : 깨끗한 손, 더러운 손

5. 신체표현 : 금연체조

1. 식빵으로 얼굴 꾸미기

목 표	누리과정 관련 요소
• 요리재료와 요리순서를 안다. • 다양한 재료를 활용하여 자신의 얼굴을 꾸며 본다. • 요리 활동에 즐겁게 참여한다. • 요리에 활용한 음식재료를 골고루 먹어본다.	• 신체운동 · 건강: 건강하게 생활하기 – 몸에 좋은 음식에 관심을 가지고 바른 태도로 즐겁게 먹는다. • 예술경험: 아름다움 찾아보기 – 예술적 요소에 관심을 갖고 찾아본다. • 자연탐구: 생활 속에서 탐구하기 – 물체의 위치와 방향, 모양을 알고 구별한다.
(창의 · 인성 관련) • 창의성: 동기적 요소 – 호기심 · 흥미 • 인성: 협력 – 개인적 책임감	

1) 활동자료

• 요리순서도, 요리도구(접시, 컵, 칼, 앞치마, 두건, 위생장갑), 요리재료(식빵, 당근, 오이, 햄, 호두, 아몬드, 우유)

2) 활동방법

(1) 도입

– 식빵을 보여 주며 흥미를 유발한다.

– 활동을 소개한다.

(2) 전개

– 준비된 요리도구와 요리재료를 보며 이야기 나눈다.

– 요리순서도를 보며 식빵으로 얼굴 꾸미기 활동의 순서에 대해 이야기 나눈다.

– 요리 활동에 필요한 약속을 정한다.

– 요리 활동을 한다.

– 완성된 음식을 친구들에게 소개한다.

– 완성한 요리를 먹으며 음식 맛에 대해 이야기 나눈다.

(3) 평가 및 마무리

– 활동 후 느낌에 대해 이야기 나눈다.

요리순서도

*재료 : 식빵, 당근, 오이, 햄, 호두, 아몬드, 우유

*도구 : 접시, 컵, 갈, 앞치마, 두건, 위생장갑

*만드는 방법

① 식빵을 접시 위에 올려놓는다.

② 얼굴 꾸미기에 필요한 재료를 선택한다.

③ 선택한 재료를 필요한 크기로 자른다.

④ 준비된 재료를 이용하여 식빵 위에 얼굴을 꾸민다.

⑤ 맛있게 먹는다.

2. 싹싹 닦아라

목 표	누리과정 관련 요소
• 바르게 이닦는 방법을 안다. • 박자에 맞추어 노래를 부른다. • 함께 불러보는 활동에 즐거움을 느낀다.	• 신체운동 · 건강: 건강하게 생활하기 – 자신의 몸과 주변을 깨끗이 한다. • 사회관계: 나를 알고 존중하기 – 내가 할 수 있는 것을 스스로 한다. • 예술경험: 창의적으로 표현하기 – 노래를 즐겨 부른다.
(창의 · 인성 관련) • 창의성: 인지적 요소 – 사고의 확장 • 인성: 협력 – 개인적 책임감	

1) 활동자료

• 노랫말 판, 이닦는 방법 그림 자료

2) 활동방법

(1) 도입

– (이닦는 방법 그림 자료를 보며) 이닦기에 대한 이야기를 통해 흥미를 유발한다.

– 활동을 소개한다.

(2) 전개

– (노랫말 판을 보며) 이닦기 노래를 불러준다.

– 노랫말에 대하여 이야기 나눈다.

– 노래를 다시 한 번 불러준다.

– 한 가지 소리로 불러본다.

– 교사–유아, 유아–유아 간에 부분으로 나누어 불러본다.

– 다함께 노래 전체를 불러본다.

(3) 평가 및 마무리

– 활동 후 느낌에 대해 이야기 나눈다.

– 활동 후 알게 된 것에 대해 이야기 나눈다.

싹싹 닦아라

이원수 작사
미 상 작곡

3. 좋은 느낌, 나쁜 느낌

목 표	누리과정 관련 요소
• 좋은 느낌과 나쁜 느낌을 구별해 본다. • 자신의 몸을 스스로 보호할 수 있는 능력을 기른다. • 자신의 느낌을 말로 표현한다.	• 신체운동 · 건강: 안전하게 생활하기 – 안전사고, 화재, 재난, 학대, 유괴 등에 대처하는 방법을 경험한다. • 사회관계: 나를 알고 존중하기 – 나의 감정을 알고 상황에 맞게 표현한다.
(창의 · 인성 관련) • 창의성: 인지적 요소 – 사고의 확장 • 인성: 존중 – 자신과 전통문화에 대한 존중	

1) 활동자료

• 얼굴표정 그림 자료(웃는 얼굴, 찡그린 얼굴), 좋은 느낌의 그림 자료(아빠가 안아주는 그림, 엄마가 뽀뽀해 주는 그림, 할아버지가 머리를 쓰다듬어주는 그림 등), 나쁜 느낌의 그림 자료(아저씨가 껴안으려는 그림, 아저씨가 뽀뽀하자고 하는 그림 등)

2) 활동방법

(1) 도입

– (얼굴표정 그림 자료를 보여 주며) 느낌에 대해 이야기 나누며 흥미를 유발한다.

– 활동을 소개한다.

(2) 전개

– (좋은 느낌이 드는 그림 자료를 보여 주며) 좋은 느낌이 드는 때에 대해 이야기 나눈다.

– (나쁜 느낌이 드는 그림 자료를 보여 주며) 나쁜 느낌이 드는 때에 대해 이야기 나눈다.

– 나쁜 느낌이 들 때 어떻게 해야 하는지에 대해 이야기 나눈다.

– 사람의 겉모습으로 좋은 사람과 나쁜 사람을 알 수 없다는 것에 대해 이야기 나눈다.

- 혼자 있을 때 낯선 사람이 다가오면 어떻게 해야 하는지 이야기 나눈다.

(3) 평가 및 마무리

- 활동 후 알게 된 것에 대해 이야기 나눈다.

4. 깨끗한 손, 더러운 손

목 표	누리과정 관련 요소
• 손을 깨끗하게 하지 않으면 여러 가지 질병에 걸릴 수 있음을 안다. • 게임에 즐겁게 참여한다.	• 신체운동 · 건강: 건강하게 생활하기 – 자신의 몸과 주변을 깨끗이 한다. • 신체운동 · 건강: 건강하게 생활하기 – 질병을 예방하는 방법을 알고 실천한다. • 사회관계: 나를 알고 존중하기 – 내가 할 수 있는 것을 스스로 한다.
(창의 · 인성 관련) • 창의성: 성향적 요소 – 독립성 • 인성: 협력 – 개인적 책임감	

1) 활동자료

• 그림 자료(모래 놀이하는 그림, 미술활동 그림, 화장실 사용하는 그림 등), 손 모양 게임판 2개, 세균 모양의 그림조각, 깨끗한 손과 더러운 손 그림 카드 각 15개, 출발신호 악기(호루라기)

2) 활동방법

(1) 도입

– (그림 자료를 보여 주며) 손씻기에 대해 이야기 나누며 주의를 집중시킨다.

– 활동을 소개한다.

(2) 전개

– (활동자료를 보며) 게임방법에 대해 이야기 나눈다.

– 게임의 규칙을 정한다.

– 점수 기준을 제시한다.

– 팀을 나눈 후 인원수를 확인한다.

– 팀 이름을 정한다.

– 시범을 보인다.

– 게임을 한다.

– 게임 결과를 알아본다.

(3) 평가 및 마무리

– 활동을 평가한다.

게임 방법

① 출발선에 선다.

② 출발신호가 울리면 그림 카드가 있는 장소까지 뛰어 간다.

③ 그림 카드를 한 장 뽑는다.

④ 깨끗한 손이 나오면 게임 판의 세균을 하나 떼고, 더러운 손이 나오면 게임 판의 세균을 하나 붙인다.

⑤ 출발점으로 되돌아온다.

5. 금연체조

목 표	누리과정 관련 요소
• 금연의 필요성을 안다. • 흡연자에게 금연을 권유하는 방법을 안다. • 신체활동에 즐겁게 참여한다.	• 신체운동 · 건강: 신체활동 즐기기 – 기초적인 이동운동, 제자리 운동, 도구를 이용한 운동을 한다. • 신체운동 · 건강: 건강하게 생활하기 – 질병을 예방하는 방법을 알고 실천한다. • 의사소통 – 듣기와 말하기 – 자신의 경험, 느낌, 생각을 말한다.
(창의 · 인성 관련) • 창의성: 인지적 요소 – 문제 해결력 성향적 요소 – 개방성 • 인성: 질서 – 사회질서 배려 – 가족에 대한 배려	

1) 활동자료

• 흡연으로 인해 폐가 까맣게 손상된 사진, 금연체조(금연길라잡이, nosmokeguide.co.kr)

2) 활동방법

(1) 도입

– (흡연으로 폐가 까맣게 손상된 사진을 보여 주며) 흡연의 유해성에 대해 이야기 나누며 주의를 집중시킨다.

– 활동을 소개한다.

(2) 전개

– '금연체조' 동영상을 보여 준다.

– '금연체조' 동영상 중 유아들이 따라 해보고 싶은 동작을 함께 해 본다.

– 흡연을 하는 주위 사람에게 금연체조를 통해 금연을 권유하는 방법에 대해 이야기 나눈다.

(3) 평가 및 마무리

– 활동 후 알게 된 것에 대해 이야기 나눈다.

기본자세
바닥에 등을 대고 눕습니다. 팔과 다리를 교차시키지 않고 편안하게 눕습니다. 무릎 밑에 베개를 놓아 허리에 들어간 힘을 뺍니다. 이때 눈은 부드럽게 감습니다. 이제부터 몸의 긴장을 차례차례 풀어보도록 합니다.

얼굴
이마에 힘껏 주름을 잡아봅니다. 온통 찌푸린 표정으로 깊고 단단하게 주름을 만듭니다. 얼굴의 모든 근육에 최대한 힘을 줍니다. 이제 힘을 뺍니다. 이마와 머리 피부가 부드러워지는 것을 느껴봅니다. 5초 정도 이 부드러운 느낌에 주목합니다.

혀
혀로 입천장을 밀어봅니다. 혀뿌리까지 뻐근해지는 것을 느껴봅니다. 울먹이는 느낌을 상상해 보면서 힘을 줍니다. 이제 힘을 빼고 혀에서 완전히 힘을 뺍니다. 5초 정도 느슨한 상태를 유지합니다.

손과 팔뚝
오른쪽 주먹을 쥡니다. 점점 세게 쥐어봅니다. 꽉 쥐었을 때의 팽팽함을 느껴봅니다. 좀 더 힘을 주고 그 상태를 유지합니다. 이제 힘을 뺍니다. 느슨해지는 것을 느껴보십시오. 5초 정도 이완된 상태를 유지합니다.

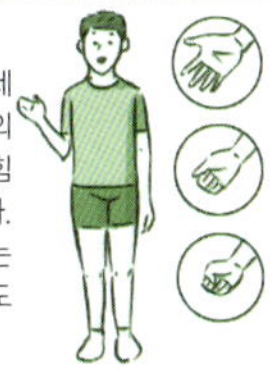

눈
두 눈을 꼭 감습니다. 힘을 느껴 보십시오. 이제 눈을 풀고 아주 살며시 눈을 감아봅니다. 5초 정도 눈꺼풀에서 완전히 힘을 빼어 봅니다.

입
입을 앞으로 내밀어 "O"자를 만듭니다. 입술을 동그랗게 유지하고 힘을 줍니다. 이제 입에서 힘을 완전히 빼고 살짝 열리게 합니다. 5초 정도 느슨한 느낌에 주목합니다.

팔(상박)
양팔을 구부리고 이두박근(알통근육)에 힘을 줍니다. 세게 힘을 주어 최대한 구부립니다. 팔에서 느껴지는 팽팽함을 느껴봅니다. 이제 힘을 빼고 근육이 느슨해지는 것을 느껴봅니다. 5초 정도 이 느슨함을 느껴봅니다.

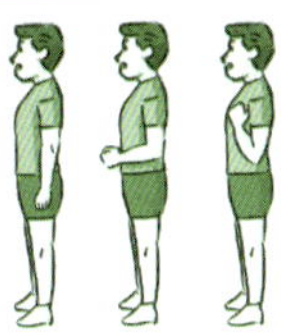

턱
이제 턱을 꽉 다뭅니다. 최대한 힘을 줍니다. 턱의 팽팽함을 느껴봅니다. 이제 완전히 힘을 빼서 입이 약간 벌어지게 합니다. 5초 정도 턱 근육이 풀리는 것을 느껴봅니다.

목
머리를 최대한 뒤로 젖힙니다. 5초 정도 이 자세로 목이 팽팽해지는 것을 느낍니다. 머리를 오른쪽으로 돌립니다. 5초 정도 목이 당겨지는 것을 느껴봅니다. 같은 방식으로 5초 정도 머리를 최대한 왼쪽으로 돌립니다. 5초 정도 목이 당겨지는 것을 느껴봅니다.

어깨
어깨를 으쓱해 봅니다. 어깨 근육이 팽팽해진 것을 느껴봅니다. 5초 정도 이 자세를 유지합니다. 이제 힘을 빼고 어깨를 늘어뜨립니디. 5초 전두 어깨가 가벼워진 것을 느껴봅니다.

허리
이제 허리로 활 모양을 만들어 봅니다. 허리 근육이 단단해진 느낌에 주목합니다. 허리에서 힘을 빼고 편안한 자세를 유지합니다. 5초 정도 허리에서 느슨함을 느껴봅니다.

정강이
이제 발가락을 머리 쪽으로 구부립니다. 이 자세를 유지하면서 정강이에 들어간 힘을 느껴봅니다. 이제 힘을 완전히 빼고 발가락을 편안한 위치에 둡니다. 5초 정도 정강이가 느슨해진 것을 느껴봅니다.

가슴
숨을 깊이 들이마셔 폐를 공기로 가득 채웁니다. 그 상태에서 숨을 참고 가슴에 생긴 긴장을 느껴보십시오. 이제 숨을 내쉬고 가슴을 떨어뜨리고 힘을 완전히 뺍니다. 5초 정도의 가슴의 편안함을 느껴봅니다.

엉덩이와 허벅지
엉덩이와 허벅지에 힘을 줍니다. 발바닥으로 힘껏 바닥을 누르면서 허벅지를 구부립니다. 잠시 동안 이 상태를 유지합니다. 이제 엉덩이와 허벅지에서 힘을 뺍니다. 5초 정도 이 상태에서 느슨해진 것을 느껴봅니다.

마무리
잠시 동안 조용히 누워서 몸이 느슨해진 것을 느껴봅니다. 이제 천천히 눈을 뜹니다. 이제는 근육에 힘을 주는 것과 마찬가지로 몸을 이완시키는 것도 마음먹은 대로 쉽게 하실 수 있을 것입니다.

복근
배의 근육에 힘을 주어 팽팽하게 합니다. 힘이 들어가 단단해진 느낌에 집중합니다. 이어 배근육에서 힘을 완전히 뺍니다. 5초 정도 배와 허리가 느슨해진 것을 느껴봅니다. 스스로에게 '나는 점점 차분해진다'라고 말해봅니다.

장딴지
발가락을 아래로 구부려 장단 근육에 힘을 줍니다. 계속 하되, 발바닥이 떨릴 정도가 되면 멈춥니다. 발가락을 구부린 채로 팽팽함을 느껴봅니다. 발가락을 펴고 종아리에서 힘을 뺍니다. 5초 정도 느슨해진 것을 느껴봅니다.

옆구리 신축운동

① 똑바로 서서 팔을 옆으로 벌립니다. 발은 어깨 너비로 벌리고 무릎은 살짝 굽혀 다리를 이완시킵니다.
② 한 팔을 올려 머리 위로 올립니다. 배를 집어넣고 허리가 늘어나는 느낌이 들 때까지 팔과 몸을 오른쪽으로 구부려 자세를 유지합니다.
③ 시작할 때의 자세로 돌아옵니다.
④ 반대쪽으로 반복합니다.

우리 동네

1. 요리 : 피자 만들기

2. 인형극 : '로지의 산책' 인형극

3. 게임 : 요리재료를 사요

4. 신체표현 : 신나는 산책을 떠나요

1. 피자 만들기

목 표	누리과정 관련 요소
• 우리 동네에서 볼 수 있는 음식점에 관심을 갖는다. • 요리재료가 변화되는 모습을 관찰하고 기록한다. • 요리의 즐거움을 느끼고 협력한다.	• 사회관계: 사회에 관심 가지기– 내가 살고 있는 곳에 대해 궁금한 것을 알아본다. • 신체운동 · 건강: 건강하게 생활하기 – 일상에서 안전하게 놀이하고 생활한다. • 자연탐구: 탐구과정 즐기기 – 궁금한 것을 탐구하는 과정에 즐겁게 참여한다.
(창의 · 인성 관련) • 창의성: 동기적 요소 – 호기심 · 흥미 성향적 요소 – 독립성 • 인성: 협력 – 긍정적인 상호의존성	

1) 활동자료

• 요리순서도, 요리도구(전자레인지 또는 오븐, 전자레인지용 접시, 포크, 플라스틱 칼, 도마, 앞치마, 두건, 위생장갑), 요리재료(또띠아 또는 식빵, 피자치즈, 옥수수, 파프리카, 양파, 햄, 케첩)

2) 활동방법

(1) 도입

– 우리 동네에는 어떤 음식점들이 있는지 이야기 나누며 흥미유발한다.

– 피자가게를 가본 경험을 이야기 나누며 요리활동을 소개한다.

(2) 전개

– 요리재료와 도구들을 살펴보며 탐색한다.

– 요리순서도를 보며 피자 만드는 순서에 대해 이야기 나눈다.

– 요리 활동에 필요한 약속을 정한다.

– 요리 활동을 한다.

- 완성된 피자를 개인 그릇에 담는다.
- 완성된 피자를 먹는다.

(3) 평가 및 마무리

- 요리 활동 후 느낌에 대해 이야기 나눈다.

요리순서도

* 재료 : 또띠아(또는 식빵), 피자치즈, 옥수수, 파프리카, 양파, 햄, 케첩
* 도구 : 전자레인지(또는 오븐), 전자레인지용 접시, 포크, 플라스틱 칼, 도마, 앞치마, 두건, 위생 장갑
* 만드는 방법

① 플라스틱 칼을 이용해 야채들을 자른다.
② 또띠아(또는 식빵)에 케첩을 골고루 바른다.
③ 케첩을 바른 또띠아(또는 식빵) 위에 잘라진 파프리카, 양파, 햄, 옥수수를 올린다.
④ 피자치즈를 골고루 뿌린다.
⑤ 전자레인지(또는 오븐)에 넣고 피자치즈가 녹을 때까지 기다린다.
⑥ 그릇에 예쁘게 담는다.
⑦ 맛있게 먹는다.

2. ‘로지의 산책’ 인형극

목 표	누리과정 관련 요소
• 동화를 듣고 내용을 이해한다. • 극놀이에 즐겁게 참여한다. • 영유아교육기관 주변 산책에 즐거움을 갖는다.	• 사회관계: 사회에 관심 가지기– 내가 살고 있는 곳에 대해 궁금한 것을 알아본다. • 의사소통: 책과 이야기 즐기기– 책에 관심을 가지고 상상하기를 즐긴다. • 예술경험: 창의적으로 표현하기 – 극놀이로 경험이나 이야기를 표현한다.
(창의 · 인성 관련) • 창의성: 동기적 요소 – 호기심 · 흥미 • 인성: 협력 – 긍정적인 상호의존성	

1) 활동자료

• ‘로지의 산책’ 그림책(글/그림: 팻 허친스, 옮긴이: 오정환, 출판사: 더큰컴퍼니), 인형극 자료(인형극 배경, 로지 막대인형, 여우 막대인형)

2) 활동방법

(1) 도입

– 유치원(어린이집) 주변 산책을 하면서 보았던 건물과 가게에 대해 회상하며 주의 집중한다.

– ‘로지의 산책’ 인형극 활동을 소개한다.

(2) 전개

– 지난 시간에 들었던 동화 ‘로지의 산책’ 그림을 보며 이야기를 회상해 본다.

– 지난 시간에 만든 인형극 대본을 게시판에 소개한다.

– ‘로지의 산책’ 인형극의 역할을 정한다.

– 인형극을 해본다.

– (인형극이 끝난 후) 자기가 맡은 역할과 자기 이름을 소개한다.

(3) 평가 및 마무리

- 인형극을 해본 느낌을 이야기 나눈다.
- 인형극 공연을 다시 한다면 바꿔보고 싶은 곳에 대해 이야기 나눈다.

3. 요리재료를 사요

목 표	누리과정 관련 요소
• 우리 동네에 있는 재래시장이나 마트, 슈퍼마켓의 역할을 안다. • 물건의 가격에 따라 올바른 금액을 지불한다. • 규칙을 지키며 게임을 즐긴다.	• 사회관계: 사회에 관심 가지기– 내가 살고 있는 곳에 대해 궁금한 것을 알아본다. • 사회관계: 더불어 생활하기 – 약속과 규칙의 필요성을 알고 지킨다. • 신체운동 · 건강: 신체활동 즐기기– 기초적인 이동운동, 제자리 운동, 도구를 이용한 운동을 한다.
(창의 · 인성 관련) • 창의성: 인지적 요소 – 사고의 확장 • 인성: 질서 – 기초질서	

1) 활동자료

• 다양한 금액의 모형돈, 지갑 2개, 장난감 카트 2개, 여러 가지 음식재료 모형, 음식재료 가격표, 요리재료와 금액이 적힌 카드 10개, 신호음

2) 활동방법

(1) 도입

– 우리 동네 재래시장 또는 마트, 슈퍼마켓에 다녀온 경험을 이야기 나눈다.

(2) 전개

– 게임 활동자료를 보며 이야기 나눈다.

– 게임 방법을 소개한다.

– 게임 규칙을 소개한다.

– 팀을 나누고 양 팀의 수를 확인한다.

– 게임을 한다.

(3) 평가 및 마무리

– 게임을 평가한다.

게임방법

① 2인 1조로 게임을 진행한다.

② 마트 주인을 할 친구를 뽑는다.

③ 출발선에 서서 뒤집어 놓은 카드 한 장을 뽑아 재료와 금액을 확인한다.

④ 출발 신호음과 함께 두 친구가 모형 돈이 든 지갑을 가지고 카트를 이동하여 음식재료 모형이 있는 곳으로 간다.

⑤ 음식재료를 카트에 담고 재료값을 지불하고 돌아온다.

4. 신나는 산책을 떠나요

목 표	누리과정 관련 요소
• 영유아교육기관 주변 모습을 위치에 따라 구성한다. • 음악에 맞추어 걸으며 즐거움을 느낀다.	• 사회관계: 사회에 관심 가지기 – 내가 살고 있는 곳에 대해 궁금한 것을 알아본다. • 신체운동 · 건강: 신체활동 즐기기 – 신체를 인식하고 움직인다. • 예술경험: 창의적으로 표현하기 – 신체나 도구를 활용하여 움직임과 춤으로 자유롭게 표현한다.
(창의 · 인성 관련) • 창의성: 동기적 요소 – 회상 · 흥미 • 인성: 질서 – 기초질서	

1) 활동자료

• 클래식 '휘파람과 개'(작곡– 아서프라이어)

※ 유아들이 유치원(어린이집) 주변 꾸미기 활동을 하는 동안 '휘파람과 개' 음악을 반복해서 들려준다.

2) 활동방법

(1) 도입

– 완성된 유치원(어린이집) 주변 지도를 보며 이야기 나눈다.

– 동작활동을 소개한다.

(2) 전개

– 유아들과 함께 구성한 유치원(어린이집) 주변 지도를 펴놓고 음악에 맞추어서 산책해 본다.

– 아서프라이어의 '휘파람과 개' 음악을 들으며 지도 위에서 산책하기를 한다.

- 음악에 맞추어 지도 위에서 산책하면서 다양한 상황을 제시한다(예: 옆집 할아버지를 만났어요).

(3) 평가 및 마무리

- 놀이를 회상하며 활동을 평가한다.

동물

1. 요리 : 동물모양 쿠키 만들기

2. 새노래부르기 : 들짐승을 집에서
못 키우는 이유

3. 만들기 : 동물목걸이 만들기

4. 이야기 나누기 : 애완동물 기를 때
주의할 점

1. 동물모양 쿠키 만들기

목 표	누리과정 관련 요소
• 요리도구 사용법에 대해 안다. • 재료의 변화과정을 관찰한다. • 요리 활동에 즐겁게 참여한다.	• 신체운동 · 건강: 건강하게 생활하기 – 몸에 좋은 음식에 관심을 가지고 바른 태도로 즐겁게 먹는다. • 자연탐구: 생활 속에서 탐구하기 – 물체의 특성과 변화를 여러 가지 방법으로 탐색한다.
(창의 · 인성 관련) • 창의성: 동기적 요소 – 호기심 · 흥미 • 인성: 협력 – 개인적 책임감	

1) 활동자료

• 요리순서도, 요리도구(동물 모양 틀, 오븐, 접시, 큰 그릇, 앞치마, 두건), 요리재료(쿠키가루, 버터, 달걀, 초콜릿, 시럽 등 꾸미기 재료)

2) 활동방법

(1) 도입

– 손을 깨끗이 씻고 앞치마와 두건을 한 후 자리에 앉는다.

– 요리도구와 요리재료를 보여 주며 흥미를 유발한다.

– 요리 활동을 소개한다.

(2) 전개

– 준비된 요리도구와 음식 재료를 보며 이야기 나눈다.

– 요리순서도를 보며 동물모양 쿠키 만드는 순서에 대해 이야기 나눈다.

– 오븐과 모양틀을 안전하게 사용하기 위한 약속을 정한다.

– 요리 활동을 한다.

– 완성한 요리를 먹어본다.

(3) 평가 및 마무리

– 활동 후 오븐을 사용한 느낌에 대해 이야기 나눈다.

– 활동 후 쿠키의 맛과 굽기 전후의 모습에 대해 이야기 나눈다.

요리 순서도

* 재료 : 쿠키가루, 버터, 달걀, 초콜릿, 시럽 등 쿠키 꾸미기 재료
* 도구 : 모양틀, 큰 그릇, 오븐, 앞치마, 두건
* 만드는 방법

① 쿠키가루와 적당히 자른 버터조각을 큰 그릇에 담는다.

② 달걀을 풀어 쿠키가루와 버터와 같이 잘 섞어 반죽을 만든다.

③ 쿠키 반죽을 덜어내어 모양틀을 이용하여 찍어낸다.

④ 찍어낸 자동차 쿠키를 다양한 재료를 이용하여 꾸민다.

⑤ 오븐에 넣어 굽는다.

⑥ 맛있게 먹는다.

2. 들짐승을 집에서 못 키우는 이유

목 표	누리과정 관련 요소
• 들짐승을 집에서 기를 수 없는 이유를 안다. • 노래를 즐겨 부른다.	• 신체운동 · 건강: 안전하게 생활하기 – 일상에서 안전하게 놀이하고 생활한다. • 예술경험: 창의적 표현하기 – 노래를 즐겨 부른다.
(창의 · 인성 관련) • 창의성: 인지적 요소 – 사고의 확산 • 인성: 협력 – 긍정적인 상호 의존성	

1) 활동자료

• 들짐승(코끼리, 사자, 호랑이, 곰)의 사진, 들짐승의 소리 자료, 융판, 노랫말판

2) 활동방법

(1) 도입

– 들짐승의 소리를 듣고 어떤 동물의 소리인지 알아 맞혀보며 주의집중한다.

– 새노래부르기 활동을 소개한다.

(2) 전개

– 노랫말판을 보여 주며 노래를 들려 준다.

– 노래 내용에 대해 이야기 나눈다.

– 노래를 다시 한 번 들려 준다.

– 노랫말을 교사와 유아가 나누어서 불러 본다.

– '들짐승' 대신에 다양한 동물을 넣어서 함께 노래를 불러 본다.

(3) 평가 및 마무리

– 활동 후 느낌에 대해 이야기 나눈다.

들짐승을 집에서 못 키우는 이유

김진영 작사
김진영 작곡

출처: 교육과학기술부(2013). 5세 누리과정 교사용 지도서 ④. 동식물과 자연. pp.109-111에서 발췌, 수정.

3. 동물목걸이 만들기

목 표	누리과정 관련 요소
• 좋아하는 동물목걸이를 만들 수 있다. • 도구를 안전하게 사용한다. • 활동에 즐겁게 참여한다.	• 신체운동 · 건강: 안전하게 생활하기 – 일상에서 안전하게 놀이하고 생활한다. • 예술경험: 창의적 표현하기 – 다양한 미술재료와 도구로 자신의 생각과 느낌을 표현한다.
(창의 · 인성 관련) • 창의성: 인지적 요소 – 사고의 수렴 • 인성: 협력 – 개인적 책임감	

1) 활동자료

종이점토, 밀대, 동물 모양틀, 송곳, 유성사인펜, 붓, 끈, 니스

2) 활동방법

(1) 도입

– 좋아하는 동물에 대해 이야기 나누며 흥미를 유발한다.

– 종이점토를 활용한 동물목걸이 만드는 활동을 소개한다.

(2) 전개

– 준비된 자료를 보며 이야기 나눈다.

– 준비된 송곳과 동물 모양틀을 안전하게 사용하기 위한 방법에 대해 이야기 나눈다.

– 동물목걸이를 만드는 방법에 대해 이야기 나눈다.

– 동물목걸이를 만든다.

– 목걸이를 그늘에서 말린다.

(3) 평가 및 마무리

- 활동 후 느낌에 대해 이야기 나눈다.
- 목걸이를 말린 후 꾸미기로 확장활동을 안내한다.

동물목걸이 만드는 방법

① 점토를 밀대로 밀어서 모양틀로 찍어내거나 유아가 직접 원하는 동물을 만든다.
② 종이점토가 굳기 전에 목걸이 끈을 넣을 곳에 송곳으로 구멍을 뚫는다.
③ 동물 모양 목걸이를 그늘에서 말린디. 뒤집어가며 말려야 휘어지는 것을 방지할 수 있다.
④ 말린 동물 모양에 사인펜을 이용해서 색칠한 다음 니스를 바른다.
⑤ 완성된 동물모양에 끈을 끼워 목걸이를 완성한다.

4. 애완동물 기를 때 주의할 점

목 표	누리과정 관련 요소
• 애완동물의 특성을 안다. • 애완동물을 기를 때 주의할 점을 안다. • 바른 태도로 듣는다.	• 신체운동 · 건강: 건강하게 생활하기 – 일상에서 안전하게 놀이하고 생활한다. • 자연탐구: 자연과 더불어 살기 – 주변의 동식물에 관심을 가진다.
(창의 · 인성 관련) • 창의성: 인지적 요소 – 문제해결력 • 인성: 배려 – 동식물에 대한 배려	

1) 활동자료

• 애완동물 기를 때 주의할 점에 대한 그림자료

2) 활동방법

(1) 도입

– 애완동물을 길러본 경험이 있거나 지금 기르고 있는 애완동물에 대해 이야기를 나눈다.

– 애완동물을 기를 때 주의할 점에 대한 이야기 나누기 활동을 소개한다.

(2) 전개

– 애완동물의 특성에 대해 이야기 나눈다.

– 개가 먹이를 먹고 있는 그림자료를 제시하며 주의할 점에 대해 이야기 나눈다.

– 개를 목욕시키는 그림자료를 제시하며 주의할 점에 대해 이야기 나눈다.

– 잠자는 고양이를 건드리는 그림자료를 제시하며 주의할 점에 대해 이야기 나눈다.

– 거북이 등껍질을 만지는 그림자료를 제시하며 주의할 점에 대해 이야기 나눈다.

– 동물병원에 간 그림자료를 제시하며 애완동물을 기를 때 주의할 점에 대해서 이야기 나눈다.

(3) 평가 및 마무리

– 키워보고 싶은 애완동물에 대해서 이야기 나눈다.

애완동물을 기를 때 주의할 점

개가 먹이를 먹고 있는 모습

개를 목욕시키고 있는 모습

잠자는 고양이를 막대기로 찌르고 있는 모습

거북이 등껍질을 만지고 있는 모습

손을 비누로 씻고 있는 모습

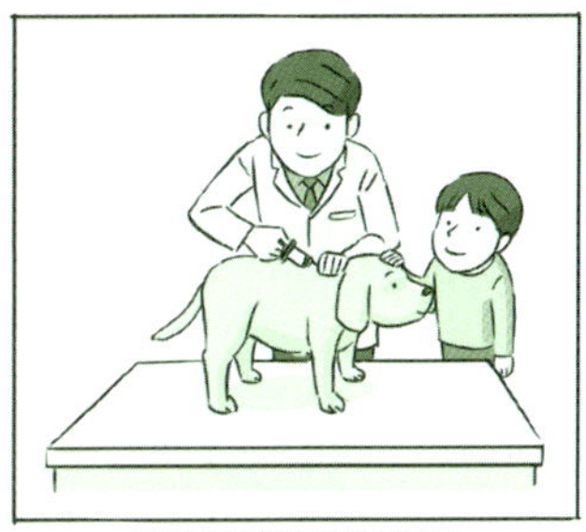

동물병원에서 예방접종을 하고 있는 모습

출처: 교육과학기술부(2013). 5세 누리과정 교사용 지도서 ④. 동식물과 자연. pp.96–98에서 발췌, 수정.

건강과 안전

1. 요리 : 과일 야채샐러드
2. 악기연주 : 주방도구 연주회
3. 책 만들기 : '안전하게 사용해요' 책 만들기
4. 게임 : 풍선 전달하기
5. 신체표현 : 칫솔처럼 움직여요
6. 이야기 나누기 : 스마트폰을 바르게 이용해요

1. 과일 야채샐러드

목 표	누리과정 관련 요소
• 음식재료의 이름과 요리순서를 안다. • 도구를 안전하게 사용한다. • 음식을 골고루 먹는 태도를 기른다.	• 신체운동 · 건강: 건강하게 생활하기 – 몸에 좋은 음식에 관심을 가지고 바른 태도로 즐겁게 먹는다. • 신체운동 · 건강: 안전하게 생활하기 – 일상생활에서 안전하게 놀이하고 생활한다. • 자연탐구: 생활 속에서 탐구하기 – 물체의 특성과 변화를 여러 가지 방법으로 탐색한다.
(창의 · 인성 관련) • 창의성: 동기적 요소 – 호기심 · 흥미 • 인성: 협력 – 개인적 책임감	

1) 활동자료

• **요리순서도**, **요리도구**(오목한 볼, 샐러드 서버 또는 큰 수저 2개, 개인접시, 포크, 플라스틱 칼, 도마, 앞치마, 두건, 위생장갑), **요리재료**(오렌지 또는 귤, 사과, 바나나, 파프리카, 오이, 건포도, 플레인 요구르트)

2) 활동방법

(1) 도입

– 손을 깨끗이 씻고 앞치마와 두건을 한 후 자리에 앉는다.

– 요리재료인 과일과 야채 2~3가지를 선택하여 수수께끼를 낸다.

– 요리 활동을 소개한다.

(2) 전개

– 요리재료와 도구들을 살펴보며 이야기 나눈다.

– 요리순서도를 보며 과일 야채샐러드를 만드는 순서에 대해 이야기 나눈다.

– 요리 활동에 필요한 약속을 정한다.

- 요리 활동을 한다.
- 완성된 과일 야채샐러드를 개인 그릇에 담는다.
- 완성된 요리를 먹는다.

(3) 평가 및 마무리

- 요리 활동 후 느낌에 대해 이야기 나눈다.

요리순서도

* 재료 : 오렌지(또는 귤), 사과, 바나나, 파프리카, 오이, 건포도, 플레인 요구르트
* 도구 : 오목한 볼, 샐러드 서버(또는 큰 수저 2개), 개인접시, 포크, 플라스틱 칼, 도마, 앞치마, 두건, 위생장갑
* 만드는 방법

① 플라스틱 칼을 이용해 과일과 야채들을 적당한 크기로 자른다.
② 잘라진 과일과 야채들을 그릇에 담는다.
③ 플레인 요구르트를 넣고 샐러드 서버(또는 큰 수저)를 이용해 섞는다.
④ 건포도로 장식한다.
⑤ 완성된 샐러드를 개인 그릇에 담는다.
⑥ 맛있게 먹는다.

2. 주방도구 연주회

목 표	누리과정 관련 요소
• 음식을 만드는 도구의 이름을 안다. • 주방도구를 이용하여 박자에 맞추어 소리내어 본다. • 노래에 맞추어 함께하는 연주에 즐거움을 느낀다.	• 신체운동 · 건강: 안전하게 생활하기 – 일상에서 안전하게 놀이하고 생활한다. • 예술경험: 창의적으로 표현하기 – 신체, 사물, 악기로 간단한 소리와 리듬을 만들어 본다.
(창의 · 인성 관련) • 창의성: 성향적 요소 – 개방성 동기적 요서 – 호기심 · 흥미 • 인성: 협력 – 집단협력	

1) 활동자료

• 주방도구(숟가락, 젓가락, 거품기, 뒤집개, 국자, 도마, 플라스틱 밥그릇, 스테인레스 그릇, 냄비, 샐러드 볼 등), '우유송' 음원(작곡 조형섭, 작사 김주희), 노랫말판, 탬버린

2) 활동방법

(1) 도입

– 활동자료를 소개하며 흥미유발한다.

(2) 전개

– 주방도구를 이용하여 여러 가지 소리를 탐색해 본다.

– 노랫말판을 제시하고 '우유송' 음원을 들려 준다.

– 노래를 들으며 주방도구 악기를 두드려 본다.

– 친구들과 협력하여 연주해 본다.

(3) 평가 및 마무리

– 주방도구 연주회를 해본 느낌을 이야기한다.

– 소리를 낼 수 있는 또 다른 주방도구는 무엇이 있는지 이야기 나눈다.

우유송

김주희 작사
조형섭 작곡

3. '안전하게 사용해요' 책 만들기

목 표	누리과정 관련 요소
• 가정에서 발생할 수 있는 안전사고에 대해 안다. • 사고예방법을 익히고 글과 그림으로 표현한다. • 안전규칙을 지키는 습관을 기른다.	• 신체운동 · 건강: 안전하게 생활하기 – 일상에서 안전하게 놀이하고 생활한다. • 예술경험: 창의적으로 표현하기 – 다양한 미술 재료와 도구로 자신의 생각과 느낌을 표현한다. • 의사소통: 읽기와 쓰기에 관심 가지기 – 자신의 생각을 글자와 비슷한 형태로 표현한다.
(창의 · 인성 관련) • 창의성: 인지적 요소 – 사고의 확장 • 인성: 존중 – 생명과 환경에 대한 존중	

1) 활동자료

• '우당탕탕 아이쿠 아이쿠야 조심해 생활안전편' 그림책(글:김석주, 그림:마로 스튜디오, 출판사: 서울문화사), 그림책을 복사한 삽화, 종이, 다양한 쓰기도구(연필, 사인펜, 색연필 등), 스탬플러

2) 활동방법

(1) 도입

– (그림책을 보여 주며) 책 만들기 활동을 소개한다.

(2) 전개

– 그림책 속의 안전사고와 관련 삽화를 보여 주며 위험한 상황에 대하여 이야기 나눈다.

– 물건을 올바르게 사용하는 방법을 삽화 옆에 글과 그림으로 표현한다.

– 유아가 활동한 자료를 이어 붙여 책으로 만들어 준다.

– 책 제목을 의논해서 정한다.

(3) 평가 및 마무리

- 유아들이 만든 책을 소개한다.

4. 풍선 전달하기

목 표	누리과정 관련요소
• 운동의 중요성을 안다. • 풍선을 이용하여 즐겁게 운동한다. • 함께하는 활동에 서로 협동한다.	• 신체운동 · 건강: 신체활동 즐기기 – 기초적인 이동운동, 제자리 운동, 도구를 이용한 운동을 한다. • 사회관계: 더불어 생활하기 – 약속과 규칙의 필요성을 알고 지킨다.
(창의 · 인성 관련) • 인성: 협력 – 긍정적인 상호의존성 질서 – 기초질서	

1) 활동자료

• 다양한 크기의 풍선 2개(예비용 2~3개), 깊이가 있는 통 2개, 신호를 알릴 수 있는 도구(예: 탬버린 등)

2) 활동방법

(1) 도입

– 활동 자료인 풍선을 제시하며 흥미유발한다.

– 게임 활동을 소개한다.

(2) 전개

– 게임 방법에 대해 이야기 나눈다.

– 게임할 때 지켜야 할 규칙에 대해 이야기 나눈다.

– 팀을 나누고 팀 이름을 정한다.

– 게임을 한다.

(3) 평가 및 마무리

– 게임을 한 후 재미있었던 점과 힘들었던 점에 대해 이야기 나눈다.

게임방법

① 신호음이 울리면 풍선을 옆으로 전달한다.

② 마지막에 앉은 친구가 전달받은 풍선을 통에 넣으면 게임이 끝이 난다.

③ 방향을 바꾸어 게임을 한다.

5. 칫솔처럼 움직여요

목 표	누리과정 관련 요소
• 신체를 움직이는 즐거움을 알고 즐겁게 움직인다. • 이를 깨끗이 닦는 습관을 기른다.	• 신체운동 · 건강: 건강하게 생활하기 – 자신의 몸과 주변을 깨끗이 한다. • 예술경험: 창의적으로 표현하기 – 신체나 도구를 활용하여 움직임과 춤으로 자유롭게 표현한다.
(창의 · 인성 관련) • 창의성: 인지적 요소 – 사고의 수렴 • 인성: 협력 – 개인적 책임감	

1) 활동자료

• '이를 닦는 모습' 동영상, 모형 칫솔, '치카치카 송'(야후 꾸러기 인기동요 베스트 100, 배급: 네오위즈 인터넷) 음원

2) 활동방법

(1) 도입

– '이를 닦는 모습' 동영상을 함께 본다.

– 활동을 소개한다.

(2) 전개

– 이를 깨끗이 닦기 위해 칫솔이 어떻게 움직였는지 이야기 나눈다.

– 모형 칫솔을 손에 들고 앉아서 칫솔처럼 몸을 움직여 본다.

– 모형 칫솔을 들고 일어나서 칫솔처럼 몸을 움직여 본다.

– '치카치카 송' 노래에 맞추어 몸을 움직여 본다.

(3) 평가 및 마무리

– 활동 후 느낌에 대해 이야기 나눈다.

6. 스마트폰을 바르게 이용해요

목 표	누리과정 관련 요소
• 스마트폰을 올바르게 이용하는 방법을 안다. • 스마트폰의 적절한 사용규칙을 배우고 실천한다. • 사용을 절제하는 태도를 갖는다.	• 신체운동 · 건강: 안전하게 생활하기 – TV, 컴퓨터, 스마트폰 등을 바르게 사용한다. • 의사소통: 듣기와 말하기 – 자신의 경험, 느낌, 생각을 말한다. • 사회관계: 나를 알고 존중하기 – 내가 할 수 있는 것을 스스로 한다.
(창의 · 인성 관련) • 창의성: 인지적 요소 – 문제 해결력	

1) 활동자료

• 인터넷중독대응센터(www.iapc.or.kr) 콘텐츠 자료실 영상자료 '에티와 함께하는 건강한 스마트폰 사용'편

2) 활동방법

(1) 도입

– 스마트폰 사용 경험을 이야기 나누며 주의집중한다.

(2) 전개

– 스마트폰을 계속 이용한다면 어떤 일이 생길지 예상하여 이야기 나눈다.

– '에티와 함께하는 건강한 스마트폰 사용'을 함께 시청한다.

– 영상자료 시청 후 등장인물인 꼬마토끼의 일상을 통해 스마트폰 과다사용에 대한 유해성에 대해 이야기 나눈다.

– 스마트폰 과다 사용 시 좋지 않은 점에 대해 이야기 나눈다.

– 건강하게 스마트폰을 활용하는 방법을 이해하고 약속한다.

(3) 평가 및 마무리

– 스마트폰 사용의 올바른 이용방법과 사용규칙에 대해 알고, 새롭게 알게 된 점에 대해 이야기 나눈다.

교통기관

1. 요리 : 신호등 주먹밥 만들기

2. 새노래부르기 : 안전한 세상

3. 동화 듣기 : 차례를 지켜요

4. 이야기 나누기 : 교통안전 OX 문제

1. 신호등 주먹밥 만들기

목 표	누리과정 관련 요소
• 음식을 골고루 먹는다. • 요리 활동에 즐겁게 참여한다.	• 신체운동 · 건강: 건강하게 생활하기 – 몸에 좋은 음식에 관심을 가지고 바른 태도로 즐겁게 먹는다. • 자연탐구: 생활 속에서 탐구하기 – 물체의 특성과 변화를 여러 가지 방법으로 탐색한다
(창의 · 인성 관련) • 창의성: 동기적 요소 – 호기심 · 흥미 • 인성: 협력 – 개인적 책임감	

1) 활동자료

• 요리순서도, 요리도구(접시, 큰 그릇, 칼, 앞치마, 두건, 나무주걱), 요리재료(밥, 당근, 삶은 달걀, 삶은 시금치, 소금, 참기름, 깨소금), 신호등 그림자료

2) 활동방법

(1) 도입

– 신호등 그림자료를 보여 주며 활동을 소개한다.

(2) 전개

– 준비된 요리도구와 음식재료를 보며 이야기 나눈다.

– 요리순서도를 보며 신호등 주먹밥 만드는 순서에 대해 이야기 나눈다.

– 요리 활동에 필요한 약속을 정한다.

– 요리 활동을 한다.

– 완성한 요리를 먹어본다.

(3) 평가 및 마무리

– 활동 후 느낌에 대해 이야기 나눈다.

요리순서도

* 재료 : 밥, 당근, 삶은 달걀, 삶은 시금치, 소금, 참기름, 깨소금
* 도구 : 접시, 큰 그릇, 칼, 앞치마, 두건, 나무주걱
* 만드는 방법

① 당근과 삶은 시금치를 잘게 썬다.
② 삶은 달걀은 흰자와 노른자를 분리하여 잘게 썬다.
③ 큰 그릇에 밥을 넣고 참기름, 소금, 깨소금, 잘게 썬 달걀 흰자를 넣고 나무주걱으로 고루 섞는다.
④ 잘 섞은 밥을 세 개의 그릇에 나누어 담는다.
⑤ 각각의 그릇에 당근, 달걀 노른자, 시금치를 넣고 잘 섞어서 한입에 넣을 크기로 밥을 뭉친다.
⑥ 세 가지 색깔 주먹밥을 접시에 담는다.
⑦ 맛있게 먹는다.

2. 안전한 세상

목 표	누리과정 관련요소
• 교통기관을 이용할 때의 규칙을 안다. • 음악에 맞추어 즐겁게 노래를 부른다.	• 신체운동 · 건강: 안전하게 생활하기 – 교통 안전 규칙을 지킨다. • 예술경험: 창의적 표현하기 – 노래를 즐겨 부른다.
(창의 · 인성 관련) • 창의성: 인지적 요소 – 문제해결력 • 인성: 질서 – 기초질서	

1) 활동자료

• 노랫말판, '안전한 세상' 노래 음원자료, 인형, 모형 버스, 모형 횡단보도

2) 활동방법

(1) 도입

– 인형, 모형버스, 모형 횡단보도 자료를 제시하며 활동을 소개한다.

(2) 전개

– 노래 음원자료를 활용해 노래를 들려 준다.

– 노랫말판과 인형, 모형 버스, 모형 횡단보도를 활용해 노래말을 알려준다.

– 멜로디만 다시 들려 준다.

– 선생님과 같이 불러 본다.

– 한 가지 소리로 다시 한 번 노래를 불러 본다(라~~, 아~~ 등으로).

– 다양한 방법으로 노래를 불러 본다.

(3) 평가 및 마무리

– 노래를 불러 본 느낌에 대해 이야기 나눈다.

– 노랫말에 나온 내용 외에 교통기관과 관련된 안전규칙에 대해 이야기 나눈다.

안전한 세상

방은영 작사
방은영 작곡

출처: 교육과학기술부(2013). 5세 누리과정 교사용 지도서 교통기관 ⑦. pp.182–184에서 발췌, 수정.

3. 차례를 지켜요

목 표	누리과정 관련 요소
• 차례를 지키면 좋은 점과 지키지 않으면 불편한 점에 대해 안다. • 교통기관을 이용할 때 차례를 지키는 태도를 기른다. • 동화를 즐겨 듣고 자신의 생각을 말로 표현한다.	• 신체운동 · 건강: 안전하게 생활하기 – 교통 안전 규칙을 지킨다. • 사회관계: 더불어 생활하기 – 약속과 규칙의 필요성을 알고 지킨다. • 의사소통: 듣기와 말하기 – 말이나 이야기를 관심 있게 듣는다.
(창의 · 인성 관련) • 창의성: 인지적 요소 – 문제해결력 • 인성: 질서 – 사회적 질서	

1) 활동자료

• '차례를 지켜요' 그림동화 자료

2) 활동방법

(1) 도입

– 동화제목을 가린 표지를 보여 주며 어떤 내용인지 상상해 본다.

– 활동을 소개한다.

(2) 전개

– '차례를 지켜요' 동화를 들려 준다.

– 그림만 다시 한번 보여 준다.

– 동화를 회상하며 이야기 나눈다.

(3) 평가 및 마무리

– 교통기관을 이용할 때 차례를 지키면 좋은 점에 대해서 이야기 나눈다.

– 교통기관을 이용할 때 차례를 지키지 않으면 불편한 점에 대해서 이야기 나눈다.

	① 지하철을 탈 때 차례차례 밀지 마세요. 차례를 지켜요.
	② 택시를 탈 때 차례차례 내리는 사람 타는 사람 차례를 지켜요.
	③ 비행기를 탈 때 차례차례 줄을 서요. 차례를 지켜요.
	④ 배를 탈 때 차례차례 서두르지 말아요. 차례를 지켜요.
	⑤ 유치원 버스를 탈 때 차례차례 앞에서부터 차례차례 차례를 지켜요.
	⑥ 우리 모두 차례차례 차례를 지켜요.

출처: 교육과학기술부(2013). 5세 누리과정 교사용 지도서 ⑦. 교통기관. pp.88-90에서 발췌, 수정.

4. 교통안전 O X 문제

목 표	누리과정 관련 요소
• 교통기관을 이용하는 올바른 방법을 안다. • 교통안전 규칙을 알고 실천한다.	• 신체운동 · 건강: 안전하게 생활하기 – 교통 안전규칙 지키기 • 의사소통: 듣기와 말하기 – 상대방이 하는 이야기를 듣고 관련해서 말한다. 바른 태도로 듣고 말한다.
(창의 · 인성 관련) • 창의성: 인지적 요소 – 문제해결력 • 인성: 질서 – 기초질서, 법질서	

1) 활동자료

• 교통안전에 관련된 그림카드, O X 막대(앞면은 O, 뒷면은 X – 유아수만큼)

2) 활동방법

(1) 도입

– '신호등' 노래를 부르며 흥미를 유발한다.

– 오늘의 활동을 소개하며 O X 막대를 나누어준다.

(2) 전개

– '교통안전 O X 문제' 활동에 대해 이야기 나눈다.

– 그림카드를 보고 그림이 맞다고 생각하면 O, 틀리다고 생각되면 X막대를 들도록 안내하고 선생님이 먼저 시범을 보인다.

– '길을 건널 때 손을 들고 건너요' 그림카드를 보여 준다.

– 몇 차례 문제를 낸 후 유아에게 문제를 낼 수 있도록 한다.

– 문제를 내기 원하는 유아에게 한 사람씩 그림카드를 뽑게 하고 그림에 대한 설명을 해 보도록 한다.

(3) 평가 및 마무리

– 교통안전을 위한 규칙에 대해 이야기 나눈다.

– 활동 후의 느낌에 대해 이야기 나눈다.

수수께끼 그림자료

- 신호등이 없는 길에서는 아무 때나 길을 건너요.
- 버스를 기다릴 때 인도에서 기다려요.
- 공이 차도로 들어가면 빨리 들어가서 주어와요.
- 버스에서는 앞을 보고 바르게 앉아요.
- 차가 완전히 멈추면 차에서 내려요.
- 차에 탈 때는 안전벨트를 꼭 해요.
- 아빠 차에 탈 때는 앞자리에 타요.
- 초록불로 바뀌면 앞만 보고 빨리 길을 건너요.
- 숨바꼭질 할 때 차 뒤에 숨어요.

출처: 교육과학기술부(2013). 5세 누리과정 교사용 지도서 ⑦. 교통기관. pp.176–178에서 발췌, 수정.

우리나라/세계 여러 나라

1. 동화 듣기 : 김치는 어떻게 담글까?

2. 이야기 나누기 : 아동안전지킴이집은 무엇일까요?

3. 신체표현 : 리본막대로 표현해요

4. 만들기 : 영양도시락 만들기

1. 김치는 어떻게 담글까?

목 표	누리과정 관련 요소
• 김치의 종류, 재료, 맛, 담그는 방법을 안다. • 김치에 대하여 관심을 갖는다. • 김치가 우리나라 대표 음식임을 알고, 자부심을 갖는다.	• 신체운동 · 건강: 건강하게 생활하기 – 몸에 좋은 음식에 관심을 가지고 바른 태도로 즐겁게 먹는다. • 의사소통: 듣기와 말하기 – 말이나 이야기를 관심 있게 듣는다. • 사회관계: 사회에 관심 가지기 – 우리나라에 대해 자부심을 가진다.
(창의 · 인성 관련) • 창의성: 동기적 요소 – 호기심 · 흥미 • 인성: 협력 – 자신과 전통문화에 대한 존중	

1) 활동자료

• '오늘은 우리집 김장하는 날'(글: 채인선, 그림: 방정화, 보림, 2001) 그림동화

2) 활동방법

(1) 도입

– 김치에 대한 수수께끼를 통해 주의를 집중시킨다.

– 오늘의 활동을 소개한다.

(2) 전개

– '오늘은 우리집 김장하는 날' 그림동화를 들려 준다.

– 그림만 다시 한 번 보여 준다.

(3) 평가 및 마무리

– 김치를 담그는 방법에 대해 이야기 나눈다.

– 유치원(어린이집)에서 '김장하기'를 확장활동으로 소개한다.

2. 아동안전지킴이집은 무엇일까요?

목 표	누리과정 관련 요소
• 아동안전지킴이집에 대해 관심을 갖는다. • 아동안전지킴이에게 감사한 마음을 갖는다. • 위험한 상황에서 도움을 요청하는 방법을 안다.	• 신체운동 · 건강: 안전하게 생활하기 – 안전사고, 화재, 재난, 학대, 유괴 등에 대처하는 방법을 경험한다. • 의사소통: 듣기와 말하기 – 자신의 경험, 느낌, 생각을 말한다. • 사회관계: 사회에 관심가지기 – 내가 살고 있는 곳에 대해 궁금한 것을 알아본다.
(창의 · 인성 관련) • 창의성: 인지적 요소 – 문제해결력 • 인성: 질서 – 사회질서	

1) 활동자료

• 유아가 사는 동네에 있는 아동안전지킴이집 관련 사진(아동안전지킴이집 건물, 아동안전지킴이집 상징, 아동안전지킴이집 표지물), 위험한 상황 그림자료

2) 활동방법

(1) 도입

– 아동안전지킴이집 사진을 제시하며 흥미를 유발한다.

– 이야기 나누기 활동을 소개한다.

(2) 전개

– 위험한 상황 그림자료를 보여 주며 어떤 상황인지 이야기 나눈다.

– 아동안전지킴이집을 이용하는 방법에 대해 이야기 나눈다.

(3) 평가 및 마무리

– 위험한 상황에서 도움을 요청하는 방법에 대해 이야기 나눈다.

– 아동안전지킴이에게 어떤 마음을 가져야 할지 이야기 나눈다.

위험한 상황 그림자료

① 낯선 사람이 친구를 차에 태우려 하는 그림

② 낯선 사람이 과자를 주며 데려가려고 하는 그림

③ 낯선 사람이 길을 물어보며 알려 달라고 하는 그림

출처: 교육과학기술부(2013). 4세 누리과정 교사용 지도서 ③. 우리 동네. p.54에서 발췌, 수정.

3. 리본막대로 표현해요

목 표	누리과정 관련 요소
• 리본체조에 관심을 가진다. • 리본막대를 이용하여 창의적으로 신체표현을 한다. • 리본막대를 안전하게 사용한다.	• 신체운동 · 건강: 신체활동 즐기기 – 실내외 신체활동에 자발적으로 참여한다. • 사회관계: 사회에 관심 가지기 – 다양한 문화에 관심을 가진다. • 예술경험: 창의적으로 표현하기 – 신체나 도구를 활용하여 움직임과 춤으로 자유롭게 표현한다.
(창의 · 인성 관련) • 창의성: 인지적 요소 – 사고의 확장	

1) 활동자료

• 세계 여러 나라 선수들이 리본체조를 하고 있는 모습의 사진, 길이와 색이 다양한 리본막대

2) 활동방법

(1) 도입

– 리본막대를 제시하며 동기를 유발한다.

– 리본막대로 표현하기 활동을 소개한다.

(2) 전개

– 리본막대를 가지고 표현할 수 있는 다양한 방법에 대해 이야기 나눈다.

– 리본막대를 이용하여 신체로 표현해 본다.

– 창의적인 방법으로 표현해 본다.

(3) 평가 및 마무리

– 활동 후 느낌에 대해 이야기 나눈다.

4. 영양도시락 만들기

목 표	누리과정 관련 요소
• 건강에 좋은 음식의 종류를 안다. • 몸에 좋은 영양 도시락을 만들어 본다.	• 신체운동 · 건강: 건강하게 생활하기 – 몸에 좋은 음식에 관심을 가지고 바른 태도로 즐겁게 먹는다. • 의사소통: 듣기와 말하기 – 자신의 경험, 느낌, 생각을 말한다.
(창의 · 인성 관련) • 창의성: 동기적 요소 – 호기심 · 흥미 • 인성: 협력 – 개인적 책임감	

1) 활동자료

• 도시락 그릇, 가방, 다양한 색깔 밀가루반죽, 수수깡, 부직포, 사진기, 굵은 색실 등

2) 활동방법

(1) 도입

– 몸에 좋은 음식에 대하여 이야기 나누며 주의를 집중시킨다.

– 몸에 좋은 음식 모형을 만들어 보는 활동을 소개한다.

(2) 전개

– 다양한 색깔 밀가루 반죽으로 몸에 좋은 음식을 만들어 본다.

– 수수깡, 부직포, 굵은 색실 등으로 밀가루 음식을 꾸민다.

– 도시락 그릇을 나눠 갖고 밀가루 음식을 담는다.

– 유아가 만든 도시락을 사진촬영하며 친구에게 소개한다.

(3) 평가 및 마무리

– 활동 후 느낌에 대해 이야기 나눈다.

환경과 생활

1. 이야기 나누기 : 소리가 알려줘요

2. 그리기 : 색 모래종이 다림질 그림

3. 염색하기 : 황토 염색하기

4. 게임 : 굴려라 지구

1. 소리가 알려줘요

목 표	누리과정 관련 요소
• 위험한 상황을 알리는 소리에 대해 안다. • 여러 가지 상황에 따른 소리 신호를 주의 깊게 듣는다. • 위험한 상황에 따른 대처방법을 알고 실천한다.	• 신체운동 · 건강: 안전하게 생활하기–일상에서 안전하기 놀이하고 생활한다. • 의사소통: 듣기와 말하기–자신의 경험, 느낌, 생각을 말한다. • 사회관계: 더불어 생활하기–약속과 규칙의 필요성을 알고 지킨다.
(창의 · 인성 관련) • 창의성: 인지적 요소 – 문제해결력 • 인성: 질서 – 사회질서	

1) 활동자료

• 위험한 상황을 알리는 소리(호루라기, 비상벨, 지하철 도착음, 자동차 클락션 녹음자료, 자전거 클락션 녹음자료), 상황 그림(화재 시 상황 그림, 자전거 타고 가는 그림, 자동차 이동하는 그림, 지하철 그림), 자전거, 호루라기

2) 활동방법

(1) 도입

– 비상벨 소리를 들려 주며 주의집중시킨다.

– 활동을 소개한다.

(2) 전개

– 생활 속에서 겪을 수 있는 위험한 상황에 대해 이야기를 나눈다.

– 여러 가지 상황에서 위험을 알리는 소리가 있음을 이야기 나눈다.

– 주의를 알리는 소리를 다양한 방법으로 알아보고 대처하는 방법에 대해 이야기 나눈다.

– 실외 놀이 시 주의를 알리는 소리를 경험해 본다.

(3) 평가 및 마무리

– 활동 후 느낌에 대해 이야기 나눈다.

출처: 교육과학기술부(2013). 3세 누리과정 교사용 지도서 ⑨. 환경과 생활. p.301에서 발췌, 수정.

2. 색 모래종이 다림질 그림

목 표	누리과정 관련 요소
• 자신의 생각을 창의적으로 표현한다. • 미술도구의 종류를 알고 안전하게 사용한다.	• 예술경험: 창의적으로 표현하기–다양한 미술 재료와 도구로 자신의 생각과 느낌을 표현한다. • 신체운동 · 건강: 안전하게 생활하기 – 일상에서 안전하게 놀이하고 생활한다.
(창의 · 인성 관련) • 창의성: 동기적 요소 – 몰입 • 인성: 협력 – 개인적 책암감	

1) 활동자료

• 색 모래종이, 크레파스, 흰 광목 손수건, 다리미, 다리미대

2) 활동방법

(1) 도입

– 활동을 소개하면서 동기를 유발한다.

(2) 전개

– 미술재료를 살펴보며 활동 방법에 대해 이야기 나눈다.

– 미술 활동 시 주의할 점에 대해 이야기 나눈 후 그림을 그린다.

– 모래종이의 그림 위에 흰 광목 손수건을 놓고 다림질을 한다.

– 자신의 그림을 친구들과 함께 공유한다.

(3) 평가 및 마무리

– 활동 후 느낌에 대해 이야기 나눈다.

3. 황토 염색하기

목 표	누리과정 관련 요소
• 흙의 이용에 관심을 가진다. • 물질과 물체의 변화과정에 호기심을 가지고 탐색한다.	• 신체운동 · 건강: 건강하게 생활하기–자신의 몸과 주변을 깨끗이 한다. • 자연탐구: 탐구과정 즐기기–궁금한 것을 탐구하는 과정에 즐겁게 참여한다. • 자연탐구: 생활 속에서 탐구하기 – 물체의 특성과 변화를 여러 가지 방법으로 탐색한다.
(창의 · 인성 관련) • 창의성: 인지적 요소 – 사고력 수련 • 인성: 협력 – 개인적 책임감	

1) 활동자료

• 황토가루, 소금, 큰 그릇, 흰 손수건, 황토 염색하기 순서도, 황토로 염색한 물건

2) 활동방법

(1) 도입

– 비밀 상자에 황토로 염색한 물건을 넣어 제시하며 수수께끼를 통해 황토에 대해 소개한다.

– 활동을 소개한다.

(2) 전개

– 황토 염색하기 순서도를 보여 주며 이야기 나눈다.

– 황토 염색하기 활동 시 주의점이나 지켜야 할 약속을 정한다.

– 황토 염색하기 활동을 한다.

– 활동 후 정리 정돈이 잘 되었는지 살펴본다.

(3) 평가 및 마무리

- 활동 후 느낌에 대해 이야기 나눈다.
- 흰 손수건의 변화에 대해 이야기 나눈다.
- 황토로 염색하는 이유에 대해 이야기 나눈다.

황토 염색하기 순서도

① 큰 그릇에 미지근한 물을 담는다.

② 황토가루를 풀어 준다.

③ 매염제로 소금을 넣어 녹인다.

④ 소금과 황토가루를 잘 섞은 황톳물에 손수건을 넣는다.

⑤ 5~10분 정도 살살 주물러서 햇빛에 잘 건조시킨다.

⑥ 잘 건조시킨 손수건을 찬물에 헹군다.

⑦ 다시 건조시켜 손수건으로 활용한다.

출처: 교육과학기술부(2013). 4세 누리과정 교사용 지도서 ⑨. 환경과 생활. p.67에서 발췌, 수정.

4. 굴려라 지구

목 표	누리과정 관련 요소
• 신체 조절력을 기른다. • 게임의 규칙을 알고 안전하게 참여한다. • 협동하는 게임의 즐거움을 느낀다.	• 신체운동 · 건강: 신체활동 즐기기–실내외 신체활동에 자발적으로 참여한다. • 의사소통: 듣기와 말하기–자신의 경험, 느낌, 생각을 말한다. • 사회관계: 더불어 생활하기–약속과 규칙의 필요성을 알고 지킨다.
(창의 · 인성 관련) • 창의성: 동기적 요소 – 호기심 · 흥미 • 인성: 협력 – 집단협력	

1) 활동자료

• '지구를 굴리는 곰 이야기'(글, 그림: 주영삼, 비룡소, 1998) 그림책, 지구 모습으로 꾸민 공(축구공 또는 탱탱볼에 파랑색과 초록색 시트지로 지구의 모습을 꾸밈), 반환점

2) 활동방법

(1) 도입

– 동화 '지구를 굴리는 곰 이야기'를 회상한다.

– 게임 자료를 소개하면서 흥미를 유발한다.

(2) 전개

– 게임 방법에 대해 이야기 나눈다.

– 게임 중 지켜야 할 규칙에 대해 이야기한다.

– 팀을 나누고 양팀의 수를 확인한다.

– 규칙에 따라 게임을 한다.

(3) 평가 및 마무리

– 게임에 참여한 느낌에 대해 이야기 나눈다.

게임방법

① 유아들을 두 팀으로 나눈다.

② 한 명씩 지구 공을 가지고 출발선에 선다.

③ 신호가 울리면 공을 발로 차면서 반환점을 돌아 되돌아온다.

봄 · 여름 · 가을 · 겨울

1. 요리 : 채소전 만들기

2. 이야기 나누기 : 공감을 만드는 과정

3. 동시 : 필요해요

4. 게임 : 이렇게 대피해요

5. 신체표현 : 김장김치 되어보기

1. 채소전 만들기

목 표	누리과정 관련 요소
• 열에 의해 재료가 변화되는 과정을 관찰한다. • 요리하는 과정을 통해 음식 만드는 즐거움을 느낀다.	• 신체운동 · 건강: 건강하게 생활하기 – 몸에 좋은 음식에 관심을 가지고 바른 태도로 즐겁게 먹는다. • 자연탐구: 생활 속에서 탐구하기 – 도구와 기계에 대해 관심을 갖는다.
(창의 · 인성 관련) • 창의성: 동기적 요소 – 호기심 · 흥미 • 인성: 협력 – 집단협력	

1) 활동자료

• 요리순서도, 조리도구(큰 그릇, 뒤집개, 프라이팬, 앞치마, 두건), 재료(호박, 당근 등 각종 채소, 으깬 두부, 계란, 소금, 식용유)

2) 활동방법

(1) 도입

– 채소에 대해 이야기 나누며 흥미를 유발시킨다.

– 활동을 소개한다.

(2) 전개

– 준비된 재료로 무슨 요리를 할 수 있을지 이야기 나눈다.

– 요리순서도를 보면서 요리에 필요한 도구, 재료, 만드는 방법, 주의할 점에 대해 알아본다.

– 순서에 따라 요리를 해본다.

– 완성된 음식을 친구와 함께 먹어본다.

(3) 평가 및 마무리

– 활동에 대해 평가한다.

요리순서도

* 재료 : 호박, 당근 등 각종 채소, 으깬 두부, 계란, 소금, 식용유
* 도구 : 큰 그릇, 뒤집개, 프라이팬, 앞치마, 두건
* 만드는 방법

① 채소를 씻어서 준비해 둔다.

② 빵칼로 채소를 썬다.

③ 채썬 채소와 으깬 두부, 달걀(채소의 양을 고려), 소금(작은 1스푼)을 넣고 반죽한다.

④ 프라이팬에 기름을 넣어 뜨겁게 달군 후 부친다.

2. 곶감을 만드는 과정

목 표	누리과정 관련 요소
• 식품을 오래 보관하기 위한 방법을 안다. • 건조식품에 관심을 갖는다. • 바른 태도로 듣는다.	• 신체운동 · 건강: 건강하게 생활하기 – 몸에 좋은 음식에 관심을 가지고 바른 태도로 즐겁게 먹는다. • 의사소통: 듣기와 말하기 – 바른 태도로 듣고 말한다.
(창의 · 인성 관련) • 창의성: 동기적 요소 – 호기심 · 흥미	

1) 활동자료

• 그림자료 '감을 좋아하는 아저씨의 고민', 동영상 '곶감 만드는 과정', 감, 곶감

2) 활동방법

(1) 도입

– '감'에 대한 경험에 대해 이야기 나누며 주의집중시킨다.

– 활동을 소개한다.

(2) 전개

– 감과 곶감에 대해 이야기 나눈다.

– '감을 좋아하는 아저씨'를 듣고, 고민을 해결해 줄 수 있는 방법에 대해 이야기 나눈다.

– 동영상 '곶감 만드는 과정'을 본 후, 곶감에 대해 이야기 나눈다.

(3) 평가 및 마무리

– 식품을 오래 보관하기 위한 방법에 대해 이야기 나눈다.

감을 좋아하는 아저씨

옛날에 감을 좋아하는
아저씨가 살고 있었어요.

그래서 아저씨는 마당에
감나무를 많이 심었어요.

가을이 되자 아저씨는 좋아하는
감을 아주 많이 수확했어요.

그런데 아저씨는 고민이 생겼어요.
"이 많은 감을 오래도록 두고 먹고 싶은데
무슨 좋은 방법이 없을까?"

3. 필요해요

목 표	누리과정 관련 요소
• 즐거운 마음으로 동시를 감상한다. • 상황에 알맞은 도구를 사용할 수 있다.	• 의사소통: 듣기와 말하기 – 상황에 적절한 단어를 사용하여 말한다. • 신체운동 · 건강: 건강하게 생활하기 – 몸에 좋은 음식에 관심을 가지고 바른 태도로 즐겁게 먹는다.
(창의 · 인성 관련) • 창의성: 동기적 요소 – 호기심 · 흥미	

1) 활동자료

• 동시판, 실물자료(모자, 물병, 장갑)

2) 활동방법

(1) 도입

– 실물 자료(모자, 물병, 장갑)에 대한 수수께끼를 통해 흥미를 유발한다.

– 활동을 소개한다.

(2) 전개

– 동시판을 제시하며 오늘 배울 동시를 읽어준다.

– 동시 내용에 대해 이야기 나눈다.

– 유아–교사, 유아–유아로 나누어 동시를 읊는다.

– 다함께 읊어본다.

(3) 평가 및 마무리

– 활동에 대해 평가한다.

필요해요

김태은

햇볕이 쨍쨍 내리쬐어요
너무너무 더워요
모자가 필요해요

친구랑 달리기를 열심히 했어요
너무너무 목 말라요
물병이 필요해요

찬 바람이 쌩쌩 불어와요
너무너무 손이 시려요
장갑이 필요해요

4. 이렇게 대피해요

목 표	누리과정 관련 요소
• 위험한 상황에서 안전하게 대피할 수 있는 방법을 안다. • 즐겁게 신체활동에 표현한다.	• 신체운동 · 건강: 안전하게 생활하기 – 안전사고, 화재, 재난, 학대, 유괴 등에 대처하는 방법을 경험한다. • 의사소통: 듣기와 말하기 – 바른 태도로 듣고 말한다.
(창의 · 인성 관련) • 창의성: 성향적 요소 – 독립성 • 인성: 질서 – 기초 질서	

1) 활동자료

• 우리 원 평면도, 화재 현장 사진, 화살표, 손수건, 확성기, 반환점

2) 활동방법

(1) 도입

– (우리 원 평면도와 화재 현장사진을 보여 주며) 전 날에 배웠던 '우리 원에 화재가 났을 때'의 대피 방법에 대해 회상해 본다.

– 활동을 소개한다.

(2) 전개

– 게임을 하기 위해 필요한 준비물에 대해 이야기 나눈다.

– 게임방법을 설명한다.

– 팀을 나누고 팀이름을 정한다.

– 게임 규칙과 약속을 정한다.

– 시범을 보인다.

– 게임 규칙을 지키며 게임을 해본다.

(3) 평가 및 마무리

– 활동에 대해 평가한다.

게임방법

① 확성기 신호에 맞추어 첫 번째 유아가 손수건이 있는 곳으로 뛰어간다.

② 손수건을 집어 입을 막는다.

③ 준비된 터널을 지나 화살표를 따라 이동한다.

④ 자리에 돌아오면 다음 친구가 출발한다.

5. 김장김치 되어보기

목 표	누리과정 관련 요소
• 겨울 준비의 하나인 김장하기에 관심을 갖는다. • 김장하기까지의 과정을 신체로 표현해 본다.	• 신체운동 · 건강: 건강하게 생활하기 – 몸에 좋은 음식에 관심을 가지고 바른 태도로 즐겁게 먹는다. • 자연탐구: 생활 속에서 탐구하기 – 물체의 특성과 변화를 여러 가지 방법으로 탐색한다.
(창의 · 인성 관련) • 창의성: 동기적 요소 – 호기심 · 흥미 • 인성: 협력 – 개인적 책임감	

1) 활동자료

• 김장 담그는 사진, 배추의 변화 사진

2) 활동방법

(1) 도입

– (김장 담그는 사진을 보여주며) 지난주 '김장하기' 활동을 회상하며 주의집중을 한다.

– 활동을 소개한다.

(2) 전개

– 김장을 할 때 필요한 것들에 대해 이야기 나눈다.

– 배추의 변화에 대해 이야기 나눈다.

– 배추의 변화를 동작으로 어떻게 표현해 볼 수 있는지에 대해 이야기 나눈다.

– 친구들 앞에서 표현해 본다.

(3) 평가 및 마무리

– 활동에 대해 평가한다.

생활도구

1. 요리 : 김밥 만들기

2. 새노래부르기 : 밥상

3. 동극 : 누가 빵을 만들었을까

4. 게임 : 달려라 국자

5. 신체표현 : 믹서기 되어보기

1. 김밥 만들기

목 표	누리과정 관련 요소
• 김발의 쓰임새를 안다. • 요리 활동에 즐겁게 참여한다.	• 신체운동 · 건강: 건강하게 생활하기 - 몸에 좋은 음식에 관심을 가지고 바른 태도로 즐겁게 먹는다. • 자연탐구: 생활 속에서 탐구하기 - 도구와 기계에 대해 관심을 가진다.
(창의 · 인성 관련) • 창의성: 동기적 요소 - 호기심 · 흥미 • 인성: 협력 - 긍정적인 상호의존성	

1) 활동자료

• 요리순서도, 앞치마, 요리용 모자, 요리활동 재료(밥, 김, 시금치 나물, 계란지단, 단무지, 양념한 다진 소고기, 치즈, 참기름), 요리도구(김발, 도마, 행주, 위생장갑, 쟁반, 접시)

2) 활동방법

(1) 도입

– 김밥에 대한 사전 경험을 이야기 나누며 흥미를 유발시킨다.

– 활동을 소개한다.

(2) 전개

– 준비된 재료로 무슨 요리를 할 수 있을지 이야기 나눈다.

– 요리순서도를 보면서 요리에 필요한 도구, 재료, 만드는 방법, 주의할 점에 대해 알아본다.

– 순서에 따라 김밥을 싸본다.

– 완성된 김밥을 친구들에게 소개해 본다.

– 친구와 함께 먹어 본다.

(3) 평가 및 마무리

– 활동에 대해 평가한다.

요리순서도

* 재료 : 밥, 김, 시금치 나물, 계란 지단, 단무지, 양념한 다진 소고기, 치즈, 참기름
* 도구 : 김발, 도마, 행주, 위생장갑, 쟁반, 접시
* 만드는 방법

① 김발 위에 김을 펼쳐 놓는다.

② 김 위에 밥을 펼처서 놓는다.

③ 밥 위에 시금치 나물, 계란지단, 단무지, 소고기, 치즈 등 재료를 넣고 만다.

④ 유아가 먹고 싶은 재료를 선택해서 김밥을 다시 말아본다.

2. 밥상

목 표	누리과정 관련 요소
• 바른 먹거리의 유익함을 안다. • 새노래를 즐겁게 불러본다.	• 신체운동 · 건강: 건강하게 생활하기 – 몸에 좋은 음식에 관심을 가지고 바른 태도로 즐겁게 먹는다. • 예술경험: 창의적으로 표현하기 – 노래를 즐겨 부른다.
(창의 · 인성 관련) • 창의성: 동기적 요소 – 호기심 · 흥미	

1) 활동자료

• 노랫말판, 음원 CD, CD 플레이어, 노랫말 관련 그림자료(밥상, 쌀밥, 오곡밥, 배추김치, 열무김치, 호박나물 등)

2) 활동방법

(1) 도입

– 내가 좋아하는 음식에 대해 이야기 나눈다.

– 오늘 활동을 소개한다.

(2) 전개

– (노랫말판을 제시하며) 노래를 한 번 들려 준다.

– 그림자료를 노랫말판에 붙이며 노랫말에 대해 이야기 나눈다.

– 노래를 듣고 한 음으로 불러 본다.

– 교사–유아, 유아–유아 간에 부분으로 나누어 불러 본다.

– 다함께 불러 본다.

(3) 평가 및 마무리

– 활동에 대해 평가한다.

밥상

백창우 작사
백창우 작곡

3. 누가 빵을 만들었을까

목 표	누리과정 관련 요소
• 빵을 만드는데 필요한 도구를 안다. • 동화의 내용을 바르게 이해한다. • 극놀이에 즐겁게 참여한다.	• 의사소통: 듣기와 말하기 – 말이나 이야기를 관심 있게 듣는다. • 예술경험: 창의적으로 표현하기–극놀이로 경험이나 이야기를 표현한다.
(창의 · 인성 관련) • 창의성: 동기적 요소 – 호기심 · 흥미 • 인성: 협력 – 개인적 책임감	

1) 활동자료

• '누가 빵을 만들까요?' 테이블 동화자료, 등장인물 머리띠(별님공주, 계량컵, 계량스푼, 채, 거품기, 볼, 오븐)

2) 활동방법

(1) 도입

– '빵가게 아저씨' 손유희로 주의집중한다.

– 동극 활동을 소개한다.

(2) 전개

– (테이블 동화자료를 제시하며) '누가 빵을 만들까요?' 동화 내용을 회상해 본다.

– 동화 내용에 대해 이야기 나눈다.

– 극놀이를 위해 등장인물, 필요한 소품 등에 대해 이야기 나눈다.

– 극놀이할 때 지켜야 할 약속에 대해 이야기 나눈다.

– 동극을 한다.

(3) 평가 및 마무리

– 동극을 마친 후 느낌에 대해 이야기 나눈다.

– 활동에 대해 평가한다.

〈동화〉

누가 빵을 만들까요?

김향주

모두가 잠든 조용한 밤, 별나라에서 내려온 작고 예쁜 별님 공주가 여기저기 돌아다니다가 고소하고 달콤한 냄새가 나는 가게로 들어왔어요. 그곳은 바로 단팥빵, 크림빵, 식빵, 소시지빵… 여러 가지 맛있는 빵을 만드는 빵가게였어요.

"어? 여기는 맛있는 빵들이 가득하네. 나도 별나라에 돌아가서 맛있는 빵을 만들어보고 싶어. 빵을 만들 때 가장 중요한 도구를 갖고 가야지. 무엇을 가지고 갈까?"

별님 공주의 말이 끝나자마자 계량컵과 계량스푼이 쪼르르 달려 나와 말했어요.

"안녕하세요? 별님 공주님! 이곳에서 가장 중요한 것을 가져가고 싶다면 바로 우리를 데려 가야 해요. 우리가 필요한 재료들을 알맞게 맞춰주기 때문에 맛있는 빵이 만들어집니다. 우리가 없다면 아마 맛있는 빵을 만들기 힘들 걸요?"

그러자 동그란 채가 뒤뚱 뒤뚱 걸어 나오며 말했어요. "무슨 소리? 내가 밀가루랑 베이킹 파우더를 걸러주지 않으면 부드러운 빵이 만들어지지 않는다고! 별님 공주님~ 저를 데려가 주세요."

가만히 있던 거품기도 겅중겅중 걸어 나와 말했어요.

"하하하. 너희들이 아무리 재료를 맞추고 걸러준다고 해도 내가 없으면 누가 재료들을 섞어주니? 내가 없으면 안 된다고! 별님 공주님 저를 데려가 주세요. 저를요."

거품기의 이야기를 듣고 통통한 볼이 아장아장 나오더니 말했어요.

"어머 무슨 소리니? 너희들의 재료는 어디서 섞을 건데? 바로 나 볼이 있어야 재료들도 섞을 수 있다고. 별님 공주님, 아무래도 저를 데려가야 될 거예요!"

그러자 쿵쿵 발을 구르며 오븐이 나섰어요. "흥, 중요한 거로 따지면 내가 제일이지. 너희들이 준비한 재료들은 내가 따뜻하게 구어야 사람들이 맛있게 먹을 수 있다고. 내가 빵을 굽지 않으면 아무 소용없는 거야. 그렇지요, 별님 공주님!"

빵 만드는 도구들의 이야기를 들으며 생각에 잠겼던 별님 공주는 도구들에게 말했어요.

"내가 이야기를 들어보니 너희들은 모두 빵을 만들 때 꼭 필요한 도구들이구나. 너희 중에 하나라도 빠지면 맛있는 빵을 만들 수 없을 것 같아. 그러니까 모두 힘을 합해서 맛있는 빵을 만들어 줘! 한 가지 도구만 가져갈 수 없겠어. 나는 그냥 너희 모두가 만들어 주는 맛있는 빵을 먹을래."

별님 공주 말에 신이 난 도구들은 흥겹게 노래 부르며 힘을 합쳐 맛있는 빵을 만들기 시작했답니다.

출처: 교육과학기술부(2012). 5세 누리과정 교사용 지도서 ⑥. 생활도구. pp.58~60에서 발췌, 수정.

4. 달려라 국자

목 표	누리과정 관련 요소
• 국자의 용도를 안다. • 규칙을 지키며 적극적으로 참여한다.	• 사회관계: 더불어 생활하기 – 약속과 규칙의 필요성을 알고 지킨다. • 자연탐구: 생활 속에서 탐구하기 도구와 기예에 대해 관심을 가진다.
(창의 · 인성 관련) • 창의성: 동기적 요소 – 호기심 · 흥미 • 인성: 협력 – 개인적 책임감	

1) 활동자료

• 국자 2개, 다양한 탁구공이나 색공, 빈 바구니 2개

2) 활동방법

(1) 도입

– (국자를 보여 주며) 주의집중을 통해 흥미를 유발시킨다.

– 활동을 소개한다.

(2) 전개

– 국자를 이용한 게임에 대해 이야기 나눈다.

– 게임 방법을 소개한다.

– 게임할 때 지켜야 하는 약속에 대해 이야기 나눈다.

– 시범을 보인다.

– 두 팀으로 나누고, 팀명을 정해본다.

– 게임을 시작한다.

(3) 평가 및 마무리

– 활동에 대해 평가한다.

게임 방법

① 유아들은 줄을 지어 순서대로 앉는다.

② 차례가 되면 바구니 속의 색공을 국자로 뜬다.

③ 뜬 탁구공이나 색공을 국자에 담고 달려가 빈 바구니에 색공을 넣고 돌아온다.

④ 다음 친구에게 국자를 넘겨준다.

⑤ 공을 바구니에 먼저 옮겨 담는 팀이 이긴다.

5. 믹서기 되어보기

목 표	누리과정 관련 요소
• 신체를 이용해 믹서기를 표현할 수 있다. • 활동에 즐겁게 참여한다.	• 신체운동 · 건강: 신체활동 즐기기 - 신체 움직임을 조절한다. • 사회관계: 더불어 생활하기 - 서로 다른 감정, 생각, 행동을 존중해요.
(창의 · 인성 관련) • 창의성: 동기적 요소 - 호기심 · 흥미 • 인성: 협력 - 긍정적인 상호의존성	

1) 활동자료

• 믹서기 사용법 동영상, 믹서기, 믹서기 가는 음향자료(천천히 돌아가는 소리, 빨리 돌아가는 소리), 머리띠(믹서기, 각종 과일들)

2) 활동방법

(1) 도입

- 믹서기를 보여 주며 흥미를 유발시킨다.
- 활동을 소개한다.

(2) 전개

- (동영상을 보며) 믹서기가 천천히, 빨리 움직일 때 모습과 소리는 어떤지에 대해 이야기 나눈다.
- 믹서기가 천천히, 빨리 움직이는 모습을 신체로 표현해 본다.
- 믹서기가 천천히, 빨리 움직일 때 과일들의 움직임을 신체로 표현해 본다.
- 유아를 5명씩 소집단으로 나눈 후, 신체로 표현해 본다.
- 음향자료에 맞춰 믹서기가 돌아가는 움직임을 창의적으로 표현해 본다.
- 소집단별로 친구들 앞에서 표현해 본다.

(3) 평가 및 마무리

– 활동에 대해 평가한다.

부록

부록 1. 미국 건강교육 관련 8개 표준과 구체적 성취도 지표(k~2학년)

부록 2. 미국 캘리포니아 공립학교의 건강교육 내용(유치원 과정 세부 내용)

부록 3. 도로교통법

부록 1.

미국 건강교육 관련 8개 표준과 구체적 성취도 지표(k~2학년)

- **표준 1: 건강을 향상시키기 위해 건강증진과 질병예방에 관한 개념을 이해한다.**
  - 건강에 도움을 주는 행동을 인식한다.
  - 건강의 여러 측면이 있음을 인식한다.
  - 전염성 질병을 예방하는 방법을 인식한다.
  - 유아기에 발생하는 일반적인 부상을 방지하는 방법을 인식한다.
  - 의료 서비스를 추구하는 중요한 이유를 인식한다.

- **표준 2: 가족, 동료, 문화, 미디어, 기술, 그리고 기타 다른 요인이 건강 행동에 미치는 영향을 분석한다.**
  - 가족이 개인의 건강 습관과 행동에 어떻게 영향을 미치는지 인식한다.
  - 학교가 개인의 건강 습관과 행동을 돕기 위해 할 수 있는 것을 인식한다.
  - 미디어가 건강 행동에 어떠한 영향을 주는지 인식한다.

- **표준 3: 건강을 향상시키기 위해 유효한 정보와 제품 및 서비스에 접할 수 있는 능력을 갖는다.**
  - 건강을 향상시키는 데 도움 줄 수 있는 믿을 만한 어른과 전문가를 인식한다.
  - 학교와 지역사회 건강 도우미를 찾는 방법을 인식한다.

- **표준 4: 건강을 향상시키고 위험요소를 감소시키거나 예방하기 위한 의사소통능력을 갖는다.**
  - 필요, 요구, 감정 등을 표현하는 건전한 방법을 사용한다.
  - 건강을 증진하는 데 필요한 기능을 주의 깊게 경청한다.
  - 원하지 않는 상황, 위협적인 상황, 또는 위험한 상황에 대응하는 방법을 사용

한다.

– 위협을 받거나 해를 입었을 때 믿을 수 있는 어른에게 말한다.

• **표준 5: 건강증진을 위한 의사결정능력을 갖는다.**

– 건강 관련 의사결정이 필요한 상황을 인식한다.

– 건강 관련 결정을 자기 스스로 할 수 있는 경우와 도움을 받아야 할 상황을 구분한다.

• **표준 6: 건강증진을 위한 목표설정기술의 능력을 갖는다.**

– 단기 개인적인 건강목표를 인식하고 달성을 위해 행동한다.

– 개인적인 건강목표 달성을 위해 도움을 줄 수 있는 사람을 인식한다.

• **표준 7: 건강증진 행동을 실행하고 건강 위험 감소나 피하는 능력을 갖는다.**

– 개인건강을 유지하고 향상하는 건강한 습관행동을 보여 준다.

– 건강상의 위험을 줄이거나 회피하는 행동을 보여 준다.

• **표준 8: 개인, 가족, 지역사회의 건강을 지지하는 능력을 갖는다.**

– 개인 건강을 증진하기 위해 요청을 한다.

– 동료들이 긍정적인 건강 선택을 하도록 격려한다.

부록 2.

미국 캘리포니아 공립학교의 건강교육 내용(유치원 과정 세부 내용)

「성장과 발달」

건강교육내용	건강교육표준	유치원 과정 세부 내용
성장과 발달	1. 주요개념	– 살아 있는 것은 성장하고 성숙해진다는 것 설명하기 – 자신의 신체적 특성 묘사하기 – 사람들 간 유사점과 차이점 말하기 – 건강한 성장과 발달을 촉진하는 신뢰할 수 있는 어른 파악하기(의사, 간호사, 치과의사, 안과의사) – 신체 부위와 그 기능을 말하기 – 오감을 말해 주고 묘사하기
	2~8. 기타	– 유치원 과정에는 해당 없음

「상해예방 및 안전」

건강교육내용	건강교육표준	유치원 과정 세부 내용
상해 예방 및 안전	1. 주요개념	– 가정, 학교, 사회에 필요한 안전 규칙을 파악하기 – 응급 상황 파악하기 – 버스 또는 다른 차량 탑승시 안전한 방법 설명하기 – 적절하게 만지는 것과 적절하지 않게 만지는 것 구분시켜 주기 – 다른 사람에게 자신의 신체를 만지지 말라고 말할 권리 설명하기 – 다른 사람과 어울릴 때 필요한 학교 규칙 말하기 – 집단 따돌림의 특성 인식하기 – 길을 건널 때, 자전거를 탈 때, 놀 때 안전한 방법 파악하기 – 어떤 것이라도 안전하지 않게 사용되면 독성이 있거나 해를 끼칠 수 있다는 것 알려주기 – 어떤 사람이 낯선 사람인지, 그들과 접촉을 피하는 방법 파악하기 – 신뢰할 수 있는 어른에게 도움을 요청하는 방법 보여 주기 – 무기의 위험성을 규정하고 설명하기 – 다른 사람이 무기를 가지고 있는 것을 보거나 들었을 때 믿을 수 있는 어른에게 말해 주는 것의 중요성 설명하기
	2. 영향분석	– 유치원 과정에는 해당 없음
	3. 유효한 정보 접근	– 응급 상황에서 도와줄 수 있는 어른 파악하기
	4. 대인 커뮤니케이션	– 믿을 수 있는 어른에게 도움을 요청하거나 911에 전화하는 방법 보여 주기 – 안전한 방법으로 전화를 받는 방법 보여 주기
	5. 의사 결정	– 어른에게 도움을 요청하거나 911에 전화해야 되는 상황 파악하기 – 집, 차, 길가에서 낯선 사람이 접근할 때 어떻게 해야 되는지 역할극하기
	6. 목표 실징	– 유치원 과정에는 해당 없음
	7. 건강 향상 및 위험회피	– 안전한 놀이와 안전한 방식 따르기 – 안전하게 길 건너는 방법 보여 주기
	8. 건강증진	– 자신이나 동료가 무기를 발견하였을 때 신뢰할 수 있는 어른에게 말하는 방법 보여 주기

「술, 담배, 약물남용」

건강교육내용	건강교육표준	유치원 과정 세부 내용
담배와 기타 약물	1. 주요개념	– 약이 사용되는 이유 설명하기 – 약의 이로움과 해로움 설명하기 – 약은 믿을 수 있는 어른의 감독 하에 먹어야 함을 알려주기 – 가정 용품(세제, 약품 등)을 먹거나 들이켰을 때 해로운 것 알아보기 – 흡연은 건강에 해롭고 피해야 함을 알려주기
	2~8. 기타	– 유치원 과정에는 해당 없음

「정신 · 감정 · 사회적 건강」

건강교육내용	건강교육표준	유치원 과정 세부 내용
정신, 감정, 사회적 건강	1. 주요개념	– 다양한 감정 파악하기 – 가정의 특성 묘사하기 – 집과 학교에서 신뢰할 수 있는 어른 파악하기 – 개개인을 독특하게 만드는 특성 묘사하기 – '부탁합니다', '고맙습니다', '실례합니다', '죄송합니다'를 사용해야 되는 상황을 묘사하고 연습하기
	2. 영향분석	– 가족과 친구들이 행복을 촉진하는 방법 파악하기
	3. 유효한 정보 접근	– 가정이나 학교에서 정신적, 감정적 고민을 도와줄 수 있는 신뢰할 수 있는 어른 파악하기
	4. 대인 커뮤니케이션	– 개인적인 필요와 욕구를 적절히 표현하는 방법 보여 주기 – 다른 사람과 협력하고 나눠 쓰기
	5. 의사 결정	– 유치원 과정에는 해당 없음
	6. 목표 설정	– 집에 있는 가족구성원을 도와주는 계획 세우기
	7. 건강 향상 및 위험회피	– 감정을 적절하게 표현하기 – 다른 사람을 염려해 주고, 배려해 주고, 걱정해 주는 긍정적인 방법을 묘사하기
	8. 건강증진	– 안전하고 건강한 행위를 격려하기

「개인과 지역사회 관련 건강」

건강교육내용	건강교육표준	유치원 과정 세부 내용
개인과 지역사회 건강	1. 주요개념	– 구강, 개인위생을 위한 효과적인 행동 파악하기 – 햇빛 관련 안전 행동 묘사하기 – 세균에 대해 규정하기 – 세균 전파가 건강에 해로운 이유 설명하기 – 전등불 끄기, 물 잠그기, 재활용하기, 쓰레기 줍기 등의 환경에 좋은 행동 파악하기
	2. 영향분석	– 유치원 과정에는 해당 없음
	3. 유효한 정보 접근	– 건강 행동을 증진시킬 수 있는 건강관련 종사자 파악하기
	4. 대인 커뮤니케이션	– 건강 관련 문제에 대한 도움 요청 방법 보여 주기
	5. 의사 결정	– 유치원 과정에는 해당 없음
	6. 목표 설정	– 유치원 과정에는 해당 없음
	7. 건강 향상 및 위험회피	– 구강, 개인위생을 위한 효과적인 행동 보여 주기 – 세균 전파를 막는 방법 보여 주기(손씻기, 휴지 사용하기)
	8. 건강증진	– 유치원 과정에는 해당 없음

부록 3.

도로교통법

다음은 영유아에 해당되는 도로교통법의 일부이다.

제11조 (어린이 등에 대한 보호)

① 어린이의 보호자는 교통이 빈번한 도로에서 어린이를 놀게 하여서는 아니 되며, 영유아(6세 미만인 사람을 말한다. 이하 같다)의 보호자는 교통이 빈번한 도로에서 영유아가 혼자 보행하게 하여서는 아니 된다. [개정 2014.12.30]

② 앞을 보지 못하는 사람(이에 준하는 사람을 포함한다. 이하 같다)의 보호자는 그 사람이 도로를 보행할 때에는 흰색 지팡이를 갖고 다니도록 하거나 앞을 보지 못하는 사람에게 길을 안내하는 개로서 행정안전부령으로 정하는 개(이하 "장애인보조견"이라 한다)를 동반하도록 하는 등 필요한 조치를 하여야 한다. [개정 2013.3.23 제11690호(정부조직법), 2014.11.19 제12844호(정부조직법), 2015.8.11, 2017.7.26 제14839호(정부조직법)]

③ 어린이의 보호자는 도로에서 어린이가 자전거를 타거나 행정안전부령으로 정하는 위험성이 큰 움직이는 놀이기구를 타는 경우에는 어린이의 안전을 위하여 행정안전부령으로 정하는 인명보호 장구(裝具)를 착용하도록 하여야 한다. [개정 2013.3.23 제11690호(정부조직법), 2014.11.19 제12844호(정부조직법), 2017.7.26 제14839호(정부조직법)]

④ 경찰공무원은 신체에 장애가 있는 사람이 도로를 통행하거나 횡단하기 위하여 도움을 요청하거나 도움이 필요하다고 인정하는 경우에는 그 사람이 안전하게 통행하거나 횡단할 수 있도록 필요한 조치를 하여야 한다.

⑤ 경찰공무원은 다음 각 호의 어느 하나에 해당하는 사람을 발견한 경우에는 그들의 안전을 위하여 적절한 조치를 하여야 한다. [개정 2014.12.30, 2015.8.11]

1. 교통이 빈번한 도로에서 놀고 있는 어린이

2. 보호자 없이 도로를 보행하는 영유아

3. 앞을 보지 못하는 사람으로서 흰색 지팡이를 가지지 아니하거나 장애인보조견을 동반하지 아니하는 등 필요한 조치를 하지 아니하고 다니는 사람

4. 횡단보도나 교통이 빈번한 도로에서 보행에 어려움을 겪고 있는 노인(65세 이상인 사람을 말한다. 이하 같다)

[전문개정 2011.6.8] [[시행일 2011.12.9]]

제51조(어린이통학버스의 특별보호)

① 어린이통학버스가 도로에 정차하여 어린이나 영유아가 타고 내리는 중임을 표시하는 점멸등 등의 장치를 작동 중일 때에는 어린이통학버스가 정차한 차로와 그 차로의 바로 옆 차로로 통행하는 차의 운전자는 어린이통학버스에 이르기 전에 일시정지하여 안전을 확인한 후 서행하여야 한다. [개정 2014.12.30.]

② 제1항의 경우 중앙선이 설치되지 아니한 도로와 편도 1차로인 도로에서는 반대방향에서 진행하는 차의 운전자도 어린이통학버스에 이르기 전에 일시정지하여 안전을 확인한 후 서행하여야 한다.

③ 모든 차의 운전자는 어린이나 영유아를 태우고 있다는 표시를 한 상태로 도로를 통행하는 어린이통학버스를 앞지르지 못한다. [개정 2014.12.30.]

제53조(어린이통학버스 운전자 및 운영자 등의 의무)

① 어린이통학버스를 운전하는 사람은 어린이나 영유아가 타고 내리는 경우에만 제51조 제1항에 따른 점멸등 등의 장치를 작동하여야 하며, 어린이나 영유아를 태우고 운행 중인 경우에만 제51조 제3항에 따른 표시를 하여야 한다. [개정 2014.12.30.]

② 어린이통학버스를 운전하는 사람은 어린이나 영유아가 어린이통학버스를 탈 때에는 승차한 모든 어린이나 영유아가 좌석안전띠(어린이나 영유아의 신체구조에 따라 적합하게 조절될 수 있는 안전띠를 말한다.)를 매도록 한 후에 출발하여야 하며, 내릴 때에는 보도나 길가장자리구역 등 자동차로부터 안전한 장소에 도착한 것을 확인한 후에 출발하여야 한다. 다만, 좌석안전띠 착용과 관련하여 질병 등으로 인하여 좌석안전띠를 매는 것이 곤란하거나 행정안전부령으로 정하는 사유가 있는 경우에는 그러하지 아니하다. [개정 2014.1.28, 2014.11.19 제12844호(정부조직법), 2014.12.30, 2017.7.26 제14839호(정부조직법), 2018.3.27] [[시행일 2018.9.28]]

③ 어린이통학버스를 운영하는 자는 어린이통학버스에 어린이나 영유아를 태울 때에는 다음 각 호의 어느 하나에 해당하는 보호자를 함께 태우고 운행하여야 하며, 동승한 보호자는 어린이나 영유아가 승차 또는 하차하는 때에는 자동차에서 내려서 어린이나 영

유아가 안전하게 승하차하는 것을 확인하고 운행 중에는 어린이나 영유아가 좌석에 앉아 좌석안전띠를 매고 있도록 하는 등 어린이 보호에 필요한 조치를 하여야 한다. [개정 2014.1.28, 2014.12.30] [[시행일 2015.1.29]]

제53조의 2(보호자가 동승하지 아니한 어린이통학버스 운전자의 의무)

어린이의 승차 또는 하차를 도와주는 보호자를 태우지 아니한 어린이통학버스를 운전하는 사람은 어린이가 승차 또는 하차하는 때에 자동차에서 내려서 어린이나 영유아가 안전하게 승하차하는 것을 확인하여야 한다. [개정 2014.12.30] [[시행일 2015.1.29]]

제53조의 3(어린이통학버스 운영자 등에 대한 안전교육)

① 어린이통학버스를 운영하는 사람과 운전하는 사람은 어린이통학버스의 안전운행 등에 관한 교육(이하 "어린이통학버스 안전교육"이라 한다)을 받아야 한다. [개정 2014.1.28] [[시행일 2015.1.29]]

② 어린이통학버스 안전교육은 다음 각 호의 구분에 따라 실시한다. [신설 2014.1.28] [[시행일 2015.1.29]]

1. 신규 안전교육: 어린이통학버스를 운영하려는 사람과 운전하려는 사람을 대상으로 그 운영 또는 운전을 하기 전에 실시하는 교육
2. 정기 안전교육: 어린이통학버스를 계속하여 운영하는 사람과 운전하는 사람을 대상으로 2년마다 정기적으로 실시하는 교육

③ 어린이통학버스를 운영하는 사람은 어린이통학버스 안전교육을 받지 아니한 사람에게 어린이통학버스를 운전하게 하여서는 아니 된다. [신설 2014.1.28] [[시행일 2015.1.29]]

④ 그 밖에 어린이통학버스 안전교육의 방법 · 절차 등에 관하여 필요한 사항은 대통령령으로 정한다. [개정 2014.1.28] [[시행일 2015.1.29.]]

찾아보기

ㅇ

ㅈ

저자소개

심성경

- 이화여자대학교 사범대학 유아교육과 졸업
- 이화여자대학교 일반대학원 유아교육과 석사, 박사
- 한국 유아교육학회 전북지회 초대회장 역임
- 원광대학교 사범대학 부속유치원장 역임
- 현) 원광대학교 사범대학 유아교육과 교수

고경미

- 조선대학교 사범대학 가정교육과 졸업
- Boston대학교 교육대학원 유아교육과 석사
- 원광대학교 일반대학원 유아교육과 박사
- 송원대학교 부설 송원유치원장 역임
- 현) 송원대학교 유아교육과 교수

이선경

- 원광대학교 사범대학 유아교육과 졸업
- 이화여자대학교 일반대학원 유아교육과 석사
- 원광대학교 일반대학원 유아교육과 박사
- 현) 송원대학교 유아교육과 교수

변길희

- 원광대학교 사범대학 유아교육과 졸업
- 원광대학교 교육대학원 유아교육과 석사
- 원광대학교 일반대학원 유아교육과 박사
- 한국 유아교육학회 전북지회 12, 13대 회장 역임
- 현) 서원대학교 영유아보육학전공 교수

강진

- 원광대학교 사범대학 유아교육과 졸업
- 원광대학교 일반대학원 유아교육과 석사, 박사
- 현) 원광대학교 강사

류경희

- 원광대학교 사범대학 유아교육과 졸업
- 원광대학교 일반대학원 유아교육과 석사, 박사
- 현) 원광대학교 교육혁신단 교육혁신센터 연구교수

아동건강교육 제2판

1판 1쇄 발행 2015년 9월 5일
1판 3쇄 발행 2020년 2월 10일
2판 1쇄 발행 2020년 8월 30일

지 은 이 | 심성경 · 고경미 · 이선경 · 변길희 · 강진 · 류경희
발 행 인 | 박철용
발 행 처 | 양서원
주 소 | 경기도 파주시 직지길 522 파주출판도시
전 화 | 031-955-8000(代)
팩 스 | 031-955-8005
홈페이지 | www.yswpub.co.kr
이 메 일 | yswpub@chol.com
출판등록 | 1987년 11월 24일 제406-2003-037호

ISBN 978-89-994-1056-7

정가 18,000원